Peter Ziegler   „DIE RUHELOSE KAISERIN"

Die Kaiserin als Braut
Nach einem Gemälde von Friedrich Dürck, 1854

Peter Ziegler

Die ruhelose Kaiserin

Elisabeth von Österreich auf Reisen

J. G. Bläschke Verlag A — 9143 St. Michael

Titelfoto und Reproduktionen nach Abbildungen
der Zeit — *Friedrich von Knobelsdorff*

CIP-Kurztitelaufnahme der Deutschen Bibliothek

Ziegler, Peter:
Die ruhelose Kaiserin : Elisabeth von Österreich auf
Reisen / Peter Ziegler. —
S(ank)t Michael : Bläschke, 1981.

ISBN 3-7053-1549-8

Inhaltsverzeichnis:

Sissy, Sissi, Sisi.
Singspiel, Film und Wirklichkeit

Es waren einmal zwei Wiener Brüder, Ernst und Hubert Marischka, die in den zwanziger und dreißiger Jahren die österreichische Film- und Operettenproduktion entscheidend beeinflußten und mitschufen. Am 23. Dezember 1932, zu einer Zeit weltweiter wirtschaftlicher Depression und politischer Unruhen, erlebte am Theater an der Wien ein Singspiel mit dem Titel ‚Sissy' seine Uraufführung. Libretto und Gesangstexte von Ernst und Hubert Marischka, Musik von Fritz Kreisler. Des weltberühmten Geigenvirtuosens Kompositionen wurden zu Operettenliedern umgearbeitet, zwei Burgschauspieler in den Hauptrollen, Paula Wessely als Sissy und Hans Jaray als Kaiser Franz Joseph.

Ort und Zeit: Possenhofen und Ischl, 15. bis 17. August 1853. Diese Angabe auf dem Programmzettel versprach, die glückliche Jugendzeit Sissys in Bayern und den Triumph der Bevorzugung vor ihrer Schwester Kaiserin von Österreich zu werden, in den Mittelpunkt der Handlung zu stellen. Das Singspiel wurde vom Historischen nicht beschwert, es sollte ein Sorgenbrecher für die Menschen einer bewegten Zeit werden.

Die Autoren hatten ein größeres Kassenklingeln erwartet, jedoch die Zeit der Operetten-Serienaufführungen war vorbei.

Da erinnerte sich Ernst Marischka in den wirtschaftswunderlichen Nachkriegsjahren dieses Stoffes und machte aus Romy Schneider eine Sissi und aus Karl-Heinz Böhm einen Franz Joseph. Drei Filme sollten das Leben der Kaiserin so zeigen, wie sich eben das berühmte Lieschen Müller so ein Dasein vorstellt. Drei Filme sollten endlich dem Autor und Regisseur Ernst Marischka das zukommen lassen, was ihm bei seinem Singspiel-Projekt versagt blieb: Gewinn.

7

Das junge Kaiserpaar
(nach einem Stahlstich)

Die Aufgabe dieses Buches soll es sein, das bisher einem großen Publikum bekannte, besonders durch die Filme verbreitete Bild der Kaiserin zu korrigieren. Der süßen Sissi-Eindrücke gibt es genug, wollen wir uns der echten, der Sisi (richtige Schreibweise) zuwenden.

Eingestanden, wenn man dieses weibliche Wesen ernsthaft durchleuchtet, werden Impressionen freigelegt, die ein ganz neues Wesen offenbaren. Der Autor gerät in eine Zwickmühle: Wird man seine Auslegungen als Sensationsmache abtun? Von der so wohlbekannten Singspiel- und Film-Kaiserin bleibt ja fast nichts mehr übrig! Er muß sich wie ein der Unterschlagung verdächtiger Buchhalter auf Belege stützen!

Seine Belege sind die Aussagen der Verwandten und glaubhaften Zeitgenossen.

So entsteht vor uns eine Frau und Kaiserin mit geradezu neuen Zügen. Emanzenhaft tritt sie am Wiener Hofe auf. Sie durchbricht als erste die spanische Hofetikette. Sie verweigert es, mit Handschuhen zu speisen und Wein zu trinken, nur weil es Vorschrift ist, und verlangt nach ihrem Bier, wie sie es aus Bayern gewohnt ist.

Nicht allein die ‚böse' Schwiegermutter ist der Grund der Wandlung Elisabeths von der ‚süßen' zur melancholischen, nervösen, launischen und aggressiven Kaiserin.

Die Abwesenheit vom Wiener Hof anläßlich einer ‚Erholungsreise', der sich eine Kur anschließt, läßt in ihr den Gedanken wach werden: ‚Das wird meine Flucht ins Glück', (die keine sein wird), ein ruheloses Leben in Städten, Bädern und auf Inseln.

Nach Madeira wird Korfu ihre Trauminsel. Dort kristallisiert sich bereits ihre künftige ‚Tätigkeit' heraus: Fußmärsche, Segelfahrten, Bäder im Meer, vor ihr tummeln sich ihre Lieblingshunde im Wasser.

Neben ihr steht der gute Gemahl, der ihr jedoch zu phantasielos ist, und wie ein Schatten begleitet sie die Vision des Vetters Ludwig II., dessen Neigung zu Kapriolen sie zunächst fast verständnisvoll gegenübersteht.

9

Welch ein Bündel an Leid muß diese Frau tragen und ertragen: Vor der Festlichkeit der Krönung zur Königin von Ungarn erliegt die Tochter des Erzherzogs Albrecht ihren Brandverletzungen, weil sie vor ihrem Vater eine Zigarette in ihrem Batistkleid verbergen will. Die Krönung ist nicht mehr zu verschieben, im Schatten der Trauer muß sie sich die Krone aufsetzen lassen.

Kurz darauf erschießt man den Kaiser Maximilian von Mexiko.

Betrafen diese erschütternden Ereignisse das Haus Habsburg, stirbt eine Woche darauf der Gatte ihrer Schwester Helene, der Erbprinz von Thurn und Taxis.

Was kann eine Frau und Mutter mehr brechen als der Tod ihres einzigen Sohnes, des Thronfolgers der Habsburger Krone?

Auch dies sollte ihr nicht erspart bleiben!

Schließlich stirbt noch ihre Schwester Sophie eines grausigen Feuertodes, und das tragische Ableben Ludwig's II. hat eine zusätzliche tiefe Erschütterung in ihr Leben gebracht.

Und im Hintergrund steht eine sie hassende Hofkamarilla, die sich nicht nur darüber mokiert, daß sie Hunde mehr liebt als Menschen und selbst bei Tisch und auf den Eßtellern Flöhe knackt.

So wie die Politik des Kaisers weder schöpferisch noch erneuernd ist, leidet auch sein Beitrag zum Eheleben an Phantasielosigkeit. Seine Art und Ihr Wesen trennen zwei Welten.

Nach der Geburt des vierten Kindes verlaufen die Beziehungen in der korrekten Bahn einer förmlichen Herzlichkeit.

In einem ihrer wenigen, später immer spärlicher werdenden Briefe schreibt sie darüber: ‚Ich bitte Dich, laß Dich in Deinen Plänen nicht stören, ich weiß, wie Du mich liebhast, auch ohne Demonstration, und wir sind deshalb glücklich zusammen, weil wir uns gegenseitig nicht genieren . . .'

Elisabeth kann ihr Wittelsbacher Blut nicht verleugnen. Romantische Sehnsüchte, nervöse Begeisterung und rauschhafte Übersteigerung alles Gefühlsmäßigen dominieren.

Der Kaiser ist kein Partner für sie, kein Gegenpol.

10

Sie flüchtet in immer schlimmere Extreme.

Tägliche Gymnastik, die leicht zur Akrobatik ausartet, sechs bis sieben Stunden Reiten, und als sie dies aufgibt, Fußmärsche ins Gebirge, wobei die sie begleitenden Hofdamen zusammenbrechen. Dazu kommt ihre seltsame Ernährung, die schier krankhafte Sorge um die Erhaltung ihrer schlanken Figur, unnötige Diät- und Massagekuren, deren Resultat Anzeichen von Hunger- und Wassersucht waren.

Auch en detail ist sie exzentrisch, kauft ihren Kindern einen Tanzbären und einen Affen für 700 Gulden und wünscht sich von ihrem Gatten einen Königstiger und ein vollständig eingerichtetes Narrenhaus.

Ehrgeizig ist sie im Erlernen der ungarischen Sprache, die sie bald perfekt beherrscht, und dazu die Neigung zu diesem freiheitsliebenden Volk. Neugriechisch lernt sie ebenfalls erfolgreich und übersetzt Shakespeare in diese Sprache.

Als die verhaßte Schwiegermutter auf dem Sterbebett liegt, hält sie bis zum Tode dort Wache, während sich jene ‚hohen Herrschaften‘ zum Diner begeben, die nach dem Tode der Erzherzogin sagen, jetzt hätten sie ‚ihre‘ Kaiserin verloren. Immer scheuer wird Elisabeth. Schleier und Fächer als Abwehr gegen das Photographieren, zusätzlich einen Schirm, hat sie stets bei sich. Die letzten authentischen Photos stammen aus den Jahren 1870/72.

Pferde dagegen läßt sie im Bilde festhalten, das heißt, ihre Reittiere porträtieren und in einer Galerie vereinigen, die sie ihre ‚Reitkapelle‘ nennt.

1875 weilt sie im französischen Seebad Sassetôt, wo sie sich von ihrem Wohnhaus bis zum anschließenden Strand einen Gang aus Segeltuch fertigen läßt, damit sie ungesehen in ihre Badekabine gelangen kann.

Bald dauern die Gewaltmärsche schon acht Stunden am Tag, und für das schlappmachende Personal werden Tragesessel mitgeführt. ‚Ich hakte den Fächer oder Schirm vor mein Gesicht, damit der Tod ungestört arbeiten kann‘, sagt sie und tröstet sich mit der Natur:

11

,,Alles ist wandelbar in dieser Welt,

Und ein leerer Schall ist nur die Treue.

Ewig treu, herrlich, erhaben,

Bist nur du allein, gewalt'ge Natur! . . .''

Am besten verstanden hat sie wohl eine ,Leidensgenossin', die rumänische Königin Carmen Sylva. Sie scheint die Mentalität der Kaiserin fast medizinisch seziert zu haben:

,,Da wollten die Menschen ein Feenkind einspannen in die Qual der Etikette und der steifen, toten Formen, aber Feenkind läßt sich nicht einsperren, bändigen und knechten. Feenkind hat heimliche Flügel, die es immer ausbreitet, und fliegt davon, wenn es die Welt unterträglich findet.''

Des Pudels Kern, respektive das Denken der Wittelsbacherin drückt die Königin in ihren Gedanken über die Transzendenz eines einsamen Menschen überhaupt aus:

,,Man ist geneigt, einen Menschen der Pflichtvergessenheit anzuklagen, sobald er nicht im Rade, in der Tretmühle, in der alten Wasserpumpe laufen will, welche die Sitte für diese Kaste oder jene Kategorie von Menschen erdacht. Nun hat einer einmal den Mut, anders zu sein, zu denken und zu handeln, da wird er beinah gesteinigt von denen, die anders nicht gehen können als in der Tretmühle. Ich sage immer: Die Mode ist für Frauen, die keinen Geschmack haben, die Etikette für Menschen, denen es an Erziehung fehlt, die Kirche für Leute, denen es an Religion gebricht, die Tretmühle für diejenigen, die keine Phantasie und Spannkraft haben.''

Ist Elisabeth eine bewußt oder unbewußt der ,Tretmühle' nicht Folgende?

Trotzdem, immer wenn der Kaiser noch einsamer war, als es sowieso sein Schicksal bestimmt zu haben schien, war die Kaiserin an seiner Seite. Nach der verlorenen Schlacht von Solferino, nach Königsgrätz und nach dem Tod des Thronfolgers. So sagte Franz Joseph vor dem Reichsrat folgende Worte:

12

,,Ich kann dem Himmel nicht genug danken, daß er mir eine solche Lebensgefährtin gegeben hat.''

Und die Kaiserin verbittet sich nach dem Tod ihres Sohnes Glückwünsche zu Lebzeiten, da das Wort Glück für sie keinen Sinn mehr habe.

Läuft die Kaiserin vor sich selbst davon, wenn zum Beispiel die Geheimpolizei in Kairo ihr nicht einmal mehr im Wagen folgen kann, so bewunderungswürdig ist ihre pedestrische Leistungsfähigkeit?

Gängige Unterhaltung auf ihren Märschen reicht nicht mehr, ihre ,Sprachlehrer' müssen abwechselnd englisch, französisch und griechisch parlieren.

Pseudonyme gibt sie sich nicht nur deshalb, weil sie unterwegs ohne Etikette leben kann, sondern sie wollte nicht Kaiserin sein: so wird sie zur Gräfin von Hohenembs, Frau Folna, Frau Megaliostos oder, auf See, zur Mrs. Nicholson.

Ein längeres Verharren an einem Ort ist ihr ein Graus, sogar ihr Lieblingsplatz Korfu wird ihr über. Ihr Kommentar:

,,Wo immer ich wäre, wenn man mir sagen würde, ich müsse immer dort bleiben, dann würde auch das Paradies für mich zur Hölle werden.''

Todessehnen wird in ihr wach, sie will in der Kapuzinergruft liegen, an der Seite ihres Sohnes:

,,Ich sehne mich so sehr, dort zu liegen, in einem guten, großen Sarg, und nur Ruhe zu finden, nur Ruhe. Mehr erwarte und wünsche ich nicht . . .''

Bei ihrem letzten Besuch in München, sie nimmt Abschied von der Stadt ihrer Kindheitserinnerungen, erkennt sie: ,,Wie anders war ich damals . . .''

Todesahnen oder der Wunsch zu sterben hat sie in den letzten Lebensjahren beschäftigt, sagte sie doch kurz vor ihrem Tod:

,,Ich möchte dieser Welt entschwinden wie der Vogel, der auffliegt und im Äther verschwindet, oder wie der aufsteigende Rauch, der hier vor unseren Augen blaut und im nächsten Augenblick nicht mehr ist.''

Eine andere Sissy, Sissi oder, richtig, Sisi entsteht vor den Augen des Lesers. Wo bleibt Sissy, wo Sissi?

Egal ist der Name, eine unglückliche Frau blieb zurück, und die Nachwelt soll erfahren, was vorausgegangene Publikationen der ,Vereinfachung' halber dem Leser vorenthielten.

Aussagen der verschiedensten Zeitgenossen lassen ein Bild der Kaiserin entstehen, das jene neuen Züge bringt, die sonst am Rande verkümmern.

Dem Zwang der Ehe und des Wiener Hofes zu entfliehen, gelang Elisabeth nur teilweise. Sie lebte bewußt und unbewußt das Emanzipationsbedürfnis der bürgerlichen Frauen ihrer Zeit vor, allerdings mit den fast grenzenlosen Möglichkeiten der Erfüllung ihrer Wünsche.

Sie litt teilweise das Schicksal von ,Madame Bovary', ,Nora' und ,Hedda Gabler'. Dies mag einer der Faktoren sein, daß in den meisten Werken über Elisabeth Dichtung und Wahrheit zu eng verknüpft sind.

Versuchen wir den Schleier, der um ihre Gestalt gar so dicht gewoben ist, zu lüften, indem wir sie und ihre Zeitgenossen sprechen lassen.

Wahrlich, ihre Natur war nicht danach, die ihr anhaftenden komplizierten Wesenszüge aufzuschlagen wie ein Buch . . .

Deshalb braucht hier nicht die Regel unbedingt gültig zu sein, daß Bücher nicht vom Autor erklärt werden sollen, sondern sich selber verständlich machen müssen.

Eine Ahnentafel Elisabeths soll über die jeweiligen Verwandtschaftsgrade Auskunft geben, und wie die familiären Bande in der damaligen Zeit verknüpft waren. Waren es ,Fesseln', waren es ,zarte Bande', ihre Auswirkungen reichen bis in unsere Zeit hinein.

14

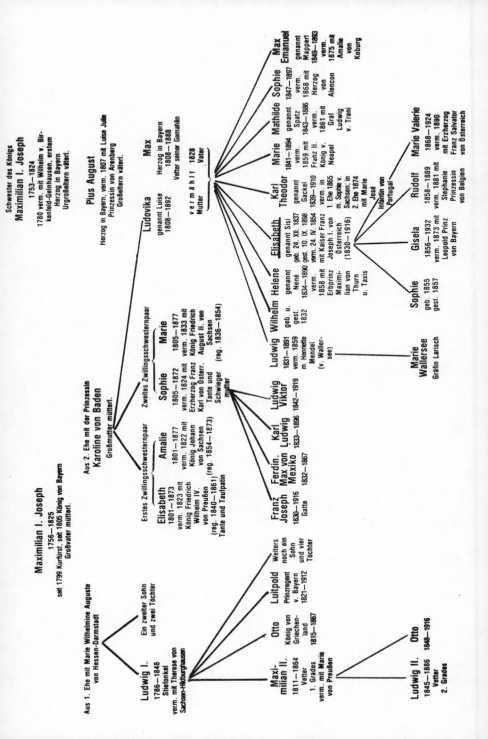

Schwester des Königs
Maximilian I. Joseph
1753—1824
1780 verm. mit Wilhelm v. Birkenfeld-Gelnhausen, erstem Herzog in Bayern
Urgroßeltern väterl.

Pius August
Herzog in Bayern, verm. 1807 mit Luise Julie Prinzessin von Arenberg
Großeltern väterl.

Ludovika
genannt Luise
1808—1892

Max
Herzog in Bayern
1808—1888
Vetter seiner Gemahin

vermählt 1828
Mutter   Vater

Maximilian I. Joseph
1756—1825
seit 1799 Kurfürst, seit 1805 König von Bayern
Großvater mütterl.

Aus 1. Ehe mit Marie Wilhelmine Auguste von Hessen-Darmstadt

Aus 2. Ehe mit der Prinzessin
Karoline von Baden
Großmutter mütterl.

Ludwig I.
1786—1848
Stiefonkel
verm. mit Therese von Sachsen-Hildburghausen

Ein zweiter Sohn und zwei Töchter

Erstes Zwillingsschwesternpaar

Elisabeth
1801—1873
verm. 1823 mit König Friedrich Wilhelm IV. von Preußen
(reg. 1840—1861)
Tante und Taufpatin

Amalie
1801—1877
1822 mit König Johann von Sachsen
(reg. 1854—1873)

Zweites Zwillingsschwesternpaar

Sophie
1805—1872
verm. 1824 mit Erzherzog Franz Karl von Österr.
Tante und Schwiegermutter

Marie
1805—1877
verm. 1833 mit König Friedrich August II. von Sachsen
(reg. 1836—1854)

Weiters noch ein Sohn und vier Töchter

Luitpold
Prinzregent v. Bayern
1821—1912

Otto
König von Griechenland
1815—1867

Maximilian II.
1811—1864
Vetter 1. Grades
verm. mit Marie von Preußen

Franz Joseph
1830—1916
Gatte

Ferdin. Max von Mexiko
1832—1867

Karl Ludwig
1833—1896

Ludwig Viktor
1842—1919

Ludwig
1831—1891
verm. 1859 m. Henriette Mendel (v. Wallersee)

Wilhelm
geb. u. gest. 1832

Helene
genannt Nené
1834—1890
verm. 1858 mit Erbprinz Maximilian I. von Thurn u. Taxis

Elisabeth
genannt Sisi
geb. 24. XII. 1837
gest. 10. IX. 1898
verm. 24. IV. 1854 mit Kaiser Franz Joseph I. von Österreich
(1830—1916)

Karl Theodor
genannt Gackel
1839—1910
verm. in 1. Ehe 1865 m. Sophie v. Sachsen; in 2. Ehe 1874 mit Marie José Infantin von Portugal

Marie
1841—1894
verm. 1859 mit Franz II. König v. Neapel

Mathilde
genannt Spatz
1843—1886
verm. 1861 mit Graf Ludwig v. Trani

Sophie
1847—1897
verm. 1868 mit Herzog von Alencon

Max Emanuel
genannt Mappert
1849—1893
verm. 1875 mit Amalie von Koburg

Ludwig II.
1845—1886
Vetter 2. Grades

Otto
1848—1916

Marie Wallersee
Gräfin Larisch

Sophie
geb. 1855
gest. 1857

Gisela
1856—1932
verm. 1873 mit Leopold Prinz von Bayern

Rudolf
1858—1889
verm. 1881 mit Stephanie Prinzessin von Belgien

Marie Valerie
1868—1924
verm. 1890 mit Erzherzog Franz Salvator von Österreich

Von Possenhofen nach Wien:
Die junge Kaiserin

Am 2. Juni des Jahres 1862 fährt am Eingang des Hauses von Hess neben dem königlichen Kurhaus in Kissingen eine Reisekutsche vor. Eine bildhübsche junge Frau wird aus der Kutsche gehoben und in das Kurhaus getragen.

Kein großer Empfang wird ihr zuteil, und die Dienerschaft des Hauses Hess ist zu größtem Stillschweigen verpflichtet. Man flüstert von einer schweren rheumatischen Erkrankung des Gastes und gleichzeitig den Namen: Kaiserin Elisabeth von Österreich! Ihrer Majestät wird ein strengstes Inkognito gewahrt, und in der Kurliste liest man folgende Eintragung:

,,Eingetroffen am 2. Juni 1862 im Haus Carl von Hess:
Frau Gräfin von Hohenembs aus Wien,
Seine Exzellenz der Herr General-Major Alfred Graf Königsegg-Aulendorf,
Ihre Exzellenz Frau Paula Gräfin Königsegg-Aulendorf,
geborene Gräfin Caroline Bellegarde,
Frau Gräfin Caroline Hunyady,
Herr Dr. Fischer, Hofrath,
Frl. Marie Doré, Elise Herzog,
Haus-Offiziere und Dienerschaft aus Wien.''

Hofrat Fischer, Hausarzt des bayrischen Adels, kennt seine Patientin seit ihrer Kindheit; er ist der Initiator dieser Kissinger Kur und siehe, schon nach ein paar Tagen kann Elisabeth wieder kurze Spaziergänge machen.

Sie studiert das Taschenbuch für Kurgäste des Dr. Balling und findet folgende Eintragung:
,Der Altenberg

Elisabeths Kissinger Lieblingsaufenthalt: der Altenberg
(Litho um 1845)

Westlich, jenseits der Saale, dem Kurplatze gegenüber, erhebt sich diese Anhöhe schroff und steil. Auf zwei Pfaden gelangt man auf die Fläche desselben, die mit Anlagen bepflanzt ist. Eine freundliche Aussicht erquickt das Auge. Einige Ruinen finden sich vor; die Sage läßt hier die Katten (= Chatten, germ. Volk, Hessen) ihre erste Ansiedlung gründen.'

Das Gros der Kurgäste ergeht sich lieber in den Anlagen rund um die Quellen des Maxbrunnens und des Rakoczy und Pandur. So lohnt sich der Aufstieg zum Altenberg für Elisabeth; nur selten stört ein Fremder die menschenscheue Kaiserin.

Der alte Berg mit dem frischen Grün seiner jungen Anpflanzungen und den Relikten aus früher Geschichte wird zu ihrem Lieblingsaufenthalt. Hatten nicht schon Vorfahren aus ihrem Geschlechte diesen Berg geliebt? So ließ hier Ludwig I. von Bayern einen tempelartigen Pavillion errichten und Max II. den bisher kahlen Hügel aufforsten. Und war schließlich nicht auch ihr Vater, Herzog Max in Bayern, ein treuer Stammgast Kissingens? Er trank schon in der frühesten Morgenstunde seinen Brunnen im Kurgarten, von einem Diener begleitet, der ihm seine Zither nachzutragen pflegte. Eines Morgens war der Herzog so in seinem Zitherspiel vertieft, daß er nicht das Eintreffen der ersten Brunnengäste bemerkte. Diese hielten ihn für einen fahrenden Gesellen und spendierten ihm reichlich Lohn. Als der Kurhauspächter dazukam und ausrief: ,Meine Herrschaften, Sie haben die Ehre, einem Konzert Seiner Königlichen Hoheit, des Herzogs Max, beizuwohnen', erhob sich der Wittelsbacher, bedankte sich für die reichliche Spende, warf noch den Inhalt seiner eigenen Börse hinzu und bestimmte das Geld für die Armen Kissingens.

Mit Wehmut denkt die Kaiserin von Österreich zurück an das Schloß ihrer Eltern, dem Paradies ihrer Jugendzeit, an Possenhofen am Starnberger See. Es ist ein einfaches Landschlößchen. Klobig steht der Bau da mit seinen vier wuchtigen Ecktürmen. Aber ringsum dehnt sich ein alter Park aus, von herrlichen Rosengärten durchsetzt. An klaren Sommertagen blickt man bis zu den Gipfeln der Zugspitze und des Wettersteingebirges hinüber. Possi hat es der Vater zärtlich genannt, und als sie am Weihnachtsabend des Jahres 1837 zur Welt kam, taufte man sie auf den Namen Elisabeth, weil die Königin Elisabeth von Preußen ihre Taufpatin wurde. Im Familienkreise wird sie zeitlebens ,Sisi' (nicht Sissy oder Sissi wie im Singspiel oder Tonfilm) heißen. Das Glück ihres Vaters ist es, kein Herzog von, sondern ein Herzog in Bayern zu sein. Er hatte nicht zu regieren und zu repräsentieren, er konnte ein ungestörtes Privatleben führen.

Dieser Herzog ist ein völlig zwangloser Mensch, der sich weder um Tradition noch um Klassenunterschiede kümmert und um Politik schon gar nicht. Er ist robust nach außen und romantisch im Innern. Er beschäftigt sich mit Kunst, Literatur und Musik. Seine Generaluniform trägt er nur selten, seine Kleidung ist die der oberbayerischen Bauern. Oder er legt den Reisedreß an, denn sein Blut treibt ihn geradezu hinaus in die Welt. Er besucht Griechenland und den Orient, worüber er sogar ein Buch schreibt. Fährt er in die Nachbarländer Italien, Tirol oder in die Schweiz, nimmt er seine ganze Familie mit. Wen wundert's, daß ihn seine Kinder leidenschaftlich verehren und lieben?

Ist der Vater turbulent zu nennen, steht ihm eine stille, etwas zu formelle Mutter gegenüber. Sorgt sich der Gatte nicht sonderlich um die Erziehung seiner Kinder, überläßt er dies lieber seiner Gattin, um die er sich auch recht wenig kümmert, ist er doch viel auf Reisen und manchmal monatelang von zu Hause weg.

Seine Gattin Ludovika, Tochter des Königs Maximilian I. von Bayern, wurde schon als Kind auf dem Papier mit ihrem Vetter Max verheiratet. Es entsteht eine der konventionellen Verbindungen, wie sie in Adelskreisen üblich waren; die Begriffe Liebe und Glück sollten ziemlich unbekannt bleiben. Ludovika ist in höfischer Tradition erzogen, was selbstverständlich Gehorsam gegen den ihr angetrauten Mann bedeutet. Sie gibt sich mit dem Leben, das man für sie bestimmt hat, auf ihre Art zufrieden. Das Zusammenleben der Eltern ist nur innerlich unharmonisch zu nennen, und so fällt kein Schatten auf die Kinder. Zeitweilig scheinen sich

20

die ehelichen Disharmonien überhaupt völlig geglättet zu haben, denn trotz der häufigen und langen Reisen des Herzogs sind der Ehe fünf Töchter und drei Söhne entsprossen.

Nur eines könnte Ludovika geschmerzt haben, daß sie als jüngste Tochter des Maximilian unter ihrem Stand verheiratet wurde. Ihre Schwestern wurden alle Männern regierender Fürstenhäuser angetraut. Ihre Schwester Elisabeth wurde Königin von Preußen, zwei weitere wurden hintereinander Königinnen auf dem sächsischen Thron, die älteste Schwester Karoline war Gemahlin des Kaisers Franz I. von Österreich. Ihre Schwester, Erzherzogin Sophie, war schließlich mit dem Erzherzog Franz Karl verheiratet; ihrer beider Sohn hatte als Kaiser Franz Joseph 1848 den österreichischen Thron bestiegen. Welch ein Glück für eine Mutter von fünf Töchtern, wenn sie für ihre älteste Tochter das Angebot bekommt, Gemahlin des Kaisers von Österreich zu werden!

Die Wahl der Erzherzogin von Österreich fällt auf die bayerische Kusine ihres Sohnes, Helene, Nené genannt. Sie ist groß und schlank, hat ein schönes Gesicht mit dunkelgrauen Augen und dunklem Haar. Sie ist für ihre 19 Jahre etwas zu ernst und fromm, ihre ganze Erscheinung wirkt kühl, ja beinahe hart. Ihr fehlt die liebenswürdige Anmut der um drei Jahre jüngeren Sisi. Der junge Kaiser ist ein hochgewachsener, schlanker und eleganter Leutnant im Generalskleid. Am Hofe war schon ein Heiratsprojekt geschmiedet worden. Die Auserwählte war die kluge und schöne Tochter des Palatins Joseph von Ungarn. Für Sophie, die Kaisermutter, war Ungarn eine unterworfene Provinz und sollte es bleiben, eine Ungarin durfte keine Kaiserin von Österreich werden. Eine neue Verbindung nach Bayern hin bedeutete eine Festigung des verwandtschaftlichen Bandes des österreichischen Kaisertumes mit einem der drei mächtigsten Königreiche Deutschlands. Die Antwort aus Bayern ist eine positive, und ein Zusammentreffen des ‚Brautpaares' in Ischl wird vereinbart. Die ehrgeizige Erzherzogin Sophie ist mit ihren Schwestern laufend in Kontakt, die Königin von Preußen weilt schon in Ischl.

Franz Joseph ist so ungefähr in den Plan eingeweiht und bestellt sich besonders schnelle Pferde für die Fahrt. Ihm ist die Kusine keine Unbekannte, jedoch beim letzten Beisammensein vor fünf Jahren war sie noch ein Kind. Auch Sisi und Nené geht es nicht anders, sie werden erst während der Fahrt nach Ischl über deren Zweck aufgeklärt. Nené soll sich also mit dem Kaiser verloben, ohne je von ihm geschwärmt zu haben?

Sisi hatte bereits einen Backfischschwarm hinter sich, eine Schwärmerei für einen jungen Offizier in München, den sie sogar heimlich im Hofgarten traf. Man kam hinter Sisis heimliche Liebe, verbot ihr jegliches Zusammentreffen, und er wurde aus dem Dienst entfernt.

Schwärmerisch zarte Verse schreibt die Vierzehnjährige in ihr Poesiealbum:

,,Vorbei!
Du frische junge Liebe,
So blühend wie der Mai,
Nun ist der Herbst gekommen
Und alles ist vorbei.

Und nun ist er mir so ferne,
Und ich sehe ihn gar nie.
Ach, ich wollt' zu ihm gar gerne,
Wüßt' ich nur wohin und wie!''

Sisi hat noch einen Verehrer seit ihrem zwölften Lebensjahr, den damals sechzehnjährigen Bruder des Kaisers, Erzherzog Karl Ludwig. Dieser hatte sich während des letzten Zusammenseins in Ischl in Sisi verliebt.

Den begonnenen Briefwechsel läßt sie jedoch einschlafen. Der nun Zwanzigjährige soll auch bei diesem Treffen anwesend sein.

Bei der Begegnung Nené — Franz Joseph findet Sisi den Kaiser schöner, als sie ihn sich vorgestellt hat, und den Erzherzog Karl Ludwig weniger ‚schick'. Der Kaiser unterhält sich mit der für ihn

22

bestimmten Braut und schaut dabei ihre Schwester an. Das Aufflammen in beider Augen erkennt einer zuerst, und er weiß es schon jetzt, wer die Kaiserin von Österreich wird, der Rivale ohne Chancen, Karl Ludwig.

Am 18. August 1853, seinem dreiundzwanzigsten Geburtstag, entscheidet sich Franz Joseph für Elisabeth.

Zum erstenmal war er nicht der gehorsame Sohn und wagte seiner Mutter zu widersprechen. Die kluge Mutter erkannte, daß es ihrem Sohn ernst war und tröstete sich damit, daß sie sich diese ,Kleine' so erziehen könne, wie sie es brauchte.

Die Verlobung wird offiziell verkündigt, am nächsten Tag bei der Messe in der Ischler Kirche segnet der Priester Bräutigam und Braut.

Auf die Frage, ob sie den Kaiser auch liebe, antwortet Elisabeth: ,Ja, wenn er nur kein Kaiser wäre!'

Ahnte sie schon etwas von ihrem Los als Kaiserin, das ihr mehr Unheil als Glück bringen sollte?

Ihr Vater war als erklärter Feind fürstlicher Zusammenkünfte nicht mit nach Ischl gekommen. Telegrafisch wird um seine Einwilligung gebeten. Herzog Max macht sich auf den Weg nach Ischl.

Die Nachricht verbreitet sich im ganzen Alpen- und Donaugebiet. Schnell hergestellte Abbildungen der Braut wandern in der Donaumonarchie von Hand zu Hand. Hat man doch erfahren, daß sie des Kaisers eigene Wahl war und nicht die Auserwählte der im Volk wenig geliebten Mutter.

Die schöne Ischler Zeit verfliegt, die Pflicht ruft Franz Joseph zu seinen Dienstgeschäften zurück. Er schreibt an seine Mutter: ,Es war ein harter und schwerer Sprung aus dem irdischen Himmel in Ischl in die hiesige papierene Schreibtischexistenz mit ihren Sorgen und Mühen.'

Merkwürdig sind die Gedanken der jungen, sonst so lebenslustigen Braut, wenn sie ihre Verse mit roter Tinte in ihr Poesiealbum einträgt. Die junge Braut, die später die Lyrik Heinrich Heines so verehren wird, schreibt:

,O Schwalbe, leih mir deine Flügel,
O nimm mich mit ins ferne Land,
Wie selig sprengt' ich alle Zügel,
Wie wonnig jedes fesselnd Band.
Oh! schwebt ich frei mit dir dort oben
Am ewig blauen Firmament,
Wie wollte ich begeistert loben
Den Gott, den man die Freiheit nennt.
Wie wollt' ich schnell mein Leid vergessen,
Die alte und die neue Lieb'.
Und niemals sollt' ein Schmerz mich pressen
Und nimmer wär' mein Auge trüb.'

Das Heim, in das sie jetzt zurückkehrt, ist nicht mehr das Possi ihrer Jugend, sondern ein Possenhofen voller Hektik. Mehrere Maler fertigen ein Porträt von ihr, Schneiderinnen nähen Kleider für die kaiserliche Braut. Man sorgt sich um den Schmelz ihrer Zähne, da die künftige Schwiegermutter festgestellt hatte, ihre wären so gelb wie die eines Pferdes.

Der Vater eilt freudig mit der ,Wiener Zeitung' zu ihr, in der zu lesen ist:

,Seine Kaiserliche und Königliche Apostolische Majestät, unser allergnädigster Herr und Kaiser Franz Joseph der Erste, haben sich während Allerhöchst desselben Aufenthalt in Ischl nach Einholung der Einwilligung Seiner Majestät König Maximilians des Zweiten von Bayern sowie der hohen Eltern der Braut mit Prinzessin Elisabeth Amalie Eugenie, Herzogin in Bayern, Tochter Ihrer Hoheiten, des Herzogs Maximilian Joseph und der Herzogin Ludovika, geborener königlicher Prinzessin in Bayern, verlobt. Möge der Segen des Allmächtigen über diesem für unser hohes Kaiserhaus und das Kaiserreich so glücklichen und frohen Ereignisses ruhen.'

Am 11. Oktober 1853 eilt der Kaiser nach Possenhofen.

24

Die siebzehnjährige Sisi

‚Sie hat nun auch schon ganz weiße Zähne', schreibt er an seine Mutter und weiter: ‚Alle Tage liebe ich Sisi mehr, daß keine für mich besser passen kann als sie.''

Nach der Verabschiedung des Kaisers möchte man die künftige Kaiserin mit der Politik und Geschichte der Donaumonarchie bekannt machen. Ihr Vater bringt den ungarischen Grafen Majláths nach Possenhofen. Er schildert ihr hauptsächlich die Mentalität des magyarischen Reitervolkes mit seinem Freiheitsdrang. Er legt in ihrem Wesen das Fundament ihrer Liebe zu allem Ungarischen, das sie ihr ganzes Leben lang begleiten sollte.

Der Kaiser schickt ihr zu Weihnachten einen frischen Blumenstrauß aus dem Wiener Palmenhaus und gleichzeitig einen Papagei aus der Schönbrunner Menagerie.

Unterdessen bereitet die Bürokratie die Hochzeit auf ihre Art vor. Es gibt vor allem ein Hindernis, und das ist der Verwandtschaftsgrad der Brautleute.

Braut und Bräutigam sind Geschwisterkinder, mütterlicherseits im zweiten und väterlicherseits im vierten Grade verwandt. Dies ist nach dem kanonischen Recht ein Ehehindernis, die erste Verwandtschaft zusätzlich auch nach dem bürgerlichen Gesetzbuch. Der Papst erteilt die Dispens anstandslos.

Der Ehevertrag muß verfaßt werden. Sie erhält aus väterlicher Liebe und Zuneigung als Heiratsgut 50 000 Gulden und eine standesgemäße Ausstattung mit in die Ehe. Der Kaiser widerlegt das Heiratsgut seiner Braut mit 100 000 Gulden und stellt eine Morgengabe von 12 000 Gulden in Aussicht. Diese ‚Morgengabe' ist schon im alten Sachsenspiegel festgehalten als Entgelt für die verlorene Jungfernschaft der Braut.

Zusätzlich verpflichtet sich der Kaiser, seiner Braut jährlich ein Spennadelgeld, lediglich für Putz, Kleider, Almosen und kleinere Ausgaben zu zahlen. Ferner werden der Kaiserin eventuelle 100 000 Gulden Witwengeld zugesichert. Schließlich erhält der Finanzminister durch ein kaiserliches Handschreiben den Befehl, diese Morgengabe für den Tag nach der Vermählung bereitzuhal-

26

ten und zwar ‚in neuen Gold- und Silbermünzen in einer anständigen Kassette zur Behändigung an die durchlauchtigste Braut'.
Der Tag des Abschiedes von ihrer bayerischen Heimat naht, und Sisi packt die Angst vor dem Unbekannten, das sie erwartet.
Der preußische Gesandte am bayerischen Königshofe, von Bockelberg, berichtet an seinen König:
‚Die junge Herzogin scheint bei allem Glanz und aller Hoheit der Stellung, die ihrer an der Seite ihres erhabenen kaiserlichen Bräutigams wartet, doch den Abschied von ihrer bisherigen Heimat und ihrem hohen Familienkreise schwer zu empfinden, und der Ausdruck hievon warf einen leisen Schatten über das in der Fülle jugendlicher Anmut und Schönheit strahlende Antlitz der durchlauchtigsten Prinzessin.'
Sisi kennt nicht den Kanzleistil des Herrn von Bockelberg, obwohl er ihre innere Stimmung erkannt hatte, ihr Jungmädchendenken sagt jedoch dasselbe, nur anders, aus:
‚Lebet wohl ihr stillen Räume,
Lebe wohl, du altes Schloß,
Und ihr ersten Liebesträume,
Ruht so sanft in Seesschoß.
Lebet wohl, ihr kahlen Bäume,
Und ihr Sträucher klein und groß.
Treibt ihr wieder frische Keime,
Bin ich weit von diesem Schloß.'
Am Morgen des 20. April 1854 fährt ein Reisewagen die Braut nach Straubing an der Donau, wo das kaiserliche Schiff wartet. Ihre Eltern und die beiden ältesten Geschwister begleiten sie.
In Nußdorf vor Wien holt sie der Kaiser vom Schiff, begleitet vom Jubel einer tausendköpfigen Menge, der sich verstärkt auf dem Weg nach Schönbrunn. Dort werden ihr die Oberhofmeisterin, Gräfin Sophie Esterházy-Liechtenstein und zwei Hofdamen, die die engste Umgebung der jungen Kaiserin bilden sollen, vorgestellt, Gräfin Paula Bellegarde und Gräfin Karoline Lamberg. Das steife spanische Hofzeremoniell nimmt seinen Anfang, Elisabeth

Franz Joseph vor der Thronbesteigung, 1847
(Litho v. Eybl)

bekommt von der Oberhofmeisterin das Vermählungsprotokoll überreicht. Ein Papier trägt den Titel ‚Alleruntertänigste Erinnerungen'. Diese Weisungen für den folgenden Tag schreiben dem Kaiserpaar genau vor, wie es sich an dem Tag seiner Hochzeit zu benehmen hat.

Am 24. April führt der Kaiser seine Braut in der Augustinerkirche zum Altar. Der habsburgische Hof zeigt all seinen Pomp und Prachtaufwand. Eine Reihe rauschender Feste schließt sich an, die zwar für den Kaiser ein selbstverständlicher Bestandteil seiner Verpflichtungen und Repräsentation sind, der freiheits- und naturliebenden Kaiserin aber immer mehr zur Qual werden. Was interessierte sie eine Deputation von Kaufleuten aus Smyrna? Nur eine Darbietung der Feierlichkeiten erfreut sie. Beim Volksfest am 29. April, also am sechsten Tag des Jubelfestes, zeigt der Kunstreiter Renz seine sechzig Pferde. Auf zwölf Schimmeln und zwölf Rappen wird eine Quadrille geritten, und als Höhepunkt reitet Renz auf einem Araberhengst die Hohe Schule.

Am Morgen nach der Hochzeitsnacht verlangt die erzherzogliche Schwiegermutter, daß das junge Brautpaar gemeinsam mit ihr das Frühstück einnimmt. Elisabeth wehrt sich dagegen, die Aufforderung versetzt sie in die peinlichste Verlegenheit, und am meisten empört es sie, daß Franz Joseph keinen Einspruch wagt. Sie bringt keinen Bissen hinunter, und weinend läuft sie in ihre Gemächer zurück, während die Mutter ihren Sohn über die Einzelheiten der Hochzeitsnacht ausfragt.

War für diese blutjunge, ja noch kindhaft zu nennende Sisi die Vollstreckung der Ehe nicht der Anfang einer intimen Tragödie? Man stelle sich den jungen Kaiser in seinem heißen, stürmischen Liebeswerben vor und gleichzeitig seine ‚Ausbildung' in den Armen routinierter Komtessen, die am Hofe gar zu zahlreich agierten. Waren dem kaiserlichen Kavalleristen nicht dralle Bäuerinnen zugeführt worden, die ihn nach ‚ungeschriebenen Vorschriften' der Hofetikette in die Geheimnisse der Liebe einzuweihen hatten?! Das sensible Wesen Elisabeths lernt in dieser Nacht nur Angst und

29

Scheu vor der ‚Liebe‘ ihres Mannes kennen, der nur das Nehmen und nicht das Geben kannte. Als Mann und Frau würden sie nie zusammenpassen. Wie so vielen sensiblen Frauen wird man ihr eines Tages Gefühlsarmut oder gar Gefühlskälte vorwerfen, nur weil sie bei ihrem Gatten das Höhere in der Liebe suchte und nur das Animalische fand.

Elisabeth wird ihrem Gatten alles geben, nur nicht ihr Herz. Sie ist eine Wittelsbacherin, und das heißt voll romantischer Sehnsüchte, nervöser Begeisterung und rauschhafter Übersteigerung alles Gefühlsmäßigen sein.

Dazu kommt das Heimweh nach Eltern, Geschwistern und Possenhofen. Hier gibt es nur die tägliche Einschnürung in die alles regelnde spanische Hofetikette. Der Kaiser ist zwar immer der aufmerksame Gatte, aber wenn die Mutter auftritt, versagt er.

Eine Reise nach Böhmen löst sie von dem Druck des Hofzeremoniells. Sie lernt die Aufgaben einer Kaiserin kennen, besucht Spitäler, Armen- und Waisenhäuser. Der Kaiser bleibt noch eine Zeitlang auf Reisen, da erhält er einen Brief von seiner Mutter, daß sich gewisse Hoffnungen bei Elisabeth anzeigen, und sie bittet ihren Sohn inständigst, seine junge Frau zu schonen! Sie scheint an alles zu denken, denn sie schreibt:

‚Auch glaube ich, daß Sisi sich nicht zu sehr mit ihren Papageien abgeben sollte, da zumal in den ersten Monaten man sich so leicht an den Tieren verschaut, die Kinder Ähnlichkeit mit ihnen erhalten. Sie sollte lieber sich beim Spiegel und Dich anschauen. *Dies* Verschauen laß’ ich mir gefallen.‘

Als die Kaiserin sichtbar schwanger ist, läßt die Erzherzogin den Park des Schlosses Laxenburg ganz für das Publikum öffnen. Als Elisabeth merkt, daß nun ein jeder fast in die Fenster einsehen kann, geht sie nicht mehr in den Park.

Da zerrt sie die Schwiegermutter in den Park hinunter und erklärt ihr, daß sie sich als Kaiserin mit ihrem Zustand vor aller Welt zu ‚produzieren‘ habe, damit sich die Untertanen auf das nahende freudige Ereignis freuen können . . .

30

Die erste Geburt ist für das Kaiserhaus eine Enttäuschung, es ist ‚nur' ein Mädchen. Es erhält den Namen seiner Taufpatin, der Mutter des Kaisers, Sophie, — Elisabeth wird erst gar nicht gefragt.

Die Erzherzogin hat das Kind förmlich beschlagnahmt. Will Elisabeth ihr Baby sehen, muß sie zu einem anderen Stockwerk hinaufsteigen, auch dann noch, als sie schon wieder hochschwanger ist. Sechzehn Monate nach der Geburt des ersten Kindes bringt Elisabeth ihre zweite Tochter auf die Welt. Wieder die gleiche Enttäuschung im Hause Habsburg. Die Taufpatin wird diesmal die Mutter der Kaiserin, und das Kind wird Gisela getauft.

Auch das zweite Kind wird der Mutter weggenommen und kommt in die ‚Kindskammer' im Trakt der Erzherzogin. Per Briefwechsel muß man der Erzherzogin den Entschluß des Elternpaares, respective der Mutter, klarmachen, daß ihr die Kinder weggenommen und zur Mutter gegeben werden.

Jetzt beginnt ein Kampf zweier Frauen um den Kaiser; entsetzt hat die Mutter der Widerstand ihres Sohnes zugunsten von Elisabeth. Wird dieses Abbröckeln ihrer Macht nicht gar bald auch die Wege der Politik streifen? Elisabeth versteht nichts davon und hat überhaupt keinen Ehrgeiz, sich in diese Machenschaften einzumischen. Mit Österreich steht es schlecht, was Politik anbetrifft. Die halben Entscheidungen im Krimkrieg hatten Franz Joseph beide Seiten zu Gegnern gemacht. Er fiel dem russischen Zaren in den Rücken und ließ sich auf ein verklausuliertes Bündnis mit den Westmächten ein. Frankreich und England leisteten den Türken bewaffnete Hilfe, und nur so wurden die Kämpfe um Sebastobol zu den mörderischen, die äußerst verlustreich für beide Teile ausgingen. Am 2. März 1855 starb der alte Zar Alexander, und Rußland behauptete, der Verrat Franz Josephs habe ihn umgebracht. Erst nach dem Fall der Festung Sebastobol erzwang Österreich durch ein erneutes Ultimatum das Ende der Feindseligkeiten. Das Kriegsergebnis: Eine völlige diplomatische Isolierung Österreichs und der Haß Rußlands auf der einen und seine schärfsten Rivalen als moralische Sieger, Piemont und Preußen, auf der anderen Seite.

31

Und wie reagiert der Hof in Wien auf diese Feindschaft mit dem großen Nachbarn Rußland, der 1848 auf Bitten Franz Josephs beim Aufstand in Ungarn eingegriffen hatte und die wackelige Monarchie wieder festigen half?
Man macht sich Sorgen um den noch ausstehenden Thronfolger und um die Einhaltung der Hofetikette . . .
Die Hofkamarilla spottet überhaupt recht gerne über diese seltsame Kaiserin, die sie die ‚Perle von Possenhofen' nennt. Elisabeth begegnet aber auch der höfischen Etikette mit einer beinah souverän zu nennenden Nichtachtung. Sie trinkt lieber bayerisches Bier als den vorgeschriebenen Wein und nimmt die Speisen nicht mit den vorgeschriebenen (!) Handschuhen ein. Sie liebt es, zu Fuß und auch noch ohne Begleitung auszugehen und besteht auf der ‚ultramodernen' Einrichtung eines Badezimmers in der Hofburg!
In den Augen der Hofschranzen sind dies unkaiserliche, ja plebejische Neigungen! Jetzt kommt auch noch der Streit um die Erziehung der Kinder hinzu, und so reizt sie auch noch die willensstarke und herrschsüchtige Schwiegermutter Sophie.
Daß der Kaiser seine Gattin nicht gegen die Intrigen in Schutz nimmt, trägt gewiß mit zur Entfremdung des Kaiserpaares bei.

32

Erste Triumphe, erstes Unglück

Doch woher soll die junge Kaiserin wissen, auf welch wackeligem Boden sie sich bewegt, auf welch morschem Gebälk sie wandelt? Als im Jahre 1835 der ‚gute alte' Kaiser Franz I. starb, versammelten sich Scharen trauernder Bürger vor der Hofburg in Wien. Eine bissige Volksüberlieferung erzählt folgende, die Tatsachen genau treffende Anekdote:

‚Ein vorübergehender Hofrat versuchte die weinende Menge mit den Worten zu trösten: ‚Weint nicht Kinder, es bleibt doch alles beim alten', woraufdas Volk antwortet:‚Darum weinen wir ja'. ..

Der Nachfolger Ferdinand erhielt in der höfischen Geschichtsschreibung das schmückende Beiwort ‚der Gütige', hätte aber eher das Prädikat ‚der geistig Unbelastete' verdient.

Zwölf Jahre nach Franzens Tod begann man, den siebzehnjährigen Franz Josef nach einem sorgfältig aufgestellten Erziehungsplan in die Weisheiten habsburgischer Regierungskunst einzuweihen. Niemand konnte wissen, daß dieser Franz Joseph bis in das 20. Jahrhundert hinein die Donaumonarchie regieren sollte; seine ‚Ausbilder' sorgten jedoch dafür, daß sich seine politische Vorstellungswelt aus dem Geiste Metternichs formte.

In den Adern des künftigen Kaisers floß wahrlich altes blaues Blut, dafür hatte die jahrhundertelange Einhaltung der Familiengesetze gesorgt. Waren doch nur Heiraten mit fürstlichen Partnern gestattet, führte dies ‚mangels Masse' auch zu häufigen Verwandtenheiraten.

Neben dem Mangel an ‚Ebenbürtigen' kam noch eine Einengung hinzu, und zwar die konfessionelle.

Die große Anzahl der deutschen Klein- und Mittelstaaten konnte keine Partner liefern, da deren Mitglieder evangelisch waren. Es kamen nur katholische Häuser in Frage, und dies waren vor allem die Wittelsbacher und die sächsischen Wettiner. Auch die Auswahl bei den ausländischen Partnern war eine geringe.

Die spanische Linie des Hauses Bourbon war auch schon im Hause Habsburg vertreten, hatte doch der Urgroßvater Franz Josephs, Maria Theresias Sohn Leopold, eine Prinzessin aus diesem Hause geehelicht, während die zweite Frau des Großvaters Franz eine Bourbonin aus der sizilianischen Linie war. Bisher hatten sich die Familienmerkmale noch als äußerst zäh erwiesen, das Aussehen drückte ihnen seinen Stempel auf:

Den herabhängenden Unterkiefer mit der zu großen vorspringenden Unterlippe, die lange Nase und den seitlich flachen, nach oben wie nach unten verlängerten Schädel mit der hohen Stirn.

Von Ferdinand konnte man keine Nachkommenschaft erwarten, so erkor man den Erzherzog Franz Karl zum Thronerben. Er war gutmütig, wenig begabt und der stärkere Teil war die Erzherzogin Sophie aus dem Hause Wittelsbach. Sie war gefühls- und willensstark, klug und tatkräftig, so wie sie die junge Kaiserin Elisabeth kennenlernen sollte. Man nannte sie den einzigen Mann am Wiener Hofe! Nur widerwillig war sie die von den Eltern beschlossene Ehe eingegangen. ,Diesen Schwachsinnigen! Niemals!', hatte sie erfolglos getrotzt.

Ihr Sohn Franz Joseph verkörperte mit seinen Veranlagungen durchaus einen gesunden und zähen Mittelschlag. Für ihn mußte die Mutter erkämpfen, was der Gatte nicht bringen konnte: Macht und Erfolg!

Seine Erziehung führte auch hier nicht die Mutter aus, sondern eine Oberhofmeisterin. Die von Metternich ausgesuchte Erzieherin, Baronin Sturmfeder, entstammte württembergischem Adel und setzte sich mutig gegen die Schlamperei der Hofschranzen zur Wehr, sorgte für Reinlichkeit in den weniger hygienischen Räumen der alten Hofburg und bekämpfte die Verhätschelungsversuche der zahlreichen Onkel und Tanten!

34

Einen Grundzug im Charakter des späteren Kaisers hat diese Baronin gewiß geprägt, seine unerschütterliche Ordnungsliebe. Zusätzlich nährte sie die Neigung des Kindes zum Militärischen, waren doch all ihre Vorfahren Soldaten gewesen.

‚Er wird ein sehr kriegerischer Fürst werden‘, bemerkte der Herzog von Reichstadt, der unglückliche Sohn Napoleons und der Habsburgerin Marie Luise. Da ihm die Erzherzogin Sophie als einziges Hofmitglied näher trat, machte der Hofklatsch einen Liebesbund daraus und Franz Joseph zum Ergebnis einer geheimgehaltenen Liebesbeziehung mit dem Herzog von Reichstadt!

Dies wäre wirklich eine sensationelle Perspektive gewesen, nur ist sie durch keinen glaubwürdigen Punkt haltbar. Bis zu seinem sechsten Jahre lag die Erziehung Franz Josephs in den Händen der Baronin, dann begann die harte Schulung des Heranwachsenden. Ein vielfältiger Sprachunterricht stellte an den Knaben höchste Anforderungen an Auffassungskraft und Gedächtnis, hatte er doch die Sprachen seiner Untertanen zu lernen, Tschechisch, Ungarisch, Italienisch, die Diplomatensprache Französisch und das klassische Latein!

Nur einen großen Nachteil hatte diese auf Drill aufgebaute Erziehung, die Entwicklung eines schöpferischen, selbständigen Geistes klammerte sie aus. Sollte dies vielleicht gar der Effekt sein?

Wie konnte der künftige Kaiser dieses Riesenreiches im Widerstreit der Meinungen eine klare Entscheidung fällen, wenigstens einen goldenen Mittelweg finden? Im März 1848 kam es zu Volkserhebungen im gesamten Reich. Bürgerabordnungen erschienen in der Hofburg und verlangten Pressefreiheit, unbeschränkte Vereins- und Versammlungsfreiheit und eine liberale Verfassung und Volksvertretung durch freie Wahlen!

In dieser Hofburg ‚ohne Männer‘ gelang es den Volksvertretern sogar, bis in die Gemächer des Kaisers vorzudringen! Und dieser unterschrieb alles, was man ihm vorlegte! Aus dem Hause Habsburg war über Nacht ein liberaler Verfassungsstaat geworden . . .

Das junge Brautpaar, 1854
(Stahlstich)

Am 25. April bewilligte Kaiser Ferdinand eine liberale Verfassung und am 15. Mai wurde er von Bewaffneten gezwungen, einen konstituierenden Reichstag einzuberufen. Das war dem ‚einzigen Mann‘ am Hofe, der Erzherzogin Sophie, zuviel. Mit Hilfe des Fürsten Windisch-Grätz, der als Generalkommandant von Böhmen in Wien den Aufstand niederschlagen sollte und dann doch nicht konnte, ließ sie den Kaiser aus Wien entführen! Der Hof brach zu einer Spazierfahrt nach Schönbrunn auf und fuhr bis nach Innsbruck . . .

Von dort aus erfuhr das überraschte Volk von dieser plötzlichen Verlegung des Hoflagers. Die Aufständischen konnten durch das brutale Eingreifen von Windisch-Grätz aufgerieben werden, nun mußte nur noch Kaiser Ferdinand abdanken, der ja durch seinen Eid an die liberale Verfassung gebunden war. Sophie entging hiermit zwar der Titel einer Kaiserin von Österreich, sie verzichtete zumindest auf den Schein der Macht, jedoch zugunsten des großen politischen Einflusses, der ihr durch den Regierungsantritt ihres achtzehnjährigen Sohnes zufallen würde.

Die Niederwerfung der Ungarn wurde im Namen des jungen Kaisers Franz Joseph durchgeführt. Am 14. April 1849 erklärt Ungarn seine völlige Unabhängigkeit und die Absetzung des Habsburger Herrscherhauses. Franz Joseph macht einen Bittgang zum russischen Zaren nach Warschau, ihm bei der Niederwerfung zu helfen. Zar Nikolaus sendet 200 000 Mann. Am 13. August muß der General Görgey bei Vilagos die Waffen strecken. Er ergibt sich den Russen und nicht den verhaßten Österreichern!

‚Ungarn liegt zu Füßen Eurer Majestät‘, konnte der russische General Paskjewitsch zum Ärger des Wiener Hofes dem Zaren melden.

Nun beginnt ein Strafgericht gegen die Aufständischen, das ‚mittelalterliche‘ Ausmaße annimmt.

Dreizehn Generale werden hingerichtet, der Ministerpräsident Batthyany wird in Budapest erschossen, 114 Todesurteile werden vollstreckt, Tausende von Jahren Kerker verhängt, Bischöfe ins Zuchthaus gesteckt und Frauen öffentlich ausgepeitscht.

37

Das Unglück, das Franz Joseph und seine Familie im Laufe seiner langen Regierungszeit so hart treffen sollte, führte man auf den Fluch der Gräfin Karolyi zurück, deren Sohn ein Opfer des Rachefeldzuges wurde:

‚Himmel und Hölle sollen sein Glück vernichten! Sein Geschlecht soll vom Erdboden verschwinden und er selber heimgesucht werden in den Personen, die er am meisten liebt! Sein Leben sei der Zerstörung geweiht und seine Kinder sollen elendiglich zugrunde gehen!'

Der Flüche sollen noch mehr ausgesprochen worden sein! Elisabeth erzählte der Gräfin von Wallersee-Larisch: ‚Unsere Mutter hat uns einst verflucht. Sie denkt längst nicht mehr daran und hatte es auch damals gewiß nicht ernst gemeint, aber der Mönch von Tegernsee hat es gehört und seitdem wartet er. So oft einer von unserer Familie stirbt, steht er bei ihm, und beim letzten wird auch er erlöst sein!'

Im Jahre 1828 war Herzogin Ludovika im Schloß Tegernsee mit dem gleichaltrigen Herzog Maximilian von Bayern gegen ihren Willen vermählt worden. Ihre Liebe soll damals dem Herzog Miguel von Braganza gehört haben, dem sie zuerst bestimmt gewesen war. Doch unsicherer politischer Verhältnisse halber, die damals in Portugal herrschten, wurde von ihren Eltern der Plan aufgegeben und die junge Prinzessin gezwungen, ihre Hand dem bayerischen Herzog Maximilian zu reichen.

An ihrem Vermählungstag soll sie ihren Brautschleier von sich geschleudert und die unseligen Worte ausgestoßen haben: ‚Dieser Ehe und allem, was daraus hervorgeht, soll der Segen Gottes fehlen bis ans Ende!

Wie wenig ernst der jungen Prinzessin dieser Wutausbruch war, geht daraus hervor, daß die Ehe anfangs doch glücklich und reich mit Kindern gesegnet war.'

Außerdem erzählte Elisabeth noch die Legende vom Mönch vom Tegernsee:

38

‚Als das jetzige Schloß Tegernsee noch Kloster war, wurde, so geht die Sage, ein Jüngling fürstlichen Blutes zwangsweise ins Kloster gebracht, um Mönch zu werden. Er entstammte dem Geschlecht der Karolinger und entbrannte in Liebe zu seiner schönen Base, die jedoch für seinen älteren Bruder bestimmt war und diesem die Hand reichen mußte. Am Altar schwur sie in ihrem Herzen dem Geliebten ewige Liebe, wenngleich sie vor dem Priester das Jawort dem anderen gab. Der junge Prinz, inzwischen Mönch geworden, entfloh eines Tages. Einmal noch wollte er die Geliebte sehen, er fand den Weg zu ihr, aber beide wurden verraten. Die Strafe, die der betrogene Gatte über sein Weib verhängte, ist unbekannt. Der junge Mönch aber, der sein Gelübde gebrochen hatte, wurde ins Kloster zurückgebracht und eingemauert. Diese Begebenheit soll sich in dem alten Klosterarchiv aufgezeichnet befinden, berichtet aber hat sie einst der alte Schloßkaplan von Possenhofen, Monsignor Maffey.'

Kaiserin Elisabeth ist also gar nicht mit einem so sehr beliebten Kaiser verehelicht, und den Haß gegen Erzherzogin Sophie teilt sie mit einem Großteil des Volkes.

Diese hat nun ernsthafte Befürchtungen, daß auch der politische Einfluß Elisabeths zur Geltung kommen könnte, macht doch der Kaiser mit ihr eine ‚Beschwichtigungsreise' nach Venedig und in die Lombardei. Er will die Italiener, die die Fremdherrschaft nur mit Haß ertragen, beschwichtigen und Elisabeth dabei ein wenig benutzen . . .

Der Empfang in Venedig ist kühl, doch sie besitzt die Gabe, durch Takt und Liebenswürdigkeit die Menschen in ihren Bann zu ziehen. Bald ist das Eis der Venezianer gebrochen. Auch in Mailand werden sie mit fast beleidigender Kälte empfangen. Die wenigen Eviva-Rufe gelten nur Elisabeth. Besonders ihr ist es zu verdanken, daß der Kaiser eine allgemeine Amnestie erläßt; die feindliche Stimmung gegen ihn bleibt trotzdem bestehen.

Für das Frühjahr 1857 ist eine noch viel schwierigere Reise vorgesehen und zwar nach Ungarn. Gegen den Willen der Schwieger-

39

mutter nimmt sie ihre beiden Töchter auf die Reise mit. Der Erfolg für Elisabeth ist in Budapest ein kolossaler, die Ungarn feiern ihre Schönheit. Der Kaiser entschließt sich, den Triumph auch in die Provinzen auszudehnen. Da erkranken die beiden Kinder. Allein macht sich das Kaiserpaar auf die Reise durch die Provinz. In Debreczin erreicht sie ein Telegramm über das besorgniserregende Befinden der kleinen Sophie. Man eilt nach Budapest zurück, elf Stunden weilt die Mutter am Krankenbett des Kindes. Sie kann ihm nur noch die Augen zudrücken. Elisabeth ist verzweifelt, sie klagt sich und die Welt an.

Seit dem Winter 1857 ist die Kaiserin wieder in Erwartung. Aus allen Ecken der Monarchie kommen Ratschläge, wie das Kind ein Junge werden könnte. Sie läßt sich alle Berichte vorlegen, denn abergläubisch ist sie ja.

So verheimlicht man ihr, daß in Schönbrunn die Bewohner durch ein Krachen, das alle Fugen des Schlosses erschütterte, aufgeschreckt wurden. Der große Lüster im Zeremoniensaal war herabgefallen und lag in tausend Stücken auf dem Parkett. Es kamen zwar keine Personen zu Schaden, jedoch war das innerhalb von zwei Jahren der zweite Fall: Am 21. August 1858 kann die Kaiserin ihrem Gatten einen Knaben entgegenhalten. Er ist überglücklich, findet seinen Sohn zwar nicht schön, aber ‚magnifique gebaut und sehr stark'.

Die Stellung der Kaiserin ist gefestigter denn je, die Schwiegermutter wird es jetzt noch schwerer haben.

Krieg in Italien, Elisabeths Flucht nach Triest und erste große Reise

Die Lage Österreichs nach dem Krimkrieg ist eine völlig isolierte, der Zar ist verunsichert, aber auch die Franzosen und Engländer kann man nicht als Freunde gewinnen. Piemont nutzt diesen günstigen Augenblick und provoziert Österreich mit einer Mobilmachung. Man stellt Piemont ein Ultimatum, welches abgelehnt wird. Der Krieg ist da! Frankreich steht als Verbündeter auf der Seite der Italiener. War das diplomatische Versagen schon blamabel genug, das militärische ist noch größer. General Gyulay nutzt seine militärische Überlegenheit gegen das schwache Piemont nicht, sondern wartet einen Monat untätig, bis die französische Armee im feindlichen Lager eintrifft. Anfang Juni 1859 verliert Österreich die Schlacht bei Magenta und muß die Lombardei räumen.

Kaiser Franz Joseph übernimmt selbst den Oberbefehl. Kompetenzschwierigkeiten zwischen den Befehlshabern und die mangelhafte Kriegserfahrung des Kaisers lassen das Treffen bei Solferino zu einem Debakel für die österreichische Armee werden. Die Führung versagt so vollständig, daß erst fünf Stunden nach Kampfbeginn der Oberbefehlshaber überhaupt erfährt, daß eine Schlacht stattfindet. Der Kaiser selbst verliert die Nerven und gibt den Befehl zum Rückzug.

Nicht ohne Grund spottet man über die österreichische Armee, ,daß sie ein Löwe, von Eseln geführt sei . . .' Elisabeth ist ganz verzweifelt über die Abwesenheit ihres Gatten. Sie befürchtet, er könne fallen oder sich im Feld eine schwere Krankheit holen. Sie wird übernervös, rast- und ruhelos. Sie reitet von früh bis spät, schreibt nervöse Briefe an ihren Gatten und an die Eltern und Geschwister.

41

Ihrer Schwiegermutter gibt sie die Schuld an der Politik und dem Kriege und glaubt fest daran, daß sie noch das ganze Reich zugrunde richten würde.

Da greift Preußen in das Geschehen ein und bietet Franz Joseph Waffenhilfe an. Das erschreckt den österreichischen wie den französischen Kaiser. Franz Joseph will lieber eine Provinz verlieren als dem preußischen Rivalen einen Triumph gönnen. Napoleon III. ist für einen längeren Krieg nicht gerüstet und muß bei einem Krieg mit Preußen um seinen sowieso wackeligen Thron bangen. Während Franz Joseph mit Napoleon vor Verhandlungen steht, wird er zusätzlich durch Nachrichten aus Wien nervlich belastet. Seine Mutter führt erneute Klagen über die ‚unkaiserliche‘ Lebensweise Elisabeths.

Er schreibt an seine Frau aus Verona: ‚Meine liebste Engels-Sisi . . . Wie sehr ich mich nach Dir sehne und wie ich mich nach Dir ängstige, kann ich Dir gar nicht sagen. Ganz desperat macht mich die entsetzliche Lebensweise, die Du Dir angewöhnt hast und die Deine teure Gesundheit ganz zerstören muß. Ich beschwöre Dich, gebe dieses Leben gleich auf und schlafe bei der Nacht, die ja von der Natur zum Schlafen und nicht zum Lesen und Schreiben bestimmt ist. Reite auch nicht gar zu viel und heftig . . .
Es hat mir sehr leid getan, daß es Dir unangenehm war, daß ich geschrieben habe, ich müßte wegen der Geschäfte nach Wien zurück. Du kannst Dir wohl denken, daß mein einziger Drang zum Zurückkehren und meine einzige Freude dabei ist, Dich wieder zu umarmen, allein in einer Zeit, wie der jetzigen, darf man sich nicht von den Gefühlen des Herzens, wenn sie auch noch so stark sind, leiten lassen, sondern nur von dem Gefühle der Pflicht. Von einer Zusammenkunft mit dem Prinzen von Preußen, von der Du mir schreibst, habe ich nie gehört. Allein eine andere Zusammenkunft könnte mir, wie ich fürchte, bevorstehen, nämlich mit dem Erzschuft Napoleon. Es wäre mir sehr unangenehm, allein, wenn es zum Nutzen der Monarchie gereichen könnte, muß auch das verschluckt werden. Napoleon scheint jetzt von einer ungeheuren Waffenstillstands- und Friedenspassion erfüllt zu sein . . .‘

42

Drei Tage nach der Niederschrift dieses Briefes, am 11. Juli 1859, trifft Franz Joseph mit Napoleon bei Villa-franca zusammen, der Waffenstillstand wird unterzeichnet.

Der Kaiser kann nach Wien zurückkehren. Er findet die Kinder wohlauf, aber eine hochgradig nervöse Gattin, die sich mit seiner Mutter noch mehr verfeindet hat, besteht diese doch darauf, den Kronprinzen für seine künftige Position zu erziehen. Der Kaiser steht wieder zwischen den beiden Frauen, aber als Folge des Krieges nähert er sich nun auch noch politisch den liberalen Ansichten Elisabeths. Der Kaiser entläßt den Grafen Grünne, der ein Günstling seiner Mutter ist. Da man seine feindliche Haltung gegenüber Ungarn kennt, schreibt die Erzherzogin diese Entscheidung dem Einfluß Elisabeths zu. Zu den Erziehungsproblemen der Kinder kommen noch die politischer Art hinzu. Das Verhältnis zwischen den beiden Frauen wird immer widerwärtiger.

Die Dauerkämpfe mit ihrer Schwiegermutter, die zusätzlichen Aufregungen durch den Krieg und drei Geburten in vier Jahren greifen die Gesundheit der Kaiserin an. Ihre Schwester als Gattin des Königs von Neapel ist gefährdet, Garibaldi bedrängt das Königreich, und der König muß seine Stadt verlassen. Die Schwiegermutter läßt in dem Streit um die Erziehung des Thronfolgers nicht locker und gewinnt wieder die Oberhand.

Man kann eine zunehmende Entfremdung der Ehegatten feststellen; sind es die Auseinandersetzungen mit der Schwiegermutter und die Ohnmacht des Kaisers allein, oder spielen noch andere äußere Ereignisse dabei mit? Der Hofklatsch weiß zu berichten, der Kaiser habe nach den Erschütterungen des Feldzuges seine alten Junggesellengewohnheiten wieder aufgenommen. Von ihr, der blendenden Schönheit, muß das besonders kränkend aufgenommen werden. Man spricht sogar offen darüber, daß die Schwiegermutter aus Haß gegen Elisabeth die Seitensprünge ihres Sohnes heimlich fördert.

Elisabeths an sich nicht allzu kräftigen Nerven sind völlig überreizt, eine von den Ärzten nicht richtig erkannte Erkrankung der Atmungsorgane steigert ihre Empfindlichkeit.

Sie verläßt Hals über Kopf Wien und fährt nach Triest, um von dort aus eine weite Reise anzutreten. Sie läßt sich nur ungern zu einer Rückkehr bewegen, damit wenigstens die äußeren Formen gewahrt bleiben.

Sie nennt als Wunschziel eine Insel, die ihr weit genug von dem ihr so verhaßten Kaiserhof entfernt liegt, Madeira. Auf diesem Eiland, wo ewiger Frühling herrscht, wird sie ihr seelisches und körperliches Gleichgewicht wieder erlangen. Sie berücksichtigt nicht, welch ein Aufsehen die plötzliche Abreise, die einer Flucht gleicht, im Kaiserreich hervorrufen wird. Man begründet die Abreise offiziell mit dem angegriffenen Gesundheitszustand der Kaiserin. Franz Joseph begleitet seine Gattin bis nach Bamberg, von wo sie ihre Reise bis nach Antwerpen alleine fortsetzt. Dort erwartet sie die Yacht der Queen Victoria.

Elisabeth erlebt eine stürmische Überfahrt nach Madeira. Sie, die Kranke unter den Passagieren, verträgt die Seereise am besten. Die Hauptstadt Funchal rüstet zum Empfang. Ein Grande von Portugal überreicht eine Botschaft des Königs Pedro und begleitet sie zu ihrer Villa. Diese steht auf einer weit ins Meer hinausragenden Klippe; Palmen und Rosenstöcke umrahmen das Ganze. Doch was nützen das Klima und die Umgebung, wenn sie krank und unglücklich ist. Dazu kommt das Heimweh nach ihren Lieben, den Kindern und dem Gatten. Dieser sendet seine Vertrauten zu ihr, die Briefe bringen und holen und auch sonst nach dem Rechten sehen sollen.

Graf Louis Rechberg berichtet an seine Tante Pauline am 12. Februar 1861: ‚Die arme Kaiserin tut mir schrecklich leid, denn, wirklich ganz unter uns gesagt, finde ich sie sehr, sehr leidend. Ihr Husten jetzt soll in gar keinem Verhältnis besser sein als vor ihrer Reise hieher, sie hustet auch im allgemeinen wenig . . . Moralisch ist aber die Kaiserin schrecklich gedrückt, beinahe melancholisch, wie es in ihrer Lage wohl nicht anders möglich ist — sie sperrt sich oft beinahe den ganzen Tag in ihrem Zimmer ein und weint. Und begreiflicherweise hat sie noch keinen Brief von der Königin von

44

Herzogin Elisabeth (Sisi) von Bayern
(nach einem Stahlstich um 1853)

Neapel, seitdem sie hier ist. Durch mich hoffte sie einen zu bekommen und weinte den ganzen Tag meiner Ankunft, als sie sich enttäuscht sah. Sie ißt schrecklich wenig, so daß auch wir darunter leiden müssen, denn das Essen, vier Speisen, vier Desserts, Kaffee etc., dauert nie über fünfundzwanzig Minuten. In ihrer Melancholie geht sie nie aus, sondern sitzt bloß am offenen Fenster, mit Ausnahme eines Spazierrittes im Schritt von höchstens einer Stunde . . .'

Sie versetzt sich wieder in ihre Jugendzeit zurück und beschäftigt sich wie im bayerischen Possenhofen mit Tieren und Blumen.

Ihrem Schwager, dem Grafen Mittrowsky, schreibt sie:

‚Lieber Ludwig, nicht wahr, ich habe Dir in meinem letzten Brief ein getrocknetes Seepferdchen geschickt? Ich bitte Dich, sei so gut und lasse es mir recht genau und hübsch in Gold ganz in derselben Größe nachahmen . . .

Ich habe mir schon vor ziemlich langer Zeit einen großen Hund von England bestellt . . . Du siehst, daß ich meine Menagerie vergrößere, die vielen kleinen Vögel, fürchte ich, werden den Transport gar nicht überstehen . . .'

Der ganzjährige Frühling Madeiras tut Elisabeth gut. Als ihr die verhaßte Schwiegermutter, der sie keinen einzigen Brief schreibt, eine Heiligenfigur schickt, erkennt sie, daß auch ihr das Fernsein der Schwiegertochter vom Wiener Hof guttut.

Am 28. April 1861 tritt sie die Rückreise an. Am spanischen Festland verbittet sie sich jeglichen offiziellen Empfang und durchstreift unerkannt Cadiz. In Sevilla wird sie jedoch gegen ihren Willen vom Schwager der Königin mit großem Gepränge empfangen. Sie lehnt jede Einladung des spanischen Hofes ab und sieht sich lieber einen Stierkampf an.

Die Spanier sind entzückt von dem guten Aussehen der Kaiserin. Der österreichische Gesandte in Madrid, Graf Crivelli, meldet nach Wien: ‚Ihre Majestät hat wirklich außerordentlich gefallen. Ihre graziöse Würde und elegante Einfachheit mußten hier, wo gespreiztes Pathos mit ungehobelster sans façon abwechselt, natürlich großen Effekt machen und imponieren.'

46

Sie fährt weiter über Gibraltar und Mallorca nach Korfu. Die Yacht ‚Victoria and Albert' läuft am 15. Mai im Hafen von Gasturi ein. Korfu steht noch unter englischer Oberhoheit. Gern möchte die Kaiserin die Insel kreuz und quer durchwandern. Überall Zypressen und Orangenbäume auf den wellenförmigen Hügeln und ringsum die azurblaue See. Als Zeugen der Vergangenheit Festungswerke aus der Zeit venezianischer Herrschaft, im Osten die Albaner Berge.

Aber der Gatte fährt ihr in seiner Yacht ‚Phantasie' entgegen. Ein kurzer Aufenthalt auf Schloß Miramar bei Triest, und die Reise führt nach Wien zurück.

Dort angekommen, muß sie sich schon wieder dem Zeremoniell beugen und stundenlang Audienzen von Damen der ersten Hofrangklassen über sich ergehen lassen.

Ihre einzige Freude ist das Wiedersehen mit den Kindern. Doch sie muß feststellen, wie sehr der Einfluß ihrer Schwiegermutter während ihrer Abwesenheit auf sie eingewirkt hat.

Sie gerät sehr schnell wieder in die Mühle des Wiener Hofes mit seinen Intrigen, mit den Intrigen der Erzherzogin Sophie. Sie will nicht mehr in der Hofburg bleiben, und so übersiedelt das kaiserliche Paar nach Schloß Laxenburg. Von dorther wird gemeldet, ‚die Kaiserin wolle in größter Ruhe und Zurückgezogenheit leben, die Empfänge bei Hof, die Reise und der Klimawechsel hätten sie so sehr angegriffen, daß sie allergrößter Schonung bedürfe'.

Die wildesten Gerüchte gehen durch Wien, wird doch schon wieder eine Fahrt der Kaiserin in den Süden bekanntgegeben. Sieht nicht die Kaiserin gesund, ja blühend, aus?

Da konnte etwas nicht stimmen.

Graf Bray, der bayerische Gesandte, meldet an seinen König, es würde wenig Hoffnung auf Genesung bestehen, spricht gar von einem tödlichen Übel, von der Unfähigkeit ihres Wiener Hofarztes Dr. Skoda und meint, wenn die Kaiserin in Wien bliebe, würde sie kaum mehr sechs Wochen leben. Aus München wird der Leibarzt des herzoglichen Hauses zur Untersuchung nach Wien gebeten.

47

Der Kaiser bringt Elisabeth persönlich nach Triest, von dort aus begleitet sie Erzherzog Max nach Korfu. Schon während der Reise bessert sich ihr Zustand, sie bräuchte Dr. Skoda nicht, den man ihr mitgesandt hat.

In einem Landhaus findet sie Unterkunft, und der Arzt kann bald zurückkehren und melden, daß die Patientin frei von Fieber sei. Sie, die angeblich Lungenkranke, nimmt recht merkwürdige Prozeduren auf sich. Sie unternimmt lange Fußmärsche ins Innere der Insel und weite Segelfahrten in der Adria und zusätzlich noch Bäder im Meer.

Am 28. Juli 1861 schreibt sie an Erzherzog Ludwig Viktor: ‚Mein Leben ist hier noch stiller wie in Madeira. Am liebsten sitze ich am Strand, auf den großen Steinen, die Hunde legen sich ins Wasser und ich schaue mir den schönen Mondschein im Meer an.'

Der Oberststallmeister Graf Grünne wird zur Erkundung des Befindens der Kaiserin nach Korfu gesandt. Sie sieht in ihm den Spion der Schwiegermutter Sophie, und dementsprechend wird er auch empfangen.

Ein ihr lieber Besuch ist der ihrer Schwester Helene, die sie erstmals seit ihrer Verheiratung mit einem Taxis sieht. Ist sie auch nicht Kaiserin geworden, so lebt sie nun an der Seite des Vertreters eines der reichsten Geschlechter Bayerns.

Helene sieht Elisabeth blaß und mit etwas aufgedunsenem Gesicht. Sie muß feststellen, daß sie fast nichts verzehrt und bewegt sie durch gutes Zureden, mehrmals täglich Fleisch zu essen.

Auf langen Spaziergängen schüttet Elisabeth der Schwester ihr Herz aus, und Helene reist als Vermittlerin zum Kaiser nach Wien. Dieser ist über die Gerüchte um die Kaiserin und seiner Person zutiefst beunruhigt. Zu auffällig war der rasche Wechsel des Gesundheitszustandes zuerst auf Madeira und dann auf Korfu im Gegensatz zu Wien.

Am 13. Oktober 1861 trifft der Kaiser auf Korfu ein.

Er verspricht ihr, in Angelegenheit der Kinder energischer auf ihrer Seite zu sein und sogar gegen seine Mutter aufzutreten, wenn dies nötig sei!

Zu einer Rückkehr nach Wien ist die Kaiserin jedoch noch nicht zu bewegen, so kommt man zu der Abmachung, daß sie sich vorerst mit den Kindern in Venedig treffe.

Hier vertreibt sie sich die Zeit mit Lesen, denn sie wagt sich wegen ihres immer noch aufgedunsenen Gesichtes nicht auf die Straße. Dazu kommt, daß ihre Füße stark geschwollen sind.

Anfang November treffen ihre beiden Kinder ein. Da man die Schwiegermutter nicht nach Venedig reisen ließ, sandte sie ihre Vertraute, die Oberhofmeisterin Gräfin Esterházy mit Weisungen über die Behandlung der Kinder mit.

Jetzt kann die Kaiserin endlich die Absetzung der Gräfin beim Kaiser durchsetzen. Ihre frühere Hofdame Paula Bellegarde, verheiratete Gräfin Königsegg-Aulendorf, erhält das Amt und ihr Gemahl den des Oberhofmeisters. Die Erzherzogin Sophie findet diese Entscheidung zu recht einen gegen sie persönlich geführten Schlag.

Im Mai kommt der Kaiser letztmals nach Venedig. Auch seiner Gattin ist die feindliche Haltung der Bevölkerung und des Adels leid, die man überall zeigt, wo der Kaiser auftritt. Elisabeth folgt dem Gatten noch nicht nach Wien, sondern ihrer Mutter Ludovika, die sich persönlich um die Gesundheit ihrer Tochter gekümmert hat, nach Reichenau.

Dort erwartet sie auch schon der Hofrat Dr. Fischer, der ‚seine Sisi' seit ihrer Kindheit kennt. Daß seine Patientin nicht an der Lunge erkrankt ist, weiß man auch in Wien schon lange. Er stellt die Symptome einer akuten Anämie fest und daß sie sich medizinisch gesehen kurz vor dem Verhungern befindet!

Elisabeth erholt sich in Kissingen glänzend und nur Eingeweihte können daran zweifeln, daß es weniger die Bäder und der Brunnen sind als die ihr noch wohltuendere Abwesenheit vom Wiener Hof. Ihre Schwiegermutter Sophie und die größtenteils hinter ihr stehende Kamarilla haben mit den andauernden Intrigen dazu beigetragen, sie seelisch und körperlich zu zermürben.

Wer wird ihr beweisen können, daß sie sich absichtlich in Krankheiten flüchtete und zukünftig flüchten wird?

Bewußt oder unbewußt, für sie der einzige Ausweg, dem ungeliebten, ja verhaßten Hof entfliehen zu können.

Am letzten Tag ihres Aufenthaltes in Kissingen beschließt sie, während ihres liebgewordenen Spazierganges zum Altenberg, den künftigen Ablauf ihres Lebens.

Das Erdenrund soll für sie zum rasenden Karussell werden, das sich bis zu ihrem Tode im ewig gleichen Rhythmus bewegt: Alljährlich dieselbe Flucht ins Glück, das keines sein wird.

Ein Leben in Städten, in Bädern und auf Inseln. Ihre Rastlosigkeit wird immer größer werden, und die Unerfülltheit ihres Daseins wird immer tödlich leerer.

Doch vorerst muß sie zurück nach Wien. Sie ist schließlich immer noch die Kaiserin von Österreich.

Elisabeths Kuren in Kissingen bis zum 1866-er Krieg: Der seltsame König von Bayern, das russische Zarenpaar und Ausflüge in die reizvolle Umgebung des Bades

Am 14. August 1862 trifft Elisabeth in Wien ein. Besonders dem Volke hat die Abwesenheit der Kaiserin sehr zu denken gegeben. Die Stimmung hat zugunsten von ihr umgeschlagen. Niemand spricht mehr von einer hysterischen oder exzentrischen Kaiserin, sondern von einer Mutter, die durch Erzherzogin Sophie ein Martyrium durchgemacht hat.

So wird ihr ein begeisterter Empfang zuteil. Sie ist ergriffen. Ist dieser frenetische Empfang nicht auch als eine offene Opposition gegen die gerade abwesende Schwiegermutter anzusehen! Elisabeth hat erneut über sie gesiegt.

Am Hofe tritt ihr Erscheinen so unerwartet ein, daß man die Hofdame, Fürstin Helene Taxis, telegraphisch einberufen muß! Sie schreibt an die Gräfin von Wimpffen:

,,Nun haben wir sie im Lande wie vor zwei Jahren, und doch, was liegt dazwischen, Madeira, Korfu und eine Welt von Sorgen. Sie wurde mit Enthusiasmus empfangen, wie ich es in Wien noch nie gehört. Sonntag ist Liedertafel und Fackelzug, wozu sich vierzehntausend Menschen meldeten. Seinen (des Kaisers) Ausdruck, als er sie aus dem Wagen hob, werde ich nie vergessen. Ich finde sie blühend, aber nicht natürlich aussehend, den Ausdruck gezwungen und nervös au possible, die Farbe so frisch, daß ich sie echauffiert finde, und wohl nicht mehr geschwollen, aber sehr dick und verändert im Gesicht. Daß Prinz Karl Theodor mitkam, ist ein Beweis, wie sehr sie es scheut, mit Ihm (dem Kaiser) und uns allein zu sein . . .''

Als Elisabeth ihre Kinder empfängt, muß sie feststellen, daß Sophie während ihrer langen Abwesenheit die Kinder ganz an sich gerissen hat. Es sind nicht mehr ihre Kinder, es sind die der Schwiegermutter. Ohnmächtig muß sie zusehen, wie besonders Rudolf den Erziehungsmethoden seiner Großmutter und eines von ihr ausgesuchten Erzieherstabes anheimfällt.

Elisabeth gibt auf und flüchtet sich in ihr Eigenleben. Sie kann wieder ihre langen Spazierwege machen und sogar erneut mit dem Reiten beginnen, da es ihre Füße wieder gestatten. Der Wiener Hof schaut neidisch nach Kissingen, hatten dies doch nach Ansicht der Beobachter die Heilmittel eines bayerischen Bades zuwege gebracht.

Sie schert sich nicht um die Etikette, was besonders die Hofdamen bedrückt. So schreibt Helene Taxis an die Gräfin Wimpffen: „Sie hat gar nicht mehr die Allüren, sich begleiten zu lassen, geht und fährt sehr viel mit Seiner Majestät aus, ist er abwesend, bleibt sie allein im gesperrten Garten in Reichenau. Doch gottlob ist sie doch zu Hause und gedenkt auch zu bleiben, das ist die Hauptsache. Mit ihm ist sie vor uns wenigstens sehr freundlich, gesprächig und natürlich, alla camera mögen manche Meinungsverschiedenheiten vorkommen, das blickt so manchmal durch. Sie sieht exzellent aus, eine ganz andere Frau, gefärbt, stark und abgebrannt: Ißt ordentlich, schläft gut, schnürt sich noch gar nicht, kann stundenlang gehen, doch wie sie steht, schwillt eine Ader am linken Fuß an . . .“

Hervorgerufen durch die Amme des Kronprinzen, die ihre Muttersprache Ungarisch besser als Deutsch spricht, lernt sie die ersten Brocken dieser Sprache. Schließlich betreibt sie Sprachstudien und macht bedeutende Fortschritte, weil sie diese Sprache unbedingt beherrschen will. Bald liest sie ihre ungarischen Lieblingsautoren Jókai und Eötvös schon ziemlich fließend.

Die eisige Kälte des Hofes zieht sie auch politisch immer mehr auf die Gegenseite, zu den wenig geliebten Ungarn. Die ungarischen Adelskreise wissen ihr Faible für das Ungarische zu nutzen und

52

verbreiten in Wort und Schrift, wie ihre Anmut den Kaiser bezaubert und daß es nur über ihre Person möglich ist, den Kaiser für die ungarischen Belange zu gewinnen.

Gräfin Wallersee schreibt über die Körperpflege der jungen Kaiserin:

„Der Kultus ihrer Schönheit sowie die Passion für Sport nahmen den größten Teil ihres Lebensinteresses in Anspruch. Der Pflege ihres Körpers widmete sie in jungen Jahren ebensoviel Zeit wie der Pflege des Reit- und Turnsports. Ihren ungewöhnlich zarten Teint, ihr feenhaftes prächtiges Haar betreute sie in sorgfältigster Pflege bei gewissenhafter Anwendung alter, der Öffentlichkeit unbekannter Naturrezepte, meist indischen Ursprungs, nach denen sie die Mittel eigens für sich bereiten ließ. Für gewöhnlich nahm die Kaiserin täglich morgens eine kalte Dusche mit nachfolgender Massage."

Elisabeth nimmt sich jedoch vor, die ungarische Sprache perfekt zu beherrschen. So lernt sie während ihrer Haarpflege Vokabeln und spricht mit dem Mädchen beim Ankleiden ungarisch.

Im Juni 1863 wiederholt sie die Kur in Kissingen.

War im vergangenen Jahr jeglicher Empfang unterblieben, selbst die Erweisung solcher Aufmerksamkeiten, die unter gewöhnlichen Umständen für fürstliche Persönlichkeiten auch im strengsten Inkognito gefordert werden, hatte sich das Badekommissariat versagen müssen, wird diesmal der Kaiserin ein glänzender Empfang zuteil.

Die Bewohner der Stadt und der näheren Umgebung bringen ihr einen großen Fackelzug dar, die Liedertafel mit der Kurkapelle und der Würzburger Artilleriemusik eine Serenade. Der Kurgarten ist festlich illuminiert. Am nächsten Tag kommt aus Mainz eine siebzig Mann starke Kapelle des 16. Linien-Infanterieregiments.

Am 17. Juni bringt das Kissinger Intelligenzblatt auf der ersten Seite ein Willkommensgedicht:

„Willkomm

Willkommen hoch, Erhabenste der Frauen
Es schlingt sich fest um Dich der Liebe Band,
Hier in dem alten treuen Heimathland
Wo alle Herzen Dir Altäre bauen! —

Vernimmt Dein Ohr kein flüsternd leises Rauschen?
Die Nymphen reißen aus der Quelle Schoos
Im Jubelrausche Alle heut' sich los,
Den Grazien, welche mit Dir nah'n, zu lauschen.

Und Hygiäa steigt vom tiefen Schacht,
Den sie als Priesterin getreu bewacht,
Und eilet ihres Sieges sich bewußt,

Dir, die geschmückt mit allen Erdenkränzen,
Den ewig frischen Becher zu kredenzen,
Aus dem Du schlürfest neue Lebenslust."

Im ‚Anzeigeblatt für Bad Kissingen' kann sie am 21. Juni ein Ge-
dicht lesen, das ein Lemberger Universitätslehrer anläßlich ihrer
Genesung im vergangenen Jahr voller Dankbarkeit nach Bad Kis-
singen gesandt hatte.
Sie, die Verehrerin der Verse Heines, lächelt bei der Lektüre dieses
Opus und denkt an die Gedichte ihrer Jugendzeit zurück:
„Du Kissingen im schönen Frankenlande,
Du kleine Stadt, bis zu dem Weltenrande
Tönt deines Namens Ruhm mit hellem Klang,
Weil Gottes Segen deinem Quell entsprang!

Ja groß bist Du, der kleinsten Städte eine!
Ob München auch im hellstem Purpurscheine,
Die hohe Residenz im Bayernland,
Gleich einer Perle strahlt am Isarstrand:

54

Ob München auch Elisabeth das Leben,
Ihr, die Franz Joseph sich geeint, gegeben,
Du, kleines Kissingen im Frankenthal,
Gleich München groß, gabst 's Ihr zum zweiten Mal!

Als menschliche Gedanken fruchtlos rangen,
Und treuen Volks Gebete aufwärts drangen,
Da wards vom Himmel ihnen klar und hell:
Im Bayernlands flöß ein Wunderquell.

Und in Jerusalem, dem heilgen, lagen
Versammelt zum Gebet in jenen Tagen
Die Kinder Israels und flehten dort:
‚O Herr des Weltalls sprich Dein segnend Wort!

Daß mit dem Quell der Ihre Lippe tränket,
Sich Heilung in das theure Leben senket,
Und neu erstarke die geliebte Frau,
Wie Frühlingsblüthen in dem Morgenthau!'

Und sieh! Das Wort erscholl vom Himmelsbogen —
Weit her aus allen Ländern kam gezogen
Der edlen Fürsten reich geschmückte Schaar
Und freute sich der Rettung wunderbar.

Doch Österreichs Völker sanken betend nieder
Und schickten auf zum Himmel Dankeslieder,
Des Ärmsten Herz — des Größten in dem Reich,
Beschien ein Strahl der Freudensonne gleich.

O mög durch Dich, für alle Ewigkeiten,
Elisabeth, ein Segen sich verbreiten,
So weit als Östreich seine Grenzen schlingt
Und Habsburgs Fürstenhaus das Szepter schwingt.

Du Kissingen aber magst Dich stolz erheben,
Gab München auch der Kaiserin das Leben —
Du kleines Städtchen in dem Frankenthal,
Wie München groß, gabst's Ihr zum zweiten Mal!"

Während der Kaiser mit ihrem Bruder, dem Herzog Karl Theodor von Bayern, in den Wäldern jagt, erscheint sie täglich im Kurgarten und gebraucht gewissenhaft die Trinkkur. Am liebsten weilt sie wieder auf dem Altenberg, den sie jetzt viel hurtiger erklimmen kann als im vergangenen Jahr.

Auf der Kurpromenade nimmt sie sich besonders zwei schwerkranken Gästen an, dem blinden Herzog von Mecklenburg und einem halbgelähmten Engländer, den man im Rollstuhl über die Promenade fährt. Ihr ist es völlig gleichgültig, daß ihr dieser John Collett auch gesellschaftlich völlig fern steht, er ist sehr belesen, empfiehlt ihr Bücher, sendet Blumen in ihre Kurwohnung, widmet ihr Verse und folgendes Billett:

,,Sie könnten mich durch ein ganz kleines Ding, nämlich eine Locke von ihrem Haar, wahrhaft glücklich machen. Wenn ich mit dieser Bitte einen Fehler mache, bitte ich, mir zu verzeihen. Ich würde das nicht deshalb werthalten, weil Sie eine Kaiserin sind, sondern da sie wahrhaft eine ganz wunderbare Macht über mich ausüben und ich Ihre Freundschaft um ihrer selbst willen so ungeheuer hochschätze."

So bildet dieses seltsame Dreigestirn das Tagesgespräch auf der Kurpromenade von Kissingen. Ein blinder Herzog, ein gelähmter Engländer und immer wieder flüstert man den Namen der Kaiserin.

Schon wieder flattert ihr ein Gedicht zu, diesmal in der kaum lesbaren Handschrift des Gelähmten:

,,May God preserve the Lady fair and true
Whose pitying heart can feel for others pain,
For thou at least kind Queen has not passed through
The trying fires of suffering in vain."

56

Elisabeths Vater als Zitherspieler

Am 14. und 15. Juli besucht sie der bayerische König Max II. Diesmal wird der ganze Kurort festlich beleuchtet, und am Rathaus erscheinen des Königs Worte in Flammenschrift: ‚Ich will Frieden haben mit meinem Volke!‘
An einem anderen Gebäude ein anderes Fürstenwort: ‚Das Glück des Volkes ist das seines Fürsten.‘
So konnte mit Recht der Abschiedsgruß in der Kurliste behaupten: ‚Was treu die treuen Herzen dachten, sprach feueriger Liebe Glanz.‘
Am 25. Juli tritt Elisabeth die Heimreise an. Von Wien aus korrespondiert sie mit dem kranken Engländer. Nur eine Locke erhält er nicht von ihr, weil sie einst versprochen hatte, niemand etwas von ihrem Haar zu geben.
Am 10. März 1864 trifft eine Todesnachricht aus München ein, König Max II. ist gestorben. Sein Sohn Ludwig wird als Ludwig II. der Nachfolger. Elisabeth hat mit ihrem Vetter zwei Neigungen zusammen: Die Scheu vor den Menschen und die Liebe zum Reiten.
Am 2. April um drei Uhr nachts wird die Kaiserin an das Lager der Erzherzogin Hildegard gerufen, die Gattin des Erzherzogs Albrecht liegt im Sterben.
Elisabeth schreibt an John Collett:
,,Es war das erstemal, daß ich einen erwachsenen Menschen sterben sah. Es machte mir einen furchtbaren Eindruck, ich hätte nie gedacht, daß es so schwierig ist, zu sterben, daß der Kampf mit dem Tode so ein fürchterlicher ist. Zu denken, daß jedermann das mitmachen muß! Wie sind die zu beneiden, die in der Ahnungslosigkeit der Kindheit von dieser Erde der Trauer hinübergehen.
Ja, das Leben ist ein häßlich Ding, in dem nichts sicher ist, als der Tod.‘‘
Bald sorgt Franz Josephs jüngster Bruder Ferdinand Max für erneute Aufregung am Hof in Wien. Auf Drängen seiner ehrgeizigen Gattin, des französischen Kaiserpaars und einflußreicher mexicanischer Emigranten, nimmt er das Angebot an, der Kaiser von Mexico zu werden.

Und das in einem von Revolutionswirren zerrütteten Land. Die kaiscrliche Familie in Wien rät ab, jedoch ohne Erfolg. Am 14. April bringt ein Schiff das künftige Kaiserpaar nach Mexico. Am 16. Juni trifft Elisabeth erneut in Kissingen ein und steigt wieder im Hause Carl von Hess ab.

Ihr Gatte begleitet sie, denn diesmal soll die Kur mit der hohen Politik verquickt werden.

Am 18. 6. meldet die ,Saal(e)-Zeitung' unter ,Vermischtes':

,,Am Donnerstag, 16. des Vormittags, trafen Ihre Majestäten der Kaiser und die Kaiserin von Österreich mit hohem Gefolge zur Kur hier ein.

Heute früh bezog eine österreichische Regimentsmusik den Kurgarten!''

Elisabeth wird zum ersten Mal ihrem Vetter Ludwig gegenüberstehen, seitdem er König von Bayern ist.

Dieser reist von München nach Kissingen, um das österreichische und das russische Kaiserpaar zu begrüßen.

Wen wundert's, daß dieser Treff erlauchter Majestäten als ,Hohe Kur' in die Geschichte des Bades Kissingen eingehen wird!

Erst im Mai konnte der junge König eine Deputation der Kurstadt in München empfangen, die ihm die Glückwünsche der Kissinger Bürger anläßlich seiner Thronbesteigung überbrachte.

Er erfreute die Kissinger mit den huldvollen Worten:

,,Ich weiß, wie gern mein seliger Vater in Kissingen war und wie viel er auf Kissingen gehalten hat. Ich werde Kissingen dasselbe sein, was mein seliger Vater ihm war. Ich erinnere mich noch mit Vergnügen an Kissingen und seine schöne Umgebung, besonders die Ruine Bodenlaube. Kissingen werde ich besuchen, wie meine dringendsten Geschäfte erledigt sind.''

Mit großem Jubel wurde der König von Einheimischen wie Kurgästen empfangen.

Ein ,Ritter' der berühmten Artusrunde seines Vaters, Max II., Friedrich Bodenstedt, begrüßte ihn in der Kurliste mit den schwungvollen Worten:

„Aus Herz und Munde heißen jubeltönig
Wir Dich willkommen, junger Bayern-König!
An diesem Ort, wo Heilesquellen springen,
Soll Deine Ankunft neues Heil uns bringen.

Nach segensvollen Tages Trauernacht
Gingst Du uns auf in lichter Morgenpracht,
Und herrschest nun auf tausendjähr'gem Thron,
Des besten Vaters hochgesinnter Sohn.

Der Himmel segne, Herr, Dein Herrschertum,
Dem Volk zur Wohlfahrt, Dir zu ew'gem Ruhm!
Im Vollgefühle Deiner hohen Sendung
Führ' schön Begonnenes schön zur Vollendung!"

Nur kurze Zeit wollte Ludwig II. in Kissingen verweilen. Aber die
lebendige Umgebung, das rege Badeleben, besonders der Verkehr
mit seinen Verwandten, hauptsächlich mit Elisabeth, halten ihn
fest.
Der König mit dem verträumten Blick und der hohen Stirn, wie
sein Vater von edler Gestalt, ist der Brennpunkt aller Aufmerksamkeit, der Stolz des internationalen Badepublikums von Kissingen. Er ist noch nicht der menschenscheue König, er liebt den Umgang mit der Bevölkerung und nimmt stets Anteil an den Veranstaltungen im Kurgarten und Konversationssaal.
Elisabeth ist sehr neugierig auf das Zusammentreffen, denn die
Berichte über den jungen König sind zwiespältig.
Einerseits schwärmt man von ihm, andererseits findet man ihn zumindest etwas merkwürdig. In einem sind sich jedoch alle einig, er
betet wie sie, alles Schöne in Kunst und Natur an.
Kommt er nicht nur deswegen nach Kissingen, um seine Cousine
zu sehen, diese berühmte Schönheit auf dem Habsburger Thron?
Er bleibt jedenfalls nicht nur ein paar Tage, wie es vorgesehen war,
sondern gleich vier Wochen in Kissingen. Wegen der Zarenfamilie
kann es nicht sein!

60

Der Treff in Kissingen hatte ein ziemlich wichtiges politisches Vorspiel.

Prinz Alexander von Hessen, der Bruder der Zarin Marie von Rußland, schreibt an diese: „Um den König Max von Bayern zu beschwichtigen, der überzeugt war, daß Österreich und Preußen einen Geheimvertrag geschlossen hätten, der die Teilung Deutschlands (durch die Mainlinie) zum Ziele habe, sandte man den Erzherzog Albrecht nach München. Aber da mein ehrwürdiger Freund, der Erzherzog, keine allzu glückliche Hand bei diplomatischen Missionen besitzt, hat er das Pech gehabt, den König binnen vierundzwanzig Stunden zu töten (der König starb am 10. März 1864). Da der König von Württemberg sich auch zu sterben anschickt (er starb am 25. Juli 1864), ist es unmöglich, vorauszusehen, ob meine Idee, ganz Deutschland in dem Kriege gegen Dänemark zu engagieren, (das einzige Mittel, den Bürgerkrieg und die Einmischung Napoleons III. zu vermeiden), gelingen wird oder nicht."

Die Zarin möchte, wie schon öfters, wieder in Deutschland Kur machen. Sie schwankt noch zwischen Schwalbach und Kissingen.

Sie schreibt an ihren Bruder Alexander von Hessen: „In letzterem Orte (Kissingen), geniert mich die Kaiserin von Österreich schrecklich. Gekrönte Häupter sollten nie an derselben Quelle trinken; ich rechne auf Elisabeths Menschenscheu und daß sie ebensowenig Lust haben werde, mich zu sehen, wie ich sie; vom Kaiser spreche ich schon gar nicht, der wird hoffentlich recht kurz bleiben . . ."

Am 19. Juni trifft das Zarenpaar mit dem österreichischen Kaiserpaar auf der Kissinger Brunnenpromenade zusammen.

Es folgen die üblichen ‚Galavisiten' und der Kaiser Franz Joseph findet den Zaren viel freundlicher und entgegenkommender und auch den Fürsten Gortschakoff (russ. Außenminister) „rein wie ausgewechselt".

Ein übriges zum guten Gelingen gibt der König von Bayern bei. Die Zarin findet „ihren König" bildschön und im Gespräch außerordentlich anziehend.

61

Zum Abschluß der ‚Hohen Kur' vereint eine ‚Familientafel' die Kaiserpaare. Trotzdem erkennt Prinz Alexander von Hessen, daß keine wirklich aufrichtige Versöhnung zustande kam und keine Rückkehr der beiden Kaiserreiche zum einstigen innigen Bunde zu erkennen ist.

Sieben Jahre zuvor waren die Begegnungen auf der Kissinger Kurpromenade anderer Natur. Der Zar bestellte während seiner Kur den birmanischen General d'Orgoni heimlich zu sich, um mit ihm die Lage in Indien zu besprechen. Der General überreichte dem Zaren auf der Promenade einen von ihm ausgearbeiteten Angriffsplan der russischen Armee auf Indien. (!)

Dieser Racheplan gegen England wegen dessen entscheidenden Eingriffs im Krimkrieg war wahrhaft ein diplomatisch ungewöhnlicher.

Prinz Alexander, als Vermittler zwischen den beiden Kaisern, benutze einen anderen Kurort, nämlich Brückenau, um zwischen den verfeindeten Parteien zu vermitteln. Von Brückenau aus schrieb er an den Zaren:

„Entschieden bin ich von allen Kaisern, Deinem erhabenen Kollegen, zur schmeichelhaften Verwendung ausersehen, den Genius der Versöhnung zu spielen! Da siehst Du mich wieder mit einem Ölzweig des Friedens in der Hand und ich spreche diesmal im Namen des Kaisers von Österreich, der gleichfalls eine Zusammenkunft mit Dir erbittet."

Die Situation hatte sich also im Jahre 1864 schon etwas gebessert. Der ‚Star' des Treffens bleibt aber Ludwig II. Man munkelt, daß ein Heiratsobjekt zwischen Ludwig und der elfjährigen Zarentochter Marie auf der Kissinger Kurpromenade ausgehandelt wurde! Man war aber schon damals bestens über den bayerischen König informiert.

Als er im Jahre 1868 wieder die Zarenfamilie in Kissingen trifft, ist die Entlobung mit der Prinzessin Sophie von Bayern längst an allen Höfen Europas bekannt, auch sein zusätzlicher Kommentar,

‚das Heiraten sei ihm schrecklich, er wolle lieber in den Alpsee springen . . .‘.

Nach der offiziellen Bekanntmachung der Auflösung der Verlobung im bayerischen Regierungsblatt schreibt die Zarin ihrem Bruder Alexander von Hessen:

,,A propos von Hochzeit fällt mir der König von Bayern ein, den geb ich auf, er muß wahrhaftig nicht ganz bei Sinnen sein! Ich möchte wissen, was seine Mutter dazu sagt? Die einen sagen, daß er unvermögend ist, aber welcher Grund besteht denn, um das zu glauben? Sein Großvater sagte Mary in Paris, daß er glaubte, mit einer Frau im selben Bett zu liegen, genüge, um Kinder zu haben. Ich erhielt diesen Sommer von ihm einen Brief, der ganz traurig von seiner Herzenseinsamkeit sprach, worauf ich ihm mit einer sehr warm gehaltenen Abhandlung über eheliche Liebe antwortete. Nun und jetzt, da haben wir das Resultat.''

Die Zarin betrachtet nach diesen Vorfällen jedenfalls den König mit einiger Neugierde auf der Kissinger Promenade. Als er sie noch zu einem Besuch auf seinem Schloß Berg einlädt, sagt sie zu, da sie nach Kissingen Como aufsuchen will. Sie erlebt ein rauschendes Fest, wie es nur die krankhaft übersteigerte Phantasie des Bayernkönigs inszenieren kann. Der Starnberger See ist magisch beleuchtet, auch der Park mit seinen unzähligen Blumen und herrlichen Springbrunnen ist in ein Lichtermeer getaucht und auf der Roseninsel wird ein märchenhaftes Diner aufgetragen. Die Zarin sagt, dies sei das Poetischste gewesen, was sie je erlebte.

Der ,Hohen Kur' von 1864 in Kissingen folgt der schleswigholsteinische Krieg, den Preußen gemeinsam mit Österreich führt. Zu Hause sucht Elisabeth die Hospitäler auf und versorgt persönlich die Verwundeten. Besonders den Ungarn nimmt sie sich an und spricht mit ihnen in deren Muttersprache!

Sie sucht eine Gesellschafterin, mit der sie ungarisch sprechen kann und von der sie weiteren Sprachunterricht erteilt bekommt. Ihr wird Ida Ferenczy vorgestellt. Sie ist das, was Elisabeth sucht:

63

Ein einfaches junges Mädchen, dem Hofetikette und Intrigen fremd sind. Wegen ihrer bescheidenen Herkunft will man sie nicht gleich zur Hofdame, sondern erst zur ‚Brünner Stiftsdame' machen. Sind auch die anderen Hofdamen zuerst sehr liebenswürdig zu der ‚Neuen', ändert sich die Situation, nachdem sie spüren müssen, daß sie nichts von ihnen wissen will.

Das junge ‚nemens lany', das Edelmädchen, wird bald zur einflußreichen Vertrauten der Kaiserin. Sie vervollkommnet nicht nur die ungarischen Sprachkenntnisse der Kaiserin, sie erwärmt auch ihre Liebe zur magyarischen Nation. Nach ihrer dritten Kissinger Kur geht es Elisabeth wieder blendend. Das Bild der 27-jährigen jungen Frau ist vollkommener, harmonischer als das der Mädchenzeit. Der Hofmaler von Paris und Wien, Winterhalter, malt sie gleich in zwei verschiedenen Posituren. Nach Paris zurückgekehrt, erzählt er der Kaiserin Eugenie von der wunderbaren Schönheit der österreichischen Majestät. Die Französin, teils neidisch, teils neugierig, läßt über die französische Botschaft in Wien anfragen, „ob eine persönliche und sehr respektvolle Annäherung von ihrer Seite im nächsten Jahre bei einem eventuellen neuerlichen Aufenthalt der Kaiserin in Kissingen nicht unangenehm wäre."

Elisabeth ist an einem Treffen mit der französischen ‚Konkurrenz' nicht interessiert. Ihre nächste Reise führt nach München, wo sie am 28. März 1865 von Ludwig II. persönlich am Bahnhof erwartet wird. Der König steht im Mittelpunkt des allgemeinen Interesses. Er hat sich bereits nach einjähriger Regierung so phantastisch und absonderlich gezeigt, daß die gesamte beobachtende europäische Diplomatie von einem Entsetzen ins andere gerät.

Der österreichische Diplomat Graf Blome berichtet nach Wien: „Der junge König ist noch ein Problem, wunderliche Kontraste treten in seinen Handlungen hervor, es läßt sich gar nicht voraussehen, was er dereinst sein wird. Heute wiegen offenbar kindliche Anschauungen und romantische Schwärmereien noch hervor . . . Zum Glück sind übrigens vom Ballett bisher nur die Dekorationen in das königliche Gemach vorgedrungen . . . Beurteile ich den jun-

64

gen König recht, so hat die Natur ihm mehr Einbildungskraft als Verstand gegeben und ist in der Erziehung das Herz am meisten vernachlässigt worden. Ein übertriebenes Selbstgefühl, Eigenwilligkeit und Rücksichtslosigkeit machen sich in bedenklichster Weise geltend. Der König duldet keinen Rat, den er nicht verlangt hat. .. Literaten und Künstler werden mehr als andere Klassen der Bevölkerung zur Audienz zugelassen — . . . Musik und Literatur sind die Hauptneigungen seiner Majestät und erstere, da wirkliche musikalische Begabung abgeht, mehr des Textes als der Töne halber. Die Dichtung des Lohengrin und anderer dem altdeutschen Sagenkreise entliehenen Operntexte des Richard Wagner haben die Vorliebe für Wagnerische Musik erzeugt . . .''

Außerdem ist der Botschafter über das Verhältnis des Komponisten zum König entsetzt, und es empören ihn Wagners freche Geldforderungen und unpassende Äußerungen!

Zum weiteren Entsetzen des Botschafters zeigt Wagner auch noch in der Öffentlichkeit Briefe des Königs vor, in denen er mit ‚Du' angeredet wird!

,,Was soll man dazu sagen, das kann nur dazu beitragen, die Achtung vor der geheiligten Person des Monarchen zu schmälern. Der König findet überhaupt bis jetzt keinen Gefallen an Damengesellschaft und Umgang mit dem weiblichen Geschlechte. So von der praktischen Welt abgeschlossen, gewinnt die Phantasie begreiflicherweise immer größeren Spielraum.''

Elisabeth schreibt an ihren Sohn Rudolf:

,,Gestern hat mir der König eine lange Visite gemacht und wäre nicht endlich Großmama dazugekommen, so wäre er noch da. Er ist ganz versöhnt, ich war ganz artig, er hat mir die Hand so viel geküßt, daß Tante Sophie, die durch die Tür schaute, mich nachher fragte, ob ich sie noch habe. Er war wieder in österreichischer Uniform und ganz mit Chypre parfümiert . . .''

Graf Blome erzählt anläßlich einer Audienz bei der Kaiserin die merkwürdigsten Dinge über den König.

Ida von Ferenczy

Nach Wien zurückgekehrt, beschwichtigt Elisabeth ihren Gatten und hält Blomes Berichterstattung für allzu scharf.

Nach kurzem Aufenthalt in Ischl, sie macht mit dem Kaiser Ausflüge nach Hallstatt und Gosaumühle, wobei sie so rastlos mit größter Ausdauer marschiert, daß sie ihr Gemahl demnächst zur Gamsjagd mitnehmen will, reist sie wieder nach Kissingen.

Die ‚Saal(e)-Zeitung‘ schreibt am 1. Juli 1865 unter der Kategorie ‚Vermischtes‘:

„Kissingen, den 1. Juli. Sicherem Vernehmen nach wird Ihre Majestät, die Kaiserin von Österreich, morgen 1/2 8 Uhr, zum sechswöchentlichen Gebrauch unserer Heilquellen, hier eintreffen. Die hiesige Stadtgemeindeverwaltung, die, wenn es gilt der Freude ihrer Mitbürger ehrenvollen Ausdruck zu geben, weder Mühe noch Opfer scheut, ist auch diesmal bestrebt, die Ankunft der hohen Frau auf besonders würdige Weise zu feiern. Schon jetzt erhebt sich eine großartige Ehrenpforte in der Nähe des von Heßschen Palais zu einer Höhe von nahezu 50 Fuß in romanischem Style (aus der Zeit Rudolph's von Habsburg) mit dunklen Tannenzweiggewinden, goldnen Rundbögen und Ornamenten geziert. An der Außenseite der Ehrenpforte mit ihren Haupt- und Seitentoren prangt über dem Hauptbogen der österreichische Doppelaar, umgeben von den Anfangsbuchstaben der kaiserlichen Familienmitglieder, nämlich des Kaisers (Joseph), der Kaiserin (Elisabeth), des Kronprinzen (Rudolph) und der Prinzessin (Gisela); darüber glänzt ein goldener Lorbeer- und Eichenkranz, von einem Bande umschlungen, mit der Aufschrift: „Willkommen". Auf der Stadtseite sind gleichfalls diese Anfangsbuchstaben und Kranz etc., aber statt des großen Wappens schwebt mit goldnen Flügeln, in ätherische Gewandung gehüllt, ein lichter Genius, Bayerns Liebe zu seiner Prinzessin, der erlauchten Kaiserin, vorstellend, der aus einem ihm dargebotenen goldenen Blumenkorbe Rosen streut. Zu seinen Füßen sind zwei Amoretten mit Schmetterlingsflügeln, der eine trägt auf seinen Schultern den Rosenkorb, der andere aber bietet huldigend, als Repräsentant der Stadt Kissingen, das Stadtwappen dar,

und mit dem Wappenschilde die Rosen auffangend blickt er bittend zum Genius empor, als wollte er sagen:
Gib mir die duftenden Rosen, festlich die Pfade zu schmücken,
Wenn Sie die Zierde der Frau'n, lieblich den Quellen sich naht."
Trotz dieser liebenswürdigen Aufmerksamkeiten fühlt sich Elisabeth in den ersten Tagen einsam und traurig. Sie telegraphiert, man möge ihr den geliebten großen Schäferhund schicken und ist ganz glücklich, als er per Bahn eintrifft.
An ihre Tochter Gisela schreibt sie am 9. Juli 1865:
,,Ich bin so froh, Horseguard hier zu haben, er hatte eine furchtbare Freude, als er mich sah, und erdrückte mich fast mit seinen Armen . . . Ich gehe viel in den Wald, denn am Kurplatz laufen mir die Leute zu viel nach — vom König habe ich einen sehr liebenswürdigen Brief erhalten, worin er mir sagt, daß ihm die Ärzte verboten haben, hierher zu kommen . . . Ich werde also ganz ruhig und ungestört hier leben können."
Die Kur langweilt sie mehr als sonst und so schreibt sie Briefe und verbessert ihre Ungarischkenntnisse.
So schreibt sie auch an Ida Ferenczy:
,,Viel denke ich an Dich während des langen Frisierens, während der Spaziergänge und tausendmal im Tag . . . Jetzt bin ich nur entsetzlich traurig . . . Das Leben ist hier genug langweilig. Eine lustige Gesellschaft fand ich noch nicht und habe auch keine Aussichten dazu. Ich gehe sehr viel, den ganzen Tag spazieren . . . lese auch viel . . . Hie und da spiele ich auch Orgel . . . Jetzt Gott mit Dir, liebe Ida, heirate nicht während dieser Zeit, weder Deinen Kálmán noch einen anderen, sondern bleibe treu Deiner Freundin E."
Elisabeth ist eine sehr tüchtige Spaziergängerin.
Die meisten Hofdamen können mit ihr nicht Schritt halten und lassen sich bei den strapaziösen Touren entschuldigen. Ihr Lieblingsplatz Altenberg wird an schönen Tagen gemieden und sie spaziert zum weiter entfernten Klaushof, einem Forsthaus mit Bewirtschaftung.

68

Hohe Gäste, die fern vom Kurbetrieb unter sich weilen wollten, hatten schon viel früher diesen Platz entdeckt. Varnhagen von Ense, der Diplomat und Weltmann, besuchte ab 1839 neben Baden-Baden und Ems auch Kissingen. Die hohe Aristokratie, mit der er nicht selten durch seine politischen Geschäfte in Berührung gekommen war, sah ihn auch in Kissingen gerne. So traf er hier lauter alte Bekannte, wie die Großherzogin von Weimar, Maria Paulowna, die Tochter des Zaren Paul, und die Königin Pauline von Württemberg. Über sie und das Ausflugsziel Klaushof erinnert sich von Ense: ,,Die Königin von Württemberg erzählte mir heute früh im Spazierengehen ihre gestrige Fahrt nach Brückenau; der König Ludwig I. von Bayern hat sie in der heißen Mittagssonne einen hohen Berg hinauf geführt; sie stellte es komisch als ein Opfer dar, das er seinen Gästen gebracht, als eine liebevolle, gütige Aufmerksamkeit. Von diesem Steigen und fünfstündigen Zusammensein mit dem Könige, dessen Gespräch sehr anstrengend ist — weil er schwer hört, undeutlich redet und keine Antwort abwartet —, war die Königin ganz erschöpft, rühmte sich aber, es habe ihr eigentlich doch nicht geschadet. Das war der Gewinn von der Spazierfahrt und dem Besuch! Einladung zur Nachmittagsparthie nach Klaushof. Ich lehnte erst ab, ließ mir aber dann doch zureden und fuhr um drei Uhr allein ab. Schöner Weg im Bergwalde. Die Gesellschaft kam bald. Kaffee im Zimmer, dann kleine Spiele im Freien. Der Prinz von Sachsen-Altenburg, Herr von Rotenhan. Die Prinzessinnen und die Königin selber spielen mit; ich, der älteste von allen Theilnehmern, auch. Im Fangspiel erhasch' ich die Königin, sie muß mit mir laufen. Im Schnurspiel sucht man ihre Hände zu treffen so gut wie andere. Die Prinzessinnen sind voller Vergnügen und Lachen. Bei aller Lustigkeit blieb doch ein fester Anstand, eine bewußte Aufmerksamkeit sichtbar. Die Königin vereinigte Unbefangenheit und Würde, sie war eine graziöse Erscheinung . . .''

So wanderte auch Elisabeth zum Klaushof. Durch die Buchenwälder der Vorrhön, einem Bachlauf folgend, der noch Reste von Wasserspielen aufwies, die die Fürstbischöfe hatten erbauen lassen, dem Kaskadental, an einer Kirchenruine vorbei, dem Rest eines untergegangenen Dorfes, zu dem am Rande einer Lichtung gelegenen Forsthaus.

Langsam versöhnte sie sich wieder mit Kissingen, taten ihr doch auch die Kurmittel so wohl, besonders die Solewellenbäder. Sie wollte im nächsten Jahre wiederkommen.

Jedoch da sollte unerwarteter Waffenlärm das sonst so friedliche Saaletal stören. Der preußisch-österreichische Krieg suchte auch Kissingen gerade zu jener Zeit heim, da sont die Kaiserin dort zur Kur weilte.

Das Wiedersehen im nächsten Jahr fand nicht statt. Zweiunddreißig Jahre sollte es dauern, bis Elisabeth Kissingen wieder mit ihrem Besuch beehren sollte!

Nach Wien zurückgekehrt, macht sich die Kaiserin Sorgen um die Erziehung ihres Sohnes Rudolf. Man will den Thronfolger soldatisch abhärten und erschreckt ihn mit Wasserkuren. Der ‚Erzieher‘ Gondrecourt, ein General, läßt zum Beispiel das Kind an der Tiergartenmauer zu Lainz innen bei der Tür stehen, schlüpft schnell hinaus und ruft dem Jungen zu: ‚Es kommt ein Wildschwein.‘ Je mehr er schreit, desto mehr Schrecken jagt man ihm ein. Selbst der Erzherzogin Sophie ist dies zuviel.

Elisabeth setzt die Entlassung des Erziehers von Sophies Gnaden durch.

Zum Entsetzen der Schwiegermutter macht Elisabeth auch noch Politik gegen ihren Willen. Sie behandelt die ‚ungarische Frage‘ auf ihre Art. Durch Ida Ferenczy trifft sie mit Gyula Andrássy zusammen, dem Rebellen von 1848. Bei einem Hofball stehen sie sich gegenüber, die zauberhafte Frau und der Mann, der alle Weiblichkeit zu bezaubern weiß. Vor der Eröffnung des ungarischen Reichstages erscheint eine Abordnung, die darum bittet, auch die verehrte und heißgeliebte Mutter des Landes, die erhabene Königin in Ungarn begrüßen zu dürfen.

70

Erzherzogin Sophie, die Mutter des Kaisers
Stahlstich (1832)

Der Kaiser stimmt zu. So kann Elisabeth in fast akzentfreiem Ungarisch antworten, daß sie ihr Kommen in Aussicht stellt. Ein brausendes Eljen (Hochruf) durchzittert den Marmorsaal der Wiener Hofburg. Am 1. Februar 1866 begrüßt eine Abordnung des ungarischen Parlaments das Kaiserpaar in Budapest. Ihre Schönheit und ihre Kenntnisse der ungarischen Sprache erobern die Ungarn im Sturme. Trotzdem ist sie froh, wieder in Wien zu sein, und als im Frühjahr der Hof von der Burg nach Schönbrunn übersiedelt, schreibt sie an Ida Ferenczy:

,,Das Wetter ist jetzt herrlich, und ich freue mich auch, die Stadt zu verlassen und mehr Freiheit zu genießen, um so mehr, da ich die Erlaubnis habe, wenn es mich freut, auch allein in den Stall zu gehen.''

Elisabeth will diesmal in Füred am Plattensee eine Kur machen, doch wegen der unruhigen Zeiten verschiebt sie die Reise.

Der Kaiser teilt seiner Mutter mit, daß er sich gar nicht vorstellen kann, wie der Krieg mit Preußen noch mit Ehre und ohne Verzicht auf die Großmachtstellung Österreichs zu vermeiden wäre.

An ihre Mutter schreibt die Kaiserin:

,,Es wäre wirklich eine Gnade Gottes, wenn der König von Preußen auf einmal stürbe, da würde viel Unglück erspart werden.''

Sie fährt mit den Kindern nach Ischl. Am 15. Juni 1866 erfolgt die Kriegserklärung, am nächsten Tag überschreiten schon preußische Truppen die Landesgrenze.

Auch Bayern geht auf der Seite Österreichs mit in den Krieg. Am Tag der Kriegserklärung zieht sich der König auf seine Roseninsel im Starnberger See zurück und läßt drei Tage lang keinen Minister vor. An einem Abend brennt er auf der Insel ein Feuerwerk ab. Graf Blome meldet: ,,Man fängt an, den König für irrsinnig zu halten.''

72

Können Gewaltmärsche Leiden lindern? — Reiten, Diät und Massagekuren.

Der Kaiser sendet seiner Gattin von der Wiener Hofburg Telegramme vom Kriegsgeschehen.

„Deutsch-Österreichischer Telegraphen-Verein, 25. Juni 1866 von Wien Hofburg, Telegramm. Der Kaiser an Ihre Majestät die Kaiserin in Ischl. Major Panz vom neunten Husaren gestern Turnau in Böhmen rühmlich bei Attaque gefallen. Die Husaren haben die Preußen regelmäßig geworfen."

Am 27. Juni 1866:

„Vorige Nacht resultatloses Gefecht an der Brücke bei Podol unweit Turnau, unser Verlust ungefähr 300 Mann.

Heute wurde Oswiecim bei Krakau von Preußischer Übermacht angegriffen, von unsern Truppen tapfer verteidigt und der Bahnhof wieder besetzt. Verlust groß, fünf Offiziere todt. Bei Schlacht von Custozza 4 000 Gefangene gemacht, 14 Kanonen erobert, keine verloren.

Wie geht es Dir und den Kindern?"

Elisabeth läßt die Kinder in Ischl zurück und fährt nach Wien! Sie will ihrem Gatten zur Seite stehen.

Ihrem Sohn Rudolf, der mit seinen acht Jahren schon sehr frühreif ist und sich brennend für das Kriegsgeschehen interessiert, schreibt sie nach Ischl:

„Trotz der traurigen Zeit und den vielen Geschäften sieht der liebe Papa gottlob gut aus, hat eine bewundernswerte Ruhe und Vertrauen in die Zukunft, obwohl die preußischen Truppen furchtbar

73

stark sind und ihre Zündnadelgewehre einen ungeheuren Erfolg haben.''

Sie leistet dem Gatten Gesellschaft und geht sonst in die Lazarette, um den Verwundeten Trost und Zuspruch zu spenden.

Am 3. Juli bringt sein Generaladjutant Graf Crenneville dem Kaiser die Hiobsbotschaft in Form eines Telegramms:

,,Schlacht bei Königsgrätz, die Armee geschlagen, auf der Flucht nach der Festung, in Gefahr, dort eingeschlossen zu werden.''

Elisabeth kann nur eines, in dieser Stunde der Not ihrem Manne Stütze und Trost zu sein.

An ihre besorgte Mutter schreibt sie nach Possenhofen:

,,Wir sind noch wie im Traum, ein Schlag nach dem anderen . . . und da soll man noch Gottvertrauen haben! Was jetzt noch alles geschehen wird, habe ich keine Idee . . . Das beste ist jetzt, keine Zeit mehr zum Denken zu haben, immer in Bewegung sein. Die Vormittage bringe ich in Spitälern zu, besonders bei den ungarischen Soldaten bin ich gerne. Die armen Kerle haben hier niemanden, der mit ihnen sprechen kann . . . Der Kaiser ist so von Geschäften überhäuft, daß es wirklich seine einzige Erholung ist, wenn wir abends ein wenig zusammen beim offenen Fenster sitzen . . .''

Der Erzherzogin Sophies politischer Traum stürzt zusammen wie ein Kartenhaus. Ein Zusammenkommen Österreichs und Deutschlands unter ihres Sohnes Szepter ist unmöglich geworden. Dagegen beurteilt sie endlich ihre Schwiegertochter gerechter. Sie schreibt an den Kronprinzen:

,,Einige Worte richte ich in Eile an Dich, mein geliebtes Kind, um Dir zum Trost zu sagen, daß der arme liebe Papa gottlob wenigstens körperlich wohl ist und die liebe Mama ihm wie sein guter Engel zur Seite steht, stets in seiner Nähe weilt und ihn nur verläßt, um von einem Spital zum anderen zu ziehen und überall Trost und Hilfe zu spenden.''

Trotz einer furchtbaren Julihitze sitzt die Kaiserin den ganzen Tag über neben dem Schreibtisch des Kaisers und versucht, ihn bei jeder eintreffenden schlechten Nachricht zu trösten und aufzurichten.

Aber die Preußen dringen weiter vor, und man rechnet mit einem Einmarsch in Wien. Man schickt Elisabeth nach Budapest. Offiziell soll sie dort die Verwundeten besuchen, sie leitet aber nichts anderes als die Flucht des Wiener Hofes nach Budapest ein. Man hofft auf die Ritterlichkeit der Ungarn wie im Moment der Türkenflut zu Maria Theresias Zeiten.

Andrássy und Deák empfangen sie am Bahnhof. Sie mietet sich eine Villa in den Bergen um Budapest, holt ihre Kinder aus Wien nach dort hin und beschwört noch den Kaiser, Andrássy zum Minister des Äußeren zu ernennen, weil er der einzige Mann im Augenblick ist, Ungarn auf der Seite Österreichs zu halten!

Er zögert noch, will sich erst mit seinen Ministern beraten, gleichzeitig werden die Kleinodien der Wiener Schatzkammer nach Budapest geschafft.

Der König von Preußen wählt als Hauptquartier Nikolsburg aus. Man kann des nachts von Wien aus die Wachtfeuer der Preußen sehen.

Der Kaiser schreibt an Elisabeth:

,,Ich ängstige mich so um Dich und hoffe nur, daß, im Falle ein längerer Waffenstillstand oder Frieden zustandekommt, Du Dich in der Gebirgsluft ganz erholen wirst . . .

Aus Deutschland treten wir jedenfalls ganz aus, ob es verlangt wird oder nicht, und dieses halte ich nach den Erfahrungen, die wir mit unseren lieben deutschen Bundesgenossen gemacht haben, für ein Glück Österreichs.''

Am 28. Juli schlägt er ihr einen Fluchtweg vor:

,,Wenn die Preußen bei Preßburg über die Donau gehen sollten, so kann es leicht geschehen, daß die Eisenbahn nach Ofen (Budapest) unterbrochen wird und meine Briefe an Dich einen großen Umweg machen müssen, darum bitte ich Dich schon heute, mit den Kindern in Ofen so lange zu bleiben, als es mit Rücksicht auf den Feind und Euere Sicherheit in Ofen-Pesth selbst, möglich ist.

75

Müßtet ihr Ofen verlassen, so bitte ich Dich, mit den Kindern auf der Eisenbahn über Kanisa, Pragerhof, Graz, Bruck an der Mur und von da zu Wagen über Aussee nach Ischl zu gehen . . . Die Preußen hausen fürchterlich in den von ihnen besetzten Provinzen, so daß eine Hungersnoth daselbst bevorsteht . . . Es ist herzzerreißend . . . Mit den Kindern Dich umarmend, bleibe ich Dein Dich unaussprechlich liebender

Kleiner.''

Gleich darauf schreibt er:
,,Jetzt hätte ich halt eine schöne Bitt', wenn Du mich besuchen könntest! Das würde mich unendlich glücklich machen . . . Du könntest die Kinder noch vorläufig unten lassen . . . Es wäre ein großer Trost für mich . . . Die Preußen räumen ganz Österreich und Ungarn . . .
Wir treten ganz aus Deutschland aus und zahlen zwanzig Millionen Thaler. Was die Preußen im übrigen Deutschland machen und was sie stehlen werden, weiß ich nicht, geht uns auch weiter nichts an . . . Ich bin froh, daß Du wieder reiten kannst; es wird Dir gut tun.''
Elisabeth hat mit der Lösung der ungarischen Frage beim Kaiser keinen Erfolg. Er ist über die Legion Klapka erbost, die mit den Preußen operierte und hofft nur, daß seine Truppe diese erreicht und vernichtet.
Jetzt beginnen sich die Folgen des verlorenen Feldzuges zu zeigen und der Kaiser wirkt ,,melancholisch und herabgestimmt, eigentlich abgestumpft''.
Die Kaiserin hat ihre ungarische Idee noch nicht aufgegeben und ist erbost, daß sie beim Kaiser keinen Erfolg erringen konnte. Jetzt trotzt sie. Auf seine Bitte hin, sie möge ihn doch endlich besuchen, entgegnet sie, Schönbrunn sei in dieser Jahreszeit zu ungesund, höchstens Ischl käme in Betracht. Übrigens wäre sie gerade bei ihm gewesen, jetzt wäre es an der Zeit, daß er sie einmal besuche.
Der Kaiser schreibt einen seiner wenigen bitteren Briefe an seine geliebte ,Sisi':

76

,,Meine liebe Sisi, innigsten Dank für Deinen Brief vom 5., dessen ganzer Inhalt nur den Zweck hat, mir mit einer Menge Gründen zu beweisen, daß Du mit den Kindern in Ofen bleiben willst und wirst. Da Du einsehen mußt, daß ich jetzt im Augenblicke eines wiederbeginnenden Krieges in Italien und der Friedensverhandlungen mit Preußen nicht von hier weg kann, daß es gegen meine Pflicht wäre, mich auf Deinen ausschließlich ungarischen Standpunkt zu stellen und diejenigen Länder, welche in fester Treue namenlose Leiden erduldeten und gerade jetzt der besonderen Berücksichtigung und Sorgfalt bedürfen, zurückzusetzen, so wirst Du begreifen, daß ich Euch nicht besuchen kann. Wenn Du die hiesige Luft ungesund findest, so wird es so sein, in Ischl könnte ich Euch jetzt ebensowenig besuchen wie in Ofen und so muß ich mich eben trösten und mein langgewöhntes Alleinsein wieder mit Geduld ertragen. In dieser Beziehung habe ich schon viel auszuhalten gelernt und man gewöhnt's endlich. Ich werde über diesen Punkt kein Wort mehr verlieren, denn sonst wird unsere Korrespondenz zu langweilig, wie Du sehr richtig bemerkst, und ich werde in Ruhe erwarten, was Du später beschließt.''

Elisabeth ist wieder nervös und fühlt sich nicht wohl. Auf diesen Brief hin reitet sie stundenlang in der Umgebung von Budapest. Elisabeth schwärmt ihrem Gatten von einem Schloß Gödöllö vor, das sie bei ihren Ritten besucht hat. In normalen Zeiten hätte er ihr dieses Schloß gewiß geschenkt, aber jetzt muß er schreiben:

,,Das Hofbudget habe ich auf fünf Millionen herabgesetzt, so daß über zwei Millionen erspart werden müssen. Fast der halbe Stall muß verkauft werden, und wir müssen sehr eingeschränkt leben . . . Dein trauriges Männeken.''

Wie stand es nun mit dem ,,traurigen Männeken'' Franz Joseph? Vorerst hatte ein Krieg das Ehepaar wieder zusammegeschmiedet. Die ,Dauerreisen' der Kaiserin zuvor, die einer Trennung von Tisch und Bett gleichkamen, hatten der Öffentlichkeit gezeigt, daß sich das kaiserliche Paar völlig entfremdet hatte.

Ihre Charaktere sind so verschieden, daß es kaum einen seelischen Berührungspunkt gibt. Vielleicht in anderen gesellschaftlichen Verhältnissen hätte die Ehe einen ‚normalen Verlauf' nehmen können, wo sich doch gerade gegensätzliche Veranlagungen meist glücklich ergänzen. Die vielen repräsentativen Verpflichtungen bedeuten aber für die schwärmerische und reizbare Natur der Kaiserin eine unerträgliche Belastung. Für den Kaiser ist dies ein selbstverständlicher Bestandteil seines Amtes. Ihren Neigungen geistiger und künstlerischer Natur wie ihrer Verehrung für Heine, Byron und Goethe steht er völlig fremd gegenüber. Seine Liebe gilt der Natur und der Jagd. Prägte ihm seine Erziehung einen Sinn für die höfische Etikette und sogar Prachtentfaltung ein, wenn es notwendig war, das Kaiserhaus zu repräsentieren, zeigt er eine völlige Bedürfnislosigkeit in seiner persönlichen Lebensführung. Er finanziert die seltsamen Neigungen der Gattin mit einer erstaunlichen Großzügigkeit, aber dazu sollte es nie kommen, zu einer seelischen Gemeinschaft. Ihm fehlt die Einfühlungskraft, die eigenwillige Frau zu verstehen. In seiner geraden, korrekten Art verehrt er in ihr das höhere Wesen, dessen Dasein in seine gerade Begriffswelt nicht hineinpaßt.

Eine anpassungsfähigere Frau hätte Franz Josephs Natur gewiß mehr auflockern können, so verhärten sich jedoch seine Wesenszüge immer mehr. Seine Aufgaben ersticken seinen Charakter. Der Drill seiner Erziehung legt ihm eine unablegbare monarchische Würde auf.

Jede menschliche Regung muß verborgen werden. Ist dies nicht das Ergebnis eines unglücklichen Lebens, was seine Zeit als Fazit übermenschlicher Größe ansieht?

Jedenfalls hatte der Krieg auf die Ehe eine wohltätige Wirkung ausgeübt. Elisabeth leidet nicht unter dem Leerlauf des Habsburger Hoflebens, sie kann Tatkraft und Energie entfalten!

Der Hof dankt ihr dieses Verhalten nicht. Sie wird mit einer eisigen Kühle empfangen. Man will ihr zeigen, daß man ihre lange Abwesenheit vom Kaiser und vor allem die Neigung zu den Ungarn mißbilligt.

78

Elisabeths Saat ist jedoch aufgegangen. Am 18. Februar 1867 verliest man im ungarischen Parlament das Handschreiben des Kaisers, daß Andrássy zum Ministerpräsidenten ernannt und dem ungarischen Volk die Verfassung wiedergeben wird. Das Volk selbst weiß es nicht, welch eine große Rolle die Kaiserin im Hintergrund gespielt hat, wohl aber der Hof und besonders die ungarnfeindliche Clique um Erzherzogin Sophie, die jedoch nach den Ereignissen von 1866 langsam ihren politischen Einfluß zu verlieren beginnt.

Der Kaiser wird mit großem Jubel in Budapest empfangen. Man teilt ihm mit, daß Elisabeth das Schloß Gödöllö von der ungarischen Nation erhält und daß man plant, das Paar gleichzeitig zu krönen. Gewöhnlich wird die Königin erst einige Tage nach dem Herrscher erhoben.

Elisabeth muß nach alter Tradition den Mantel des heiligen Stephan selbst ausbessern, ja sogar die Krönungsstrümpfe stopfen! Da erhält sie die Nachricht vom tragischen Tod der Tochter des Erzherzogs Albrecht. Mathilde hatte die Angewohnheit, heimlich zu rauchen. Als ihr Vater unvermutet ihr Zimmer betrat, verbarg sie ihre Zigarette unter dem Batistkleid, das sofort Feuer fing. Vor den Augen ihres fassungslosen Vaters züngelten die Flammen sofort um ihren Körper. Sie erlag den schweren Brandwunden. — Man kann jedoch die Krönungsfeierlichkeiten nicht mehr aufhalten.

Am 8. Juni 1867, um sieben Uhr früh, bewegt sich der Krönungszug aus dem königlichen Schloß in die Straßen von Budapest. Der Adel des Landes zeigt in noch nie gesehener Prachtentfaltung seine Würde und Macht. Der Kaiser sitzt in ungarischer Marschallsuniform zu Pferde, Elisabeth sieht man im Nationalkleide, mit einer diamantenen Krone auf dem Haupte, im achtspännigen Galawagen sitzend. Die Leibgarden haben Leopardenfelle um die Schultern gelegt.

Andrássy in seiner Eigenschaft als stellvertretender Palatin, unter Assistenz des Fürstprimas, setzt ihr die Krone aufs Haupt und legt ihr den Stephansmantel um die Schultern.

Graf Julius Andrássy

Der Hofklatsch wird auch um ihre Beziehungen Intrigen winden und von heimlichen Besuchen der Kaiserin in Andrássys verborgenem Jagdschlößchen reden.

Eines steht jedoch fest: Dieser elegante, temperamentvolle und beredte ungarische Aristokrat entspricht weit mehr ihrem schwärmerischen Ideal eines Mannes als ihr nüchtern-pedantischer Gatte, der immer mehr in seiner Schreibtischarbeit aufgeht.

Beim Verlassen der Kirche ertönt das tausendstimmige Eljen der Menge. Der Finanzminister läßt nach alter Sitte Tausende von Gold- und Silbermünzen unter das Volk werfen, während der Zug weiter zum Königshügel und zur Schwurtribüne führt.

Am 12. Juni fährt das Kaiserpaar nach Ischl, um sich dort von den Strapazen der Krönung zu erholen und sich gleichzeitig vor der Volksstimmung zu verbergen, denn in Österreich hat man diese Krönung mit gemischten Gefühlen betrachtet.

Elisabeth ist die Lieblingskönigin der Ungarn geworden, in Wien ist ihre sowieso geringe Volkstümlichkeit weiter unterhöhlt worden.

Die erhoffte Erholung in Ischl tritt nicht ein.

Ein weiterer Schlag trifft das Kaiserhaus, am 19. Juni ist Maximilian in Mexico erschossen worden. Am stärksten trifft die Nachricht die Erzherzogin Sophie, Max war ihr Lieblingssohn gewesen. Sie scheint über Nacht gealtert zu sein.

Am 26. Juni trifft die Nachricht vom Tod des Erbprinzen von Thurn und Taxis ein, des Gemahls von Elisabeths Schwester Helene.

Zusätzlich erfährt der Hof, daß gerade zu diesem Zeitpunkt die Tante der Kaiserin aus Preußen anreisen will. Dies wäre ihr doch zu viel, weshalb Elisabeth an den Erzherzog Ludwig Viktor schreibt: „Mit Preußen will ich nicht zusammenkommen."

Dagegen ist eine andere Zusammenkunft nicht zu vermeiden, die mit dem Kaiserpaar von Frankreich. Besonders Eugenie will die schöne Rivalin auf dem österreichischen Thron endlich kennenlernen. Als Treffpunkt wird nicht das von Frankreich vorgeschlagene

Kissingen gewählt, sondern Salzburg. Die Bevölkerung empfängt die hohen Franzosen kühl. Ein scharfer Befehl zwingt den Gemeinderat zur Begrüßung. Nur die beiden Kaiserinnen, so Seite an Seite, betrachtet man mit Neugierde. An den Liebreiz und angeborenen Charme Elisabeths reicht Eugenie nicht heran. Man ist froh, als die Festlichkeiten bei vierundzwanzig Grad im Schatten vorüber sind.

Elisabeth reist allein nach Zürich, wo sie mit ihrer Schwester Marie zusammentrifft. Die Cholera vertreibt sie aus der Stadt, und sie fahren nach Schaffhausen. Die Kaiserin ist andauernd unwohl, und sie fühlt das Resultat der ehelichen Versöhnung, sie ist zum vierten Male schwanger.

Am Rheinfall bekommt sie plötzlich Sehnsucht nach ihrem Schäferhund Horseguard, den sie sich damals hatte nach Kissingen nachsenden lassen.

Den Hofdamen behagt diese Liebe ihrer Herrin nicht besonders. Die Landgräfin von Fürstenberg schreibt an ihre Schwester Gabi: ,,Sie lebt nur ihren Hunden, von denen sie stets welche auf dem Schoße, neben sich oder unterm Arm hat, selbst bei Tisch und auf Eßtellern Flöhe knackt! Die Teller aber werden gleich gewechselt!''

Am Hofe hat sie einen eigenen Hundewärter, der sich stolz ,mit der Pflege kaiserlicher Hunde betrauter Beamter' nennt, bei den Hofdamen aber nur der ,Hundsbub' heißt.

Elisabeth läßt sich von Franz Joseph in Schaffhausen abholen, um von dort aus München zu besuchen.

Man hört wieder seltsame Dinge über Ludwig II., der immer noch der Bräutigam von Elisabeths Schwester ist. Der österreichische Geschäftsträger meldet, daß der Zustand des Königs unbestreitbar ein geistig krankhafter sei. Er sucht nur noch die Einsamkeit. Seine Braut sucht er nur in der Nacht auf, so daß dann Possenhofen oder Kreuth hell erleuchtet werden müssen, und die ganze Dienerschaft bereit stehen muß.

82

Spricht man über den Hochzeitstermin, verstummt der König. Der Herzog Max wird ungeduldig und setzt dem König eine Frist. Da erhält die Braut folgendes Schreiben:

„Liebe ‚Elsa‘, Deine Eltern wünschen unser Verlöbnis zu lösen und ich nehme das Anerbieten an . . . Dein Heinrich." (An der Schrift erkennt die Braut in „Heinrich" ihren königlichen Bräutigam.)

In seinem Tagebuch schreibt er weiter:

„Sophie abgeschrieben. Das düstere Bild verweht. Nach Freiheit verlangte ich. Nach Freiheit dürstet mich, nach Aufleben von qualvollem Alb."

Am Tag des angesetzten Hochzeitstermins fügt er hinzu:

„Gott sei gedankt, nicht ging das Entsetzliche in Erfüllung."

In München, ja in ganz Bayern ist man entsetzt. Hatte man doch schon die Hochzeit vorbereitet und die Trauung tausend armer Brautpaare mit der Aussteuer aus der königlichen Schatulle für jenen Tag angesetzt. Die ganze Familie ist über das Verhalten des Königs entrüstet.

Das Kaiserpaar will der Gegeneinladung des französischen Herrscherpaares Folge leisten. Elisabeth kann nicht mitkommen, denn die Ärzte bestätigen, daß sie im dritten Monat schwanger ist.

Der Kaiser genießt den Zauber von Paris und die Weltausstellung. Er trifft auch auf den Bayernkönig, der wegen seiner mißglückten Heirat seinem Land eine Zeitlang den Rücken kehrt.

Franz Joseph berichtet, daß sich Eugenie hauptsächlich des Königs Ludwig erwehren muß, der sehr zudringlich einen Kuß von ihr begehrte. Dann möchte er mit ihr Ballon fahren, eine Attraktion der Weltausstellung, was er tatsächlich schafft.

Aus Paris schreibt Franz Joseph an seine Gattin:

„Mein lieber, schöner Engel,

Gestern habe ich mir die herrliche Kirche Notre Dame, dann die Sainte Chapelle und den Kerker der Königin Marie Antoinette in der Conciergerie und zum Schluß das sehr interessante Musée de Clugny angesehen . . .

Um 1 1/4 Uhr hat mich der Kaiser abgeholt, um ins Bois de Boulogne zur Parade zu fahren . . . Die Truppen waren sehr schön, die Cavallerie, die schlecht reitet, hat sehr gute Pferde . . . Um 1/2 9 Uhr bin ich ins Théatre Francais, wo ein langes Stück sehr gut gegeben wurde, ich schlief aber sehr viel dabei und kam um 1/2 12 nach Haus."

Einen Tag später berichtet er von einer Jagd im Wald von Saint Germain, die barocke Ausmaße zeigte:

,, . . . und niederes Wild in einer unglücklichen Menge, besonders Fasanen . . . Es wurden über 1 700 Stück erlegt, von denen ich 419 schoß und zwar Rehe, Hasen, Kaninchen, Fasane, Rebhühner. Zum ersten Male in meinem Leben schoß ich perdrix rouges und Silberfasane. Zuletzt konnte ich kaum mehr schießen, und Napoleon war so ermüdet, daß wir vor dem eigentlichen Ende der Jagd aufhörten . . ."

Nach Wien zurückgekehrt, sucht der Kaiser in Gödöllö Ruhe.

Marie Luise von Wallersee-Larisch erinnert sich:

,, . . . Im Herbst desselben Jahres, im September, kam ich mit den Eltern nach Schloß Gödöllö bei Budapest, wo Kaiserin Elisabeth soviel als möglich den Zwang der Hofetikette abzuschütteln pflegte und sich größtenteils dem Reitsport widmete. Da auch die Schußzeit der Hirsche gekommen war, wurde mein Vater als eifriger Jäger eingeladen.

Kaiser Franz Joseph, der nur mit Unterbrechungen in Gödöllö weilte, da ihn Staatsgeschäfte öfters abberiefen, verteilte seine Zeit auf die Parforce- und auf die Schießjagden.

Schloß Gödöllö liegt einerseits am Rande der großen, wundervollen Waldungen, andererseits dehnt sich wenige Minuten entfernt die Pußta aus, also ein idealer Aufenthalt.

Die Pester Parforcejagden gehörten zum guten Ton der österreichischen und hauptsächlich der ungarischen Aristokratie, und ich, die ich schon soviel davon gehört hatte, fieberte danach, alles kennenzulernen. Ich hatte Schulreiten gelernt, war oft mit Vater im Freien über Stock und Stein geritten, hatte daheim auch ein paar

84

Schnitzeljagden mitgemacht, und nun sollte sich mein heißer Wunsch erfüllen, an den Parforcejagden teilzunehmen."

Elisabeth findet die Ruhe von Gödöllö angenehm. In Wien nimmt man ihr sowieso die ungarischen Sympathien übel. Das zu erwartende Kind soll auf ungarischen Boden zur Welt kommen. Wenn es ein Junge wird, soll er den Namen des ungarischen Schutzpatrones erhalten, Stephan.

Am 22. April 1868 kommt ein Mädchen zur Welt, das den Namen Valerie erhält.

Die Mutter schreibt an den kleinen Rudolf:

„Sie ist recht hübsch, hat große, dunkelblaue Augen, eine noch etwas zu dicke Nase, sehr kleinen Mund, ungeheuer dicke Backen und so dichte, dunkle Haare, daß man sie schon jetzt frisieren könnte. Auch am Körper ist sie sehr stark und sie schlägt sehr frisch mit Händen und Füßen herum."

Dieses Kind, dessen Erziehung sich die Mutter nicht mehr nehmen läßt, wird ihre verwöhnte Lieblingstochter.

Der Einfluß der Schwiegermutter ist nun völlig gebrochen. Das neue Einvernehmen zwischen dem Kaiserpaar ist jedoch nicht von Dauer. Ihre Veranlagungen und Neigungen sind gar zu verschieden, um eine wirkliche Gemeinsamkeit zu ermöglichen.

Jeder lebt sein eigenes Leben, die Beziehungen verlaufen in den korrekten Bahnen einer förmlichen Herzlichkeit. Typische Aussagen dieses Verhältnisses sind Zeilen wie folgende, die sie von irgend einem Punkt ihrer vielen Auslandsreisen an Franz Joseph schreibt:

„Ich bitte Dich, laß Dich in Deinen Plänen nicht stören, ich weiß, wie Du mich liebhast, auch ohne Demonstrationen, und wir sind deshalb glücklich zusammen, weil wir uns gegenseitig nicht genieren."

Der Kaiser kann sich mit einer solchen Lebensführung weniger leicht abfinden. Es wird wohl eine vom Herzen kommende Äußerung sein und keine Heuchelei, wenn er ihr schreibt:

85

,,Meine Gedanken sind immer mit Sehnsucht bei Dir und ich berechne mit Wehmut die leider noch lange Zeit, die uns vom Wiedersehen trennt . . . Du fehlst überhaupt in allem und jedem und vor allem natürlich mir.''
Er leidet nicht allein unter ihrer Reiselust, sondern auch unter der Form ihres bürgerlichen Inkognitos, das sie gerne wählt und natürlich unter ihren kleineren und größeren Extravaganzen.
Sie fällt immer mehr ins Extreme. Die Veranstaltungen des Hofes meidet sie. Ihre zarte körperliche Konstitution will sie durch tägliche Gymnastik kräftigen. Sechs bis sieben Stunden bringt sie auf dem Sattel zu und nimmt noch Unterricht im Zirkusreiten. Ihre Reitjagden werden sie alljährlich für Monate nach Frankreich, England und Irland führen. Unfälle bleiben natürlich nicht aus. Längere Krankenlager im Ausland führen natürlicherweise zu tollen, intimen Gerüchten.
Hinzu kommt ihre seltsame Einstellung zur Ernährung.
Ihre übertriebene Sorge um die Erhaltung ihrer schlanken Figur läßt sie mit allerhand Diät- und Massagekuren experimentieren. Herz und Nerven werden schwer angegriffen und es stellen sich Anzeichen von Hunger-Wassersucht ein. Um besonders schlank zu erscheinen, läßt sie sich täglich ins Reitkleid einnähen. In den achtziger Jahren stellt sie aus Gesundheitsgründen das Reiten völlig ein und unternimmt gewaltsame Fußmärsche ins Gebirge, wobei die sie begleitenden Hofdamen des öfteren zusammenbrechen!
Ihres Cousins Ludwig Absonderheiten nehmen unterdessen immer mehr zu. Er beschäftigt sich tagsüber mit Photographieren und des Nachts reitet er auf der beleuchteten Hofreitbahn. Er reitet ,theoretisch nach Innsbruck', das heißt, er reitet so lange im Kreis herum, bis er die errechnete Kilometerzahl erreicht hat. Dazu kommt seine maßlose Liebe zur Wagner-Musik. Elisabeths Mutter schließt sich den Hofkreisen an, die Ludwigs ,ganze Wagnerei' für eine gefährliche Marotte halten.
Für die sitzengebliebene Braut Sophie hat man schließlich doch noch einen Bräutigam gefunden, den Prinzen Ferdinand von

86

Der Kaiser mit Kronprinz Rudolf und Erzherzogin Gisela, 1861

Bourbon Orléans, den Enkel des Königs Louis Philippe. Auf der Hochzeit, die im September 1868 stattfindet, erscheint auch für wenige Minuten der verflossene Bräutigam Ludwig II.

Die Kaiserin ist einmal melancholisch, ja verzweifelt, das andere Mal lustig und ausgelassen. Über Valeries Amme amüsiert sie sich, weil sie schreckliche Angst vor Mäusen hat.

Elisabeth schreibt aus Gödöllö an ihren Gatten: ,,Gestern abends war große Jagd bei mir im alten Zimmer. Die Kinder, Frauen, Lakaien und Kammerweib hetzten eine Maus mit Besen, Stöcken und Tüchern, es war eine wahre Steeple-chase, bei der die Unglückliche auch einmal in Horseguards Schüssel fiel, aber wieder aus dem Wasser sprang; endlich fing sie Wallner, der Lakai, nachdem sie schon unter Ballys Röcke gekrochen war, und drehte ihr den Hals um . . .''

Auf Gödöllö trifft sie mit ihrem Lieblingsdichter Jókai zusammen. Sie liebt und liest die Dichter Ungarns wie Petöfy, Eötvös, Arany, und Jókai mit tiefem Interesse.

Im Juli hält sich Elisabeth mit den Kindern in Garatshausen auf. Dort kauft sie einem Gaukler einen Tanzbären um siebenhundert Gulden für die Kinder ab und noch zusätzlich einen Affen.

Franz Joseph bittet sie, nach Ischl zu kommen.

Er reist zur Eröffnung des Suezkanals nach Alexandrien. Elisabeth reizt diese Reise zwar auch, aber ihr graut es vor den damit verbundenen Feierlichkeiten, und sie scheut außerdem ein erneutes Zusammentreffen mit der Kaiserin Eugenie.

Als Ersatz erhält sie vom Kaiser einen ausführlichen Reisebericht: ,, . . . Ich lege für Rudolph zwei Federn eines Huhnes bei, von denen ich gestern zwei, unmittelbar am Ufer des Jordans schoß, ohne zu wissen, was es für eine Gattung ist.

Ich hoffe das eine der Hühner mit dem nächsten Kurier zum Ausstopfen nach Wien schicken zu können . . .

Die Bewohner, Bauern, sind sehr dunkelbraun von Hautfarbe, die Männer haben Turban und weite, weiß und braun gestreifte Mäntel, die Frauen lange blaue Kleider und eben solchen Wund um den

88

Kopf, keine Schleier. Alle sind sehr schmutzig. Die Orts Ältesten erwarteten uns überall mit tiefen Bücklingen und die Weiber stießen merkwürdige, unartikulierte Töne aus, die mit einem langen, mit der Zunge erzeugten Triller endigen und hier im ganzen Lande als Freudendemonstration bei allen Religionen üblich ist. Längs der ganzen Straße sind steinerne, ganz gleiche Wachhäuser, ungefähr von viertel Stunde zu viertel Stunde, gebaut, um die Reisenden vor Räubern zu sichern . . .

Gegen Sonnenuntergang kamen wir ins Gebirge, das zwar nicht sehr hoch ist, aber interessante Formen hat und sehr kahl und steinig ist . . .

Ich sitze im Zelte, mein lieber Engel, und draußen gießt es in Strömen, der erste Regen, seit wir in Palästina sind. Ich benütze die Zeit, die mir bleibt, da wir um sieben Uhr im hiesigen Franciscaner Kloster die Messe hören werden, um meine Reisebeschreibung fortzusetzen. Um acht Uhr reiten wir nach Jaffa, um uns von dort gleich einzuschiffen, wenn das Wetter es erlaubt.

Bald sahen wir rechts auf einer Höhe San Giovanni in Desorto, den Geburtsort des heiligen Johannes des Täufers, wo ein Franciscaner Kloster und eine der Mädchenschulen des Père Ratisbonne sich befinden. Wir kamen dann in das Terebinthen Thal, wo David den Goliath erschlug, und an dem Bache, aus dem er die Kieselsteine dazu nahm, waren einige Zelte aufgeschlagen, in denen wir uns alle in volle Galla anzogen, um so in Jerusalem einzuziehen. Das Tal ist ziemlich grün und hat seinen Namen von Terebinthen Bäumen, die dort wachsen. Etwas Weinreben sieht man auch und, so wie in der ganzen Gegend, recht schöne Feigenbäume. Nun ging es ziemlich steil bergan und im geordneten Zug . . . drei Scheiks der Gegend mit österreichisch-ungarischen großen Fahnen, auch zu Pferd, voran, durch eine immer steinigere Gegend, gegen die heilige Stadt. Es waren einige Gefühle der Andacht und der Rührung, die mich mehr und mehr ergriffen in der Erwartung des Anblicks und des Glückes, das mir bevorstand. Vor allem dachte ich aber in diesen erhebenden Augenblicken an Euch, meine Lieben. Nachdem die Höhe erklommen ist, reitet man noch ein gutes Stück eben, ohne die Stadt zu sehen. Wir kamen an einen, mir zu Ehren errichteten Triumphbogen, wo der Vorsteher der Franciscaner, der griechische und armenische Patriarch mit ihren Geistlichen und eine gedrängte Menge buntes Volk uns erwarteten . . . Bei dem Triumphbogen erblickte ich zuerst die heilige Stadt; wir stiegen von den Pferden und ich kniete auf der Straße nieder und küßte den Boden. Ich werde diesen Augenblick nie vergessen . . . Vor dem Thore stiegen wir ab und gingen zu Fuß durch dasselbe. Innen an der Stadtseite des Thores fanden wir die gesamte katholische Geistlichkeit, Franciscaner und Weltgeistliche, in Kirchengewändern versammelt, ich kniete wieder nieder und küßte das Crucifix, das mir der Weihbischof reichte, der dann eine recht schöne, italienische Rede an mich hielt. Der Patriarch ist in Rom beim Concilium und der Weihbischof vertritt ihn. Nun ging es in Procession unter Vortritt der gesamten, zahlreichen Psalmen singenden Geistlichkeit, sehr langsamen Schrittes, durch enge, schmutzige Gassen zur heiligen Grabkirche, die am Ende eines kleinen Platzes liegt. Türkische Soldaten bildeten Spalier. Gleich wenn man in die große, schöne, von einer hohen Kuppel überwölbte Kirche tritt, sieht man am Boden eine lange Steinplatte, auf welcher Christus nach dem Tode gesalbt wurde. Ich kniete mich mit dem Bischof vor derselben zu kurzem Gebete nieder, küßte den Stein und dann ging der Zug durch die Kirche zum Heil. Grabe, das sich in der Mitte derselben, in einem eigenen gedeckten Kirchlein befindet. In diesem kleinen Bau ist ein kleines Vorgemach mit dem Stein, auf welchem Maria Magdalena saß und dann ein noch kleinerer Raum, in den man durch eine ganz niedere Pforte nur tief gebückt gelangen kann, in dem sich der Stein und die Höhlung des Heiligen Grabes befindet. Alles ist mit vielen Lampen und anderen Verzierungen geschmückt.

Ich wurde hineingeführt und betete recht inbrünstig am Grabe unseres Erlösers und küßte den Ort, wo sein Leichnam gelegen.''
Andrássy begleitet Franz Joseph auf dieser Reise.

90

Als man vor Jericho in Zelten nächtigt, macht der Ungar der Stadt einen ausgedehnten Besuch. Was Elisabeth später zu folgendem Gedicht anregt:

„A propos, ein Wörtlein jetzt über den Grafen Andrássy:
Ging spazieren in Jericho abends ganz alleine,
Kam des Morgens in das Zelt, nackt die beiden Beine,
Ohne Kalpak und Attila. Sehr laszives Mirakel.
Wurde beim Fensterln erwischt, grandioser Spektakel."
Der Graf übersendet folgende ‚amtliche Widerlegung':
„Falsch-falsch berichtet hat der Floh
Über Andrássy in Jericho!
Fenster sah er keine, nur Jalousie,
Geschaffen, zu erhitzen die Phantasie.
Wie eine Türkin aussieht in nächster Näh',
Davon hat er leider keine Idee.
Doch konnte er sündigen frei
Und wäre gerne gewesen dabei;
Denn er konnte frei schalten und walten,
Hat er doch in Jerusalem für alle Zukunft Absolution erhalten."
In Suez erhält der Kaiser die ersten Briefe seiner Gattin.
„Ich beneide den Sultan um seine wilden Tiere. Aber noch lieber möchte ich einen Mohren. Vielleicht bringst Du mir doch einen als Überraschung mit, wofür ich Dich im voraus schon vielmals küsse . . . Nun bist Du wohl glücklich vereinigt mit Deiner geliebten Kaiserin Eugenie. Ich bin auch sehr eifersüchtig bei dem Gedanken, daß Du ihr jetzt eben den Scharmanten spielst, während ich allein hier sitze und mich nicht einmal rächen kann — . . . Ich bin auch fauler denn je und schon der Gedanke, mich rühren zu müssen, ist mir furchtbar. Aber nach Konstantinopel möchte ich doch . . ."
Zur Eröffnung sind einige tausend Gäste geladen, so herrscht in den Sälen des Palastes ein fürchterliches Gedränge, so daß es Kaiser Franz Joseph selbst kaum gelingt, mit der Kaiserin Eugenie am Arm, durchzudringen.
Er schreibt darüber seiner Frau:

,,Uns alle erfüllte nur ein Gedanke: ‚Aussi möcht' ich' und die Kaiserin und ich wendeten alle Mittel an, um den Beginn des Soupers zu beschleunigen, das wir absolut noch mitmachen mußten, weil für dasselbe die großartigsten Vorbereitungen getroffen wurden und das Menu über dreißig Speisen enthielt.''

Elisabeth fährt nach Triest, um dort den Kaiser bei seiner Ankunft aus dem Vorderen Orient zu begrüßen und fährt gleich nach Rom weiter. Sie besucht dort ihre Schwester, die Königin von Neapel, welche einem freudigen Ereignis entgegensieht.

Am 8. Dezember 1869 wohnt sie der Eröffnung des Konzils bei und wird danach vom Papst empfangen.

Am Geburtstag der Kaiserin, am 24. Dezember, bringt Königin Marie eine Tochter zur Welt.

Im Juni 1870 hält sich Elisabeth in Ischl auf. Der Krieg zwischen Preußen und Frankreich liegt in der Luft. Man setzt in Wien auf einen Sieg Frankreichs.

Sie verläßt Ischl, da sie nicht den ganzen Sommer mit ihrer Schwiegermutter verbringen will und fährt nach Neuberg an der Schneealpe, weil sie dort nicht zu weit von der Eisenbahn und allen Nachrichten entfernt ist.

Das Kriegsglück der Preußen, denen sich alle deutschen Staaten angeschlossen haben, schockiert den Wiener Hof und besonders die Erzherzogin Sophie. Sie schreibt an ihren Enkel Rudolf:

,,Daß die Bayern sich so ausgezeichnet haben, freut mich sehr, als Stammverwandte kann ich aber nur innig bedauern, daß es nicht lieber im Jahre sechsundsechzig so kam und sie nun als echter deutscher Michel für den gänzlichen Ruin ihrer Unabhängigkeit und selbständigen Existenz fechten und bluten.''

Selbst Elisabeth versucht politisch zu denken, als sie von der Niederlage Napoleons III. bei Sedan und der Ausrufung der Republik in Paris erfährt und schreibt Franz Joseph:

,,Die Nachricht von der Republik hat mich sehr überrascht, ich wundere mich nur, daß sie es nicht längst taten. Bis Du kommst,

92

hoffe ich, erzählst Du mir Details über die Flucht der Kaiserin, das interessiert mich sehr . . ."

Für Elisabeth ist der Krieg zu Ende, und sie kann wieder längere Reisen unternehmen. Sie fährt über Salzburg, Kufstein und Innsbruck nach Meran. In Innsbruck wird sie begeistert empfangen. In Meran trifft sie mit dem Königspaar von Neapel zusammen. Nach dem Einmarsch der Truppen des Vereinigten Königreiches Italien in Rom ging jegliche Hoffnung auf die Wiedererlangung der Krone von Neapel verloren. Das Paar führt von nun an ein unruhiges Wanderleben.

Elisabeth hat in Meran keine Pferde zur Verfügung, so macht sie ausgedehnte Spaziergänge in den Bergen, die zum Schrecken der Hofdamen vier bis fünf Stunden dauern und im Marschschritt unternommen werden.

Die Übertreibungen der Kaiserin werden immer närrischer und sind dem an ein korrektes Gleichmaß gewöhnten Kaiser gewiß ein Greuel. Als sie der Kaiser fragt, was sie sich zum Namenstag wünsche, schreibt sie ihm am 29. November 1871 von Meran aus: ,,Nachdem Du mich fragst, was mich freuen würde, so bitte ich Dich entweder um einen jungen Königstiger (zoologischer Garten in Berlin, drei Junge) oder ein Medaillon. Am allerliebsten wäre mir ein vollständig eingerichtetes Narrenhaus . . ."

Diese Wünsche sind durchaus ernst gemeint, zeigt sie doch großes Interesse für Geisteskrankheiten und besuchte schon mit ihrer Mutter in München eine Irrenanstalt und ein Choleraspital.

Maßlos übertreibt sie auch in geistigen Dingen. Zu ihrer ungarischen kommt die neue Begeisterung für das Griechische. Auf Korfu läßt sie den überladenen Prachtbau des Achilleion errichten, der so geschmacklos ist, daß ihn sogar später Kaiser Wilhelm II. gern aufsucht. Sie erlernt die neugriechische Sprache und übersetzt in sie einige Dramen von Shakespeare. Sie übersteigert so ihre Schwärmerei für Heinrich Heine, daß er ihr als Halluzination leibhaftig erscheint. Im Park zu Korfu errichtet sie ihm ein Denkmal. Außerdem pflegt sie einen lebhaften Briefwechsel mit Ludwig II.

93

Der vierzigjährige Kaiser beginnt jetzt schon der alte Mann zu werden, als der seine Gestalt in die Geschichte eingehen wird. Muß er tatenlos zusehen, wie der verhaßte Preußenkönig zum deutschen Kaiser wird und sich die süddeutschen Fürsten, Bayern mit eingeschlossen, unter preußische Schirmherrschaft begeben, beginnt sich bei ihm müde Resignation durchzusetzen. Seinen künftigen politischen Entschlüssen fehlen die unmittelbare Frische und jeglicher Wagemut. Übrig bleibt sein steinernes Pflichtbewußtsein, gepaart mit der glanzlosen Routine der Durchführung seiner Staatsgeschäfte.

Elisabeth ‚magyarisiert' währenddessen ihre gesamte Umgebung und beeinflußt ihren Gatten noch zusätzlich, die höchsten Staatsstellen mit Ungarn zu besetzen. In der engeren Umgebung der Kaiserin sind nur noch zwei Österreicherinnen vertreten. Mit der Gräfin Marie Festetics hat sie nicht nur eine neue ungarische Hofdame gewonnen, sondern eine überaus kluge Gefährtin. Sie studiert das seltsame Wesen ihrer Herrin und trägt deren Besonderheiten in ein sorgfältig geführtes Tagebuch ein.

Gleich am Anfang der Eintragungen erfährt man, welchen Wert die Kaiserin auf die Pflege ihrer Haartracht legt. Ihre Friseuse erfindet ein raffiniertes System, damit Elisabeth nicht mehr um jedes ausgegangene Haar traurig sein muß. Sie bringt unter ihrer Schürze einen Klebestreifen an, worauf sie die ausgekämmten Haare klebt, um der Kaiserin stets einen sauberen Kamm vorweisen zu können.

Das Waschen der Haare ist eine besondere Prozedur, es nimmt fast einen ganzen Tag in Anspruch.

Ganze Gesprächspartien trägt die ungarische Gräfin in ihr Tagebuch ein. So fragt sie die Kaiserin einmal, ob sie sich nicht wundere, daß sie wie eine Einsiedlerin lebe, was sie bejaht. Die Kaiserin entgegnet:

,,Na ja, aber es bleibt mir nichts anderes übrig, als dieses Leben zu wählen. In der großen Welt haben sie mich so verfolgt, absprechend beurteilt, verleumdet und so sehr verletzt und verwundet;

94

Die Kaiserin mit ihren Kindern Rudolf und Gisela und der Hofdame Baronin Welden in Venedig (Litho v. 1862)

Gott sieht meine Seele. Schlechtes habe ich niemals getan. So habe ich gedacht, ich werde mir eine Gesellschaft suchen, die mich in Ruhe läßt, mich nicht stört und 'mir Genuß bietet. Ich habe mich in mich selbst zurückgezogen und mich der Natur zugewendet, der Wald verletzt einen nicht. Freilich war es im Leben sehr schwer, allein zu sein, aber schließlich gewöhnt sich der Mensch an alles, und ich genieße es nun. Die Natur ist viel dankbarer als die Menschen.''

Bei einem Ausflug zum Eremiten bei Meran wird sie von Elisabeth gefragt:

,,Möchten Sie ein Eremit sein?''

,,O nein.''

,,Aber der Friede ist doch so viel wert, und den kann man doch nur fern von der Welt, fern von den Menschen, erringen. Freilich führt das zu Grübeln und Sinnen.''

Die kluge Gräfin notiert in ihr Tagebuch:

,,Schade, daß sie die ganze Zeit eigentlich mit Grübeleien vertändelt und gar nichts tun muß. Sie hat Hang zu geistiger Trägheit und dabei einen Freiheitstrieb, dem jede Beschränkung schrecklich ist. Ist sie bei einem kleinen Diner, dann ist sie reizend, vorausgesetzt, daß kein Element da ist, das ihr unsympathisch ist. Wenn ja, ist es steif um sie.''

Von Meran aus reist die Kaiserin im April 1872 nach Budapest. Dort erfährt sie eine Überraschung. Ihre Tochter Gisela tritt in die Fußstapfen der Mutter. Noch nicht sechzehn Jahre alt, verlobt sie sich mit dem Prinzen Leopold von Bayern, einem Sohn des späteren Prinzregenten Luitpold, ebenfalls eine nahe Verwandtschaft.

Kaiser Franz Joseph sagt entschuldigend dazu; da ja nur eine ebenbürtige und katholische Ehe in Betracht kommt, ,,mußte man trachten, da es jetzt so wenige katholische Prinzen gibt, sich des einzigen unter ihnen zu versichern, dem man Gisela mit Beruhigung geben kann.''

Die Mutter ist von dieser Bindung nicht so recht begeistert und die Verlobten müssen über ein Jahr warten.

96

Der Hofklatsch behauptet, die Kaiserin verheirate sie nur nicht so schnell, weil es ihr nicht paßt, schon eine erwachsene Tochter zeigen zu müssen.

Sie begibt sich wieder nach Meran und erfährt dort, daß ihre Schwiegermutter schwer erkrankt ist. Sie reist sofort nach Wien. Die Kaiserin-Mutter liegt in Schönbrunn im Sterben. Der ganze Hof hat sich um das Sterbebett versammelt. Sophie überlebt die Nacht. Während sich ‚die höchsten Herrschaften zum Diner begeben‘, bleibt die von diesen Kreisen herzlos genannte Kaiserin allein am Sterbebett sitzen. Als um einviertel drei Uhr der Tod eintritt, sagen jene ‚höchsten Herrschaften‘, jetzt hätten sie ‚ihre‘ Kaiserin verloren . . .

Nach der Beisetzung fährt Elisabeth nach Ischl.

Sie läßt wie immer eine Gesellschaft hinter sich, die wie sonst nirgends die Klassenunterschiede so scharf betont, die erste aus den sogenannten Hofratskreisen und die zweite aus Bürgerschaft und Volk.

Die Spitzen der Gesellschaft waren als Militärs tüchtig und als Beamte in den höchsten Positionen teilweise ihren Stellungen gewachsen, aber gegen neue Ideen verschanzten sie sich gemeinsam; seit der Revolution von 1848 und dem Emporkommen des dritten und vierten Standes verschloß man sich jenen Kreisen, die philosophierten, kritisierten, ja überhaupt zu denken verstanden.

Dieser Standpunkt förderte ein Cliquenwesen, das jeden von sich wies, der sich in diesen Kreis drängen wollte. Unter sich war man durchaus gemütlich, nach außen wirkte man zumindest ablehnend. Nicht Geist, nicht Talent und nicht einmal Geld waren ausschlaggebend, sondern nur das Dazugehören durch Geburt und natürlich durch die Lebensart. Auf dem Hofball und den Bällen bei Hof traf sich eine sterile Gesellschaft und feierte Feste so, wie man sie seit einem Menschenalter gefeiert hatte und nicht anders feiern wollte. Auch der Kaiser mußte von dieser Umgebung geprägt werden, bedeutet diese doch nichts anderes als ein Absperrungssystem gegen alle Neuerungen.

Fürst Chlodwig zu Hohenlohe-Schillingsfürst schildert, wie der Kaiser nach einem Diner bei Hof Cercle machte: „Bei der freundlichen und natürlichen Art des Kaisers, zu sprechen, bedauerte ich innerlich, daß er diese Gabe seinen Untertanen gegenüber so wenig zu gebrauchen zu versteht. Es ist nicht möglich, sich durch herablassendes Wesen populär zu machen, was bei einem kindlichen Volke, wie es die Österreicher sind, von großer Bedeutung wäre. Heute, den 30. (Januar 1861), war Bürgerball. Der Hof erschien gerade, als wir ankamen. Der Empfang war lautlos. Man merkte von seiten des Publikums die absichtliche Gleichgültigkeit und eine Art Unzufriedenheit. Der Kaiser blieb lange da, stand aber immer oben auf der Galerie und sprach mit dem Bürgermeister, statt im Saale herumzugehen und mit den Bürgern zu reden, wie König Ludwig und König Max (von Bayern) es zu ihrem großen Vorteil tun."

Diese Bürgerbälle hatten die Aufgabe, die Hofkreise mit dem sogenannten zweiten Stand zusammenzubringen, was da waren höhere Beamte, Kaufleute, Schriftsteller und andere Künstler.

Durch die Revolution von 1848 war der dritte Stand emporgekommen, das Bürgertum gelangte zu politischer Macht und gesellschaftlicher Geltung. Das Bürgertum amüsierte sich in den Vorstadt-Heurigengärten, im Prater und in den Volkstheatern. Als Novität wurde die Pariser Musik Offenbachs gefeiert, das Volksstück feierte Nestroy und Raimund zugleich. Die Seele des Wiener Amüsements wurde der Walzer, der Walzer von Strauß. In den musikalischen Salons spielte Franz Liszt eine große Rolle bei den Damen und auf dem Klavier. Dann gab es in der Oper ein pro und contra zwischen Meyerbeer und Wagner. ,Tannhäuser' wurde wegen des ,höchst anstößigen Textes' in der Hofoper verboten, die Vorstadttheater spielten Nestroys ,Tannhäuserparodie'. Während der Weltausstellung des Jahres 1873, der sich ein großer Börsenkrach anschloß, ereignete sich Seltsames.

Das Volk mischte sich in dieses gesellschaftliche Ereignis ein und streikte. Die Herren in ihren Galauniformen und die Damen in ihren neuesten Frühjahrstoiletten mußten zu Fuß in den Prater spazieren, kein Fiaker stand ihnen zur Vefügung. Ein ‚Bonmot' anläßlich dieser ungewohnten Volksregung: ‚Die Zeiten werden unangenehm, das Volk fühlt sich . . .'

Von all dem weiß die Kaiserin nichts, sie lebt in einer freiwilligen Isolation. Ihr ist nicht nur der Wiener Hof egal, sondern auch die Stadt mit ihrer Bevölkerung.

Elisabeths Zeit der Reitleidenschaft und Steigerung der Gewaltmärsche

Elisabeth trägt Trauer in Ischl und Umgebung. Diese Farbe stellt ihre Schönheit nicht in den Schatten. Marie Festetics schwärmt von ihrer Kaiserin, wenn sie an den Abenden zur Feder greift: „Neben ihr ist es köstlich und auch hinter ihr. Das Schauen allein genügt. Sie ist die Verkörperung des Begriffes Lieblichkeit. Einmal denke ich, sie sei eine Lilie, dann wieder ein Schwan, eine Fee oder eine Elfe. Zum Schluß wieder, nein! Eine Königin! Vom Scheitel bis zur Sohle ein königliches Weib! In allem fein und edel. Dann fällt mir wieder all das Getratsche ein und ich denke, es mag viel Neid dabei sein, denn, kurz gesagt, sie ist bezaubernd schön und anmutig. Aber immer faßt es mich mehr, es fehlt mir an ihr die Lebensfreude. Eine Ruhe liegt über ihr, die bei ihrer Jugend ganz frappant ist! Ihre Stimme klingt meist ruhig und leise. Nur selten erregt. Ab und zu, wenn sie erzählt, wie unbarmherzig man mit ihr umging, zittert etwas darin. Wie kann man nur jemand, der aussieht wie sie, kränken?"

Sogar eine gewisse Fröhlichkeit strahlt das Gesicht der Kaiserin aus, wenn sie mit ihren Kindern Ausflüge in die Umgebung Ischls macht. Auch der vierzehnjährige Rudolf wird von der Lustigkeit angesteckt, obwohl er für seine Jugend überaus frühreif und übernervös ist. Vom Bischof von Rónay, der 1848 auf Seiten der revolutionären Ungarn stand, erhält der Kronprinz auf Wunsch der Kaiserin ungarischen Sprachunterricht. Der Geistliche staunt über die liberalen Ansichten des jungen Menschen, der seine frühreifen Gedanken in Aufsätzen niederschreibt:

„Die Geistlichen schaden am meisten dadurch, daß sie recht gut verstanden, das Volk durch Aberglauben und übertriebene Frömmigkeit so niederträchtig und untertänig zu machen, daß sie sowohl wie der Adel leichtes Spiel hatten."
„Das Königtum steht da, eine mächtige Ruine, die von heute auf morgen bleibt, doch endlich sinken wird, . . .
Frei sind die Menschen, beim nächsten Sturm sinkt die Ruine . . ."
Am Hofe wundert man sich über die Ansichten des Thronfolgers und hält sie natürlich für nicht richtig verstandene Äußerungen der Kaiserin. Aber er ist weniger mit seiner Mutter zusammen als mit seinen zahllosen Lehrern. Daß der Heranwachsende solch überraschend radikale, trotzig selbständige Gedanken äußert, muß eine wittelsbach- und keine habsburgische Veranlagung sein.
Seine Intelligenz, seine Gemütsart, die zu jähem Wandel und extremen Übersteigerungen führt, seine Leidenschaftlichkeit in geistigen Dingen, seine ganze Rastlosigkeit ist ein Erbteil der Mutter. Nur sein stark ausgeprägter Eigensinn ist typisch habsburgisch. Seine geistige Entwicklung steht unter der Obhut des Erziehers Latour, der relativ fortschrittlich zu nennen ist.
Der Vater nimmt an der Erziehung seines Sohnes keinen Anteil. Er nimmt sich für seine Familie sowieso zu wenig Zeit, für die ihm fremde Geisteshaltung seines Sohnes hat er kein Verständnis.
Die beiden Töchter Gisela und Valerie sind nach dem Vater geraten. Beide werden sich dem höfischen Leben fügen und im frühen Alter konventionelle Ehen schließen.
Im September 1872 besucht Elisabeth Possenhofen, das Paradies ihrer Jugend. Als Ludwig II. vom Aufenthalt der Kaiserin in Bayern erfährt, verläßt er seine prunkvollen Schlösser in der Bergeseinsamkeit und besucht sie. Er läßt sich ansagen und gleichzeitig mitteilen, daß nur sie allein anwesend sein dürfe. Das ist selbst ihr zuviel, und sie geht ausnahmsweise einmal nach der Etikette und läßt ihn vom Oberhofmeister Nopcsa und der Gräfin Festetics empfangen.

Er vertauscht seine Mütze mit dem österreichischen Tschako, trägt das Großkreuz des Stephansordens verkehrt wie die Feldbinde, die er quer über der Schulter und nicht wie in Österreich am Gürtel trägt.

Marie Festetics charakterisiert ihn in ihrem Tagebuch als einen „schönen Mann mit den Allüren eines Theaterkönigs oder eines Lohengrin vom Hochzeitszug".

Elisabeth und Ludwig haben zwar viel Gemeinsames und trotzdem überfällt sie in seiner Gesellschaft ein Unbehagen.

Ist nicht sein Bruder Otto schon wahnsinnig, zeigt nicht er mindestens Ansätze dazu, könnte sie als Mitglied dieses bayerischen Hauses nicht auch von diesem Geschick befallen werden?

Im Oktober reist sie nach Budapest und nach dem geliebten Gödöllö, wo die Zeit der Jagd beginnt. Ist ihr Gatte ein begeisterter Jäger, ist sie die leidenschaftliche Reiterin. Von jedem ihrer Pferde läßt sie Porträts anfertigen, die sie in einer Galerie vereinigt und ihre ‚Reitkapelle‘ nennt.

Ist der Kaiser nicht mit von der Partie, berichtet sie ihm ausführlich, wenn die männlichen Jagdteilnehmer hinter ihr stürzen und sie allein königlich die Hürden nimmt.

„Die Jagd war Rennplatz, ich fuhr zum Wagen, also keine schöne Jagd, der Fuchs lief vor uns, die Hunde nach, Holmes, Pista und ich waren immer voraus, brauchten daher nicht zu jagen und konnten mit Muße die sehr zahlreichen Gräben springen. Hinter uns stürzten: Elemér Bathyány, Pferd am Platze tot, Sárolta Auersperg, die über ihn fiel, geschah beiden nichts, einer unserer Reiterknechte mit Klepperschimmel, nichts geschehen. Vor dem Run stürzten Béla Keglevich und Viktor Zichy, letzterer stehend. Der alte Béla Wenckheim war entzückt, er sagte, das gehört zu einer schönen Jagd. Aber der Fuchs lief ins Loch, an dem langmächtig herumgegraben wurde, aber endlich ließen sie das arme Tier in Ruh'.‘‘

Graf Andrássy besucht oft die Kaiserin, und seine Vertraute, Marie Festetics, erzählt ihm von dem Tratsch in der Umgebung Elisabeths.

102

Am 20. April 1873 verheiratet sich die älteste Tochter. Sechs Schimmel ziehen die Prunkkarosse des Königs in die Münchener Residenz, für Ludwig sitzt nur die Tochter der so heiß verehrten Kaiserin darinnen und nur nebenbei Prinz Leopold. Nach den Hochzeitsfeierlichkeiten gibt es neue Feste in Wien, die Weltausstellung mit der Rotunde und dem Riesenrad begeistert die Besucher. Das deutsche Kronprinzenpaar und der Prince of Wales sind die Ehrengäste.

In Wien geht die Kaiserin am liebsten im Prater spazieren und zwar um sechs Uhr früh, wenn Wien noch schläft. Ist sie später unterwegs, laufen ihr die Wiener nach und im Nu bildet sich eine Kette von Menschen um sie. Steht sie in einer Ausstellung vor Gemälden, werden die Menschen sehr aufdringlich, schieben sich zwischen sie und die Bilder und starren sie an. Die Kaiserin hätte gewiß die Wiener Stadt mehr geliebt, wenn sie immer menschenleer geblieben wäre. Ein Wien voller Wiener liebte die menschenscheue Frau jedoch nicht, und so lernte sie die glanzvolle Metropole nie so richtig kennen. Sie schildert in ihren Briefen das Milieu diverser Kurorte in aller Welt, Sonnenuntergänge auf Korfu und Jagdritte in Irland, nur nicht das Wien ihrer Zeit. Blenden wir die Stimme eines Zeitgenossen ein. War er auch manchmal geblendet von der Hohlheit des Glanzes Alt-Wiens, war Hugo von Hofmannsthal doch einer der feinsinnigen Schilderer der Kaiserstadt zu Lebzeiten von Franz Joseph und Elisabeth: „Die wundervolle, unerschöpflich zauberhafte Stadt mit dieser rätselhaften, weichen, lichtdurchsogenen Luft. Und unterm traumhaft hellen Frühlingshimmel diese schwarzgrauen Barockpaläste mit eisernen Gittertoren und geschnörkelten Moucharabys, mit Wappenlöwen und Windhunden, großen, grauen, steinernen! Diese alten Höfe, angefüllt mit Plätschern von kühlen Brunnen, mit Sonnenflecken, Efeu und Amoretten! Und in der Vorstadt, diese kleinen, gelben Häuser aus der Kaiser-Franz-Zeit, mit staubigen Vorgarterln, diese melancholischen, spießbürgerlichen, unheimlich kleinen Häuser! Und in der Abenddämmerung diese fas-

103

zinierenden Winkel und Sackgassen, in denen die vorübergehenden Menschen plötzlich ihr Körperliches, ihr Gemeines verlieren und wo von einem Stück roten Tuchs, vor ein schmutziges Fenster gehängt, unsäglicher Zauber ausgeht! Und dann, später abends, die Dämmerung der Wienufer: Über der schwarzen Leere des Flußbettes das schwarze Gewirre der Büsche und Bäume, von zahllosen kleinen Laternen durchsetzt, auf einen wesenlosen transparenten Fond graugelben Dunstes aufgespannt und darüber, beherrschend, die drei dunklen harmonischen Kuppeln der Karlskirche!

Ja, diese kindliche, weiche Stadt mit den vielen Kuppeln und den sehnsüchtigen Gärten, über deren Wipfel von Musik der Atem streift, diese Stadt mit den plätschernden, plaudernden Brunnen, den lächelnden Muttergottesbildern zwischen bunten Lampen, dieses ganze, ‚capuanische Wien‘, muß merkwürdig gealtert sein, seitdem es keinen großen Dichter gehabt hat. Es ist, als hätten für eine Weile unsterbliche Hände gefehlt, als wäre niemand da gewesen, die goldenen Äpfel, die jung erhalten, vom Baum zu brechen und der viel verderbenden, verführerischen Stadt hinzureichen. So ist sie älter geworden. Ihre Züge haben den Schmelz der Kindlichkeit verloren und unter krausem, aschblondem Haar hat sie nicht länger diese von nichts wissende Stirn, diese allzu jungen Augen, dieses Stumpfnäschen einer Pierette: Ein Zug wie von Leiden hat ihre Schönheit gereift, vergeistigt; ihre Nasenflügel sind feiner und beben leise, und in ihren Augen ist manchmal eine sphinxhafte Hoheit.‘‘

Am 18. Januar 1874 wird Elisabeth Großmutter. Um nicht immer mit dem König Ludwig zusammen sein zu müssen, lehnt sie eine Wohnung in der Münchener Residenz ab. Sie besucht ein Choleraspital und fühlt sich nach zwei Tagen sehr unwohl. Dies löst große Aufregung aus, aber sie hat sich nicht infiziert.

Sie fährt weiter nach Budapest, wo sie der Kaiser besucht und ihr große Vorwürfe wegen ihres Besuches im Choleraspital macht. Er

104

macht anschließend dem Zaren von Rußland in Petersburg einen Besuch. Am 20. Februar schreibt er ihr: ,,Es war ungeheuer tiefer Schnee im Walde. Im ersten Trieb erlegte ich einen Bär auf achtzig Schritte mit einem Schuß durch den Kopf, da ich nur den Kopf sehen konnte . . .''

In Wien ist man über die Rußlandfahrt des Kaisers verschnupft und wegen ihrer vielen Ungarnaufenthalte sowieso. Am Faschingsdienstag besucht sie im geheimen den ersten Maskenball im großen Musikvereinssaal. Nur Ida Ferenczy, die Friseuse und die Kammerfrau wissen davon. Als die Hofburg schläft, wirft sich die Kaiserin in einen Domino und setzt eine rotblonde Perücke auf. Zusätzlich setzt sie sich eine Maske auf, an der lange Spitzen angenäht sind, daß niemand ihr Gesicht erkennen kann. Mit Ida Ferenczy beobachtet sie von der Galerie aus das lustige Treiben. Dort lernt sie einen jungen bürgerlichen Mann kennen, mit dem sie sich lange über die Zustände in der Monarchie und über Heinrich Heine unterhält.

Ende Juli fährt sie mit ihrer Tochter auf die Insel Wight, um dort kräftigende Seebäder zu nehmen. Außerdem will sie vor den politischen Intrigen fliehen, die zur Zeit wieder in hoher Blüte stehen. Da gibt es eine böhmische Partei, die ihr vorwirft, daß sich der Kaiser nun nicht auch noch in Prag krönen lasse, weil sie die Böhmen haßt und nur die Ungarn liebt. Andere behaupten, sie sei zu wenig fromm, nur sie würde eine erneute Unterordnung des Staates zur Kirche verhindern. Weiter greifen sie die Absolutisten und Zentralisten an, die wieder die alte Politik der Erzherzogin Sophie aufnehmen wollen, die sie untergraben habe. Anfang August betritt sie die Insel Wight, deren herrliche Vegetation — Eichen, Magnolien, Zedern und Blumen über Blumen — sie fasziniert. Sie wird von der Königin Viktoria besucht, die auch auf der Insel weilt. Elisabeth schlägt einen Gegenbesuch aus, so erscheint die Königin ein zweites Mal, und sie lehnt erneut ab.

Sie fährt lieber nach London und streift dort unerkannt durch die Stadt. Zu dieser Jahreszeit ist London wie leergefegt, und sie stellt auch fest:

Die Kaiserin nach einem Gemälde von Winterhalter (1864)

„Alles ist weg, die Straßen, wo die schönsten Häuser stehen, wie ausgestorben."

Sie besucht die Tochter des Zaren, die Herzogin von Edinburgh und die Herzogin von Teck. Vom Claridge-Hotel schreibt Elisabeth über sie an den Kaiser:

„Sie ist kolossal dick, ich habe so etwas noch nie gesehen. Ich dachte mir die ganze Zeit: Wie muß sie im Bett ausschauen?"

Sie hat ihren berühmten Krönungsschimmel von Budapest mit auf die Reise genommen und reitet mit dem Botschafter Beust im Hydepark. Im Wachsfigurenkabinett der Madame Tussaud findet sie die Darstellung ihres Gatten ‚ungeheuer amüsant, aber doch teilweise sehr grauslich'. Sie besucht auch hier eine Irrenanstalt, Bedlam, die damals größte der Welt. In Belmore Castle besichtigt sie die Jagdhunde des Herzogs von Rußland und macht die erste englische Jagd mit.

An der Jagd nehmen auch Landsleute teil und Marie Festetics schreibt in ihr Tagebuch:

„Man muß sehr achtgeben, sie sind gescheite Leute (die Baltazzis), Brüder einer Baronin Vetsera, die in Wien auftauchte, geistreich, reich, alle dieselben interessanten, schönen Augen; niemand weiß recht, wo die Leute herkommen mit dem vielen Gelde, Streber und mir nicht heimlich.

Die Brüder gehen im Sport auf, reiten famos, drängen sich überall hin, sind für uns gefährlich, weil sie ganz englisch sind, und wegen der Pferde!"

Der Name Vetsera wird noch viel Unglück über das Kaiserhaus bringen . . . Elisabeth reist nach der Insel Wight zurück.

Die Überfahrt ist stürmisch, was ihr nichts ausmacht.

An ihre Mutter schreibt sie:

„Am liebsten ginge ich ein wenig nach Amerika. Die See tentiert mich, sooft ich sie anschaue."

Sie macht wieder ihre Seebäder und als sie erfährt, daß dabei eine große Anzahl von Zuschauern, mit Ferngläsern bestückt, sie beobachten, schickt sie Marie Festetics und eine Kammerfrau zur gleichen Zeit im gleichen Badeanzug ins Wasser.

An den Kaiser schreibt sie:

,,Zu schade, daß Du nicht kommen kannst. Nach den vielen Manövern könntest Du Dir eigentlich vierzehn Tage London ansehen, einen Rutscher nach Schottland machen, dabei die Königin besuchen und in der Nähe von London ein wenig jagen. Pferde und alles haben wir, also wäre es schade, es nicht zu benützen. Denke einige Tage darüber nach, ehe Du gleich mit gewohnter Stützigkeit ,nein' sagst . . ."

Die Kaiserin ist überaus froh, daß die englische Königin die Insel verlassen hat und in Schottland weilt. Sie reist aber doch bald ab. In Boulogne machen die Reisenden einen fürchterlichen Sturm mit. Elisabeth nimmt Marie Festetics mit an den Strand, denn sie liebt die völlige Entfaltung der Naturgewalten. Im Nu hat ihnen der Sturm die Schirme umgedreht und die Frauen in den Sand geworfen. Ein Strandwächter eilt wütend herbei und zerrt die Kaiserin und ihre Hofdame in ein schützendes Haus. Erst ein Goldstück beruhigt ihn.

In Baden-Baden erwartet das deutsche Kaiserpaar Elisabeth auf dem Bahnhof. Die Großherzogin von Baden ist entzückt über ihre Schönheit und Kaiser Wilhelm sagt:

,,Es ist besser, nicht zuviel hinzusehen. Es wird einem gar zu warm ums Herz."

In Possenhofen kann sie auch diesmal nicht dem König Ludwig entgehen. Er ist diesmal auch zu den Hofdamen auf seine Art besonders höflich. So schickt er Marie Festetics um einhalb zwei Uhr nachts ein hundertköpfiges Rosenbukett, das der Hofadjutant nur ihr persönlich überreichen darf. Sie muß das Riesenbukett mit in das Bahnabteil nehmen, da der König in München auf dem Bahnhof seinen Abschiedsbesuch macht.

Zur Faschingssaison des Jahres 1875 besucht die Kaiserin wieder einen Ball und Marie Festetics ist von dem Erfolg, den die 37-jährige Kaiserin mit ihrer Schönheit erzielt, fasziniert:

,,Sie hat etwas vom Schwan, etwas von der Lilie, etwas von der Gazelle, aber auch von der Melusine. Königin und Fee zugleich, und doch soviel vom Weib. Großartig und kindlich, mädchenhaft und hoheitsvoll, graziös und würdevoll, so ist sie ohne jede Übertreibung und ganz objektiv. Schade, daß kein Bild es wiedergeben kann und es Menschen gibt, die sie nicht sehen. Ich war stolz, die Kaiserin so bewundert zu sehen! Furchtbar ermüdend ist so ein Ball für sie. Vier Stunden fortzureden bei der Hitze und dem Lärm! Daran aber denkt nie ein Mensch und findet es natürlich, daß sie wie eine Maschine arbeitet.''

Immer häufiger trägt sie einen Schleier und einen Fächer zur Abwehr der neugierigen Blicke. Auch die letzten authentischen Photographien hören in den Jahren 1870/72 auf. Nur noch einige wenige Schnappschüsse von ihr gelingen, allerdings ohne ihr Wissen. Wenn man in den Kurorten auf sie Jagd macht, hält sie entweder einen Schirm oder einen Fächer vors Gesicht. Bilder, die nach ihrem Tode erscheinen, sind retuschierte Aufnahmen aus den 60-er Jahren.

Diese Scheu vor den Blicken der Menschen wird immer mehr zunehmen, wenn die Kaiserin älter wird. Es soll niemand sehen, daß auch sie altert, und nur der Gedanke daran bereitet ihr laufend Angst, wie sie in ihren Tagebüchern niederschreibt:

,,Sobald ich mich altern fühle, ziehe ich mich ganz von der Welt zurück. Es gibt nichts ,Grauslicheres', als so nach und nach zur Mumie zu werden und nicht Abschied nehmen wollen vom Jungsein. Wenn man dann als geschminkte Larve herumlaufen muß — Pfui! Vielleicht werde ich später immer verschleiert gehen, und nicht einmal meine nächste Umgebung soll mein Gesicht mehr erblicken. Wie es in dem Buche von Haggard ,She' gemacht hat. Man muß immer zur rechten Zeit verschwinden können.''

,,Habe ich einmal keine Verpflichtungen mehr gegen meine Valerie und ist diese versorgt und glückliche Frau mit recht vielen Kindern, was sich mein ,Kedvesem' immer wünscht, dann bin ich frei und dann beginnt mein ,Möwenflug'.''

,,Durch die ganze Welt will ich ziehen, Ahasver soll ein Stubenhocker gegen mich sein. Ich will zu Schiff die Meere durchkreuzen, ein weiblicher ‚fliegender Holländer‘, bis ich einmal verschwunden und versunken sein werde.‘‘

,,Es dürfen mich dann auch nur Menschen begleiten, die entweder nichts mehr zu verlieren oder mit dem Leben überhaupt abgeschlossen haben.‘‘

,,Am besten wäre für mich eine Schiffsmannschaft von lauter zum Tode Verurteilten. Da brauchte ich mir kein Gewissen daraus zu machen, sie der Gefahr auszusetzen.‘‘

Im April 1875 macht der Kaiser dem König von Italien einen Gegenbesuch. Als sie erfährt, daß er aus politischen Gründen das als halb wild und revolutionär verschrieene Süddalmatien aufsucht, ist sie ganz geknickt. Am Abend des 2. April läßt sie Marie Festetics aus dem Theater holen, daß sie ihr einen Brief an den begleitenden General diktieren kann, er hafte für des Kaisers Leben und habe keinen Augenblick von seiner Seite zu weichen.

Der Kaiser befindet sich jedoch in einer wenig gefährlichen Umgebung, wie sein Brief vom 3. April aussagt und er wird sogar in Triest an Kissingen erinnert:

,, . . . im Théatre paré schlief ich fest umso mehr, als keine Oper, sondern ein langweiliges italienisches Lustspiel war. Sonst war das Theater recht brilliant voll Damen in den schönsten Toiletten. Ich blieb von acht bis nach neun . . . Um neun kamen wir hier an und dann begann gleich der Empfang der Behörden, Deputationen und endlich über 100 Audienzen, was in einem Zuge bis ein Uhr dauerte. Um 1/4 4 Uhr empfing ich die fremden Konsulen und dann machte ich Visiten bei der Mutter und der blauen Schwester Wilhelm Württembergs (Herzog und Herzogin von Württemberg und Herzogin Mathilde, Äbtissin eines Stiftes), Kissinger Bekanntschaft, und bei der Frau des Stadthalters . . .

Meine Gedanken sind mit Sehnsucht bei Euch, mein lieber Engel und der Abschied am Bahnhofe wird mir unvergeßlich sein, ich

110

umarme Dich mit Rudolf und Valérie und auch Gisela, die ja diese Zeilen lesen wird, mit Leopold und Elisabeth.

Dein
K(leiner)"

Isten veled, szivem magzatja.

(Adieu schöner Sprößling meines Herzens)"
Während ihr Gatte im gefährlichen Dalmatien weilt, bestaunt Elisabeth die Reitkünste von Ernst Jakob Renz, und besonders die seiner Tochter Elise. Die Kaiserin läßt an die Hofstallungen eine Manege anbauen und schafft sich vier Zirkuspferde an. Hier nimmt sie nun bei Elise Renz Unterricht im Kunstreiten. Dem Kaiser versichert sie, Elise sei sehr anständig, der deutsche Botschafter habe ihr bestätigt, daß sie auch in Berlin den Damen Unterricht gebe.

Im Juni beginnt wieder die Zeit der Reisen. Nach kurzen Aufenthalten in Garatshausen und Ischl möchte sie mit Valerie in ein kleines Seebad in der Normandie reisen, der Hausarzt hat der jungen Erzherzogin wieder Seebäder verschrieben.

Der Kaiser ist nicht gerade entzückt, daß sie in die Republik reisen will, die den Anarchisten Zuflucht bietet und meldet zusätzlich Bedenken über die Meinung des Berliner Hofes an. Sie beharrt störrisch auf die Reise nach Frankreich, des Kaisers Bemerkungen verhallen jedoch nicht ungehört, und sie macht vor dem Reiseantritt ihr Testament.

Ihr Reiseziel heißt Sassetôt les Mauconduits. Der Hofsekretär hat von einem reichen Reeder ein Schloß gemietet, das in einem alten, baumreichen Park liegt. Ihre Reisebegleiter sind Valerie und einige ihrer Lieblingspferde. Täglich badet sie im Meer. Vom Schloß bis an den Strand hat man ihr einen Gang aus Segeltuch gebaut, daß sie ungesehen bis in ihre Kabine gehen kann. Nur ihre riesigen Hunde Mahomed und Shadow begleiten sie.

An den Nachmittagen macht sie Ausflüge in die alten Adelssitze der Umgebung, die meist im Besitz reicher Bürgerlicher sind. Marie Festetics schreibt darüber in ihrem Tagebuch:

111

,,Da treiben jetzt die Demokraten, Republikaner und Parvenus ihr Unwesen. Das ganze Gesindel, das alle Laster des alten Adels hat, aber seine Tugenden nicht.'' Als die Kaiserin über ein bebautes Feld reitet, macht die Zeitung ‚L'Univers' fast eine Staatsaffäre daraus. Sie läßt, unterstützt von der österreichischen Botschaft in Paris, eine angebliche Beschimpfung durch französische Bauern dementieren, geschehen ist es trotzdem, schreibt sie doch an den Kaiser: ,,Die Leute sind hierzulande so frech und unartig, liefen mir auch gestern so nach, daß ich gleich zu Wagen nach Fécamp fuhr und von dort zu Wasser wieder hieher. Auch beim Reiten hatte ich schon öfters Unannehmlichkeiten, auf den Straßen und in den Dörfern sind Kinder, Kutscher, alle bemüht, die Pferde zu schrecken, reitet man in die Felder, natürlich, wo kein Schaden gemacht werden kann, so sind die Bauern furchtbar grob. Eigentlich habe ich keine große Lust, nach Paris zu gehen, aber Nopcsa fürchtet, das könnte einen schlechten Eindruck machen. Was meinst Du?'' Elisabeth läßt sich aus England den Reitlehrer Allen kommen, der schon im vergangenen Jahr in ihren Diensten war und gegen den Marie Festetics eine Abneigung hat. Die kluge, scharfsinnige Frau wittert stets, welche Personen von unglücklichem Einfluß auf die Kaiserin sein werden. Allen ist ein kühner Reiter und holt aus jedem Tier das letztmögliche heraus. Einmal reitet er sein Pferd in die wogende Brandung und das Pferd scheut und bäumt sich kerzengerade auf, als ihm der Reiter die Sporen gibt. Das Pferd überschlägt sich und Mann und Pferd verschwinden in den Fluten. Ein Bademeister rettet Allen, während das Pferd selbst wieder aufkommt. Der Engländer läßt im Schloßpark einen Sprunggarten errichten, den die Kaiserin viel benützt. Am 11. September will sie ein neues Pferd einreiten. Bei einer niedrigen Hecke macht das Tier einen unnötigen großen Satz, strauchelt und fällt auf die Knie. So gewaltig ist der Sturz, daß die Sattelgabel bricht. Die Reiterin bleibt besinnungslos auf dem Rasen liegen. Ein Stallknecht

112

sieht das Pferd herrenlos daherkommen und findet die Kaiserin bewußtlos daliegen. Sie sitzt ganz benommen in einem Gartenstuhl, als der Arzt herbeieilt und sie untersucht. Auf der Stirn einen verkrusteten Blutflecken, ihre Augen glanzlos, sitzt sie wie geistesabwesend da. Bald zeigen sich die Auswirkungen einer Gehirnerschütterung. Sie hat fürchterliche Kopfschmerzen und der Arzt jagt ihr einen Schrecken ein, als er andeutet, ihr Haar müsse abgeschnitten werden, wenn sich der Kopf nicht in 24 Stunden bessert.

Man telegraphiert dem Kaiser, der jedoch aus politischen Gründen die Republik nicht besuchen will und sie mit liebevollen Briefen tröstet.

Der Zustand der Kaiserin bessert sich bald und sie denkt schon wieder ans Reiten. Die Meldung über den Reitunfall geht durch die ganze Weltpresse und der Kaiser bittet seine Gattin, auf der Rückreise den Präsidenten der Republik in Paris zu besuchen.

Gerüchte behaupten, daß Elisabeth den Reitunfall nur vorgetäuscht hat und in Sassetôt heimlich ein Kind zur Welt gebracht hat. In dem 1914 in London erschienenen Buch ,The secret of an Empress' behauptet die Autorin, eine Gräfin Zanardi Landi, die Tochter der Kaiserin zu sein. Sie gab jedoch an, 1882 zur Welt gekommen zu sein, während die Kaiserin sieben Jahre zuvor in Frankreich weilte.

Paris durcheilt die Kaiserin wie jede Stadt in einer rasenden Hetze. Begeistert ist sie von dem Standbild der Venus von Milo im Louvre, und sie besucht auch das Grab Napoleons. Lange steht sie mit Marie Festetics vor dem Sarkophag Lucien Napoleons, ehe man ihnen mitteilt, daß der einfache Porphyrsarkophag der Napoleons ist. Die Kaiserin kniet davor nieder und sagt:

,,Wenn die Menschen etwas recht Beißendes äußern wollen, sagen sie, Napoleon war groß, aber gar so rücksichtslos; ich denke immer dabei, das sind gar viele Menschen, ohne dabei groß zu sein. Zum Beispiel auch ich."

In einem Park beeindrucken sie besonders Elefanten und Kamele. Sie möchte gerne auf ihnen reiten, überläßt dies aber dann lieber Marie Festetics und Baron Nopcsa. Am nächsten Tag besucht sie die Kapelle, die dort erbaut ist, wo der Sohn Louis Philippes tödlich verunglückte, erst 32 Jahre alt. Sie sagt: ,,Da sieht man, daß gerade das geschieht, was einem Gott bestimmt. Er fuhr ruhig spazieren, wer hätte gedacht, daß er die Schwelle seines Hauses lebend nicht mehr überschreiten werde. Ihr wollt, ich sollte nicht mehr reiten; ob ich es tue oder nicht, ich werde so sterben, wie es mir bestimmt ist.'' Am nächsten Tag reitet sie im Bois de Boulogne aus und überspringt sogar wieder Barrieren.

Im März 1876 geht Elisabeth wieder auf Reisen. Sie sucht Easton Neston auf, einen Landsitz in England, außerdem treffen noch einige Kavaliere aus Österreich ein. Jetzt will sie die Königin besuchen, diese ist aber zu sehr beschäftigt und kann sie nicht empfangen, wie man ihr mitteilt. Sie rächt sich für die letzten Absagen der Kaiserin.

Elisabeth ist in ihrem Element. Stundenlang reitet sie, und ihre Umgebung sorgt sich um sie, denn für das Jagdreiten muß man galoppieren und springen können.

Zwei gute Reiter sollen stets vor ihr reiten, und sie müssen bald feststellen, daß sie eine schneidige Reiterin ist. Bald ist sie von der Märzensonne gebräunt und bekommt Sommersprossen im Gesicht.

Im April ist sie wieder in Wien und serviert dem Kaiser die Rechnung dieses ‚Reitausfluges': 106 516 Gulden und 93 Kreuzer!

Sie beschäftigt sich weiter mit Zirkuspferden und nimmt diese sogar mit nach Ischl und will auch dort eine kleine Spring- und Dressurschule einrichten.

Plötzlich bekommt sie Sehnsucht nach Korfu, das sie vor vierzehn Jahren besucht hatte. Von dort aus reist sie nach Athen.

Ende September ist sie wieder in Gödöllö, wo ihr Marie Wallersee vorgestellt wird, und sie sorgt für die Zukunft des Mädchens, für

114

das sich ein Baron Larisch interessiert. Marie Festetics soll sie auf dessen Schloß begleiten, die auch gegen dieses Mädchen mißtrauisch ist; sie schreibt in ihr Tagebuch:

„Es ist etwas an ihr, was mir nicht heimlich ist, obwohl sie sehr hübsch ist. Sie scheint sich für alles zu interessieren, was Kunst ist. Ich bin aber nicht ganz überzeugt, ob nicht das auch Kunst ist." Der nun 19-jährige Kronprinz Rudolf zeigt eine seltsame Abneigung gegen das Mädchen. Sie verlobt sich bald mit dem Baron Larisch und Marie Festetics fühlt, daß sie für ihren Verlobten wenig übrig hat.

Im Jahre 1878 fährt Elisabeth nach Tegernsee, ihre Eltern feiern die goldene Hochzeit. Der Herzog Max muß seine langen Reisen unterbrechen, um auch einmal zu seiner Frau zu fahren, wie man hämisch sagt. Kinder, Enkel und Urenkel sind versammelt, und man sorgt sich auch um Otto, den Bruder des Königs, der nun unheilbar geisteskrank ist. Ludwig selbst wird immer absonderlicher. Im Dezember schießt sich der Kronprinz in die linke Hand.

Marie Festetics schreibt in ihr Tagebuch:

„Weil sie ihn eben kein anderes Vergnügen lehrten als die dumme Schießerei. Alles, was da kreucht und fleucht, ist des Todes. Es kommt so eine Art Mordwut über solche Menschen und das finde ich so unnötig. Als Kind schon — und wie reizend war er — schoß er die Gimpel aus seinem Fenster und die Erzherzogin Valerie, die ein kleines gutes Herz hat, weinte heiße Tränen."

Rudolf wird mit neunzehn Jahren sein eigener Herr.

Sein Oberhofmeister, ein oberflächlicher Lebemann, übt gerade keinen günstigen Einfluß auf ihn aus. Dem Lebensgenuß gibt er sich in der ererbten Maßlosigkeit hin.

Im Januar 1879 will die Kaiserin nach Irland fahren. Sie hat gehört, daß dieses Land mit seinen weiten Weiden, die von Hecken umgeben sind, am besten für die Reitjagd geeignet ist. Sie fährt nach dem Schloß Meath.

Marie Festetics meldet in ihrem Tagebuch große Bedenken:

Kronprinz Rudolf, 1869

„Es sind so hohe Drops, so tiefe Gräben, Doubles auch und die Irish banks und Mauern und Gott weiß, was alles, zum Hand- und Fuß- und Halsbrechen. Ich höre nie so viel von gebrochenen Gliedern wie hier und alle Tage sehe ich jemand ‚tragen'. Bayzand ist recht böse gestürzt, Middleton hat sich überschlagen und auch Lord Langford, so geht das fort. Die Kaiserin hat herrliche Pferde, Domino ist das großartigste, ein prächtiger Rappe, der zu Lord Spencers Schrecken am ersten Tage mit der Herrin vom Fleck weg durchging. Das Feld war von scheußlichen Hindernissen begrenzt, allen standen die Haare zu Berge. Was würde sie wohl tun? Sie hatte die Geistesgegenwart, das Pferd laufen zu lassen, glücklich ging es über einige Gräben und dann hatte sie es wieder und galoppierte ruhig zurück. Es ist nur ein Urteil über sie, aber wirklich, mir stehen oft die Haare zu Berge."

Man treibt in Irland fast einen Kult mit ihr, denn man sieht in ihr die Vertreterin eines großen katholischen Reiches. Die ärmsten Dörfer errichten ihr Triumphbögen. Dies könnte den anglikanischen Hof in London verärgern, und man warnt sie. Aber Elisabeth reitet und reitet.

Aus Summerhill schreibt sie an Franz Joseph:

„Ich ritt Easton, Captain Middleton ein sehr ungeschicktes Pferd und nicht in Kondition. Die Pace war sehr scharf, die Hindernisse groß, so war er auch bald am Boden. Bei einer sehr großen, schnellen Bank stürzte er zum zweitenmal, hinauf sprang das Pferd noch, war aber so ausgepumpt, daß es hinab am Kopf zu stehen kam, ich mußte Easton einen Moment oben balancieren, um nicht darauf zu springen, und er machte dieses Geißbockkunststück sehr vernünftig. Über diese selbe Bank stürzte auch Rudi Liechtenstein . . ."

Da erreicht sie die Nachricht, daß die ungarische Stadt Szegedin durch eine Hochwasserkatastrophe halb zerstört wurde. Sie rüstet zur Heimfahrt, denn es geht um ihre geliebten Ungarn und wird plötzlich sparsam, wo sie doch dem Kaiser schreibt, der die Reiserechnung über 158 337 Gulden 48 Kreuzer vorgelegt bekommt:

117

,, . . . Willst Du denn auch, daß ich mich in London aufhalte? Ich hätte es gerne vermieden, um die Hotelrechnung zu ersparen. So hätte ich die ganze Reise hin und zurück gemacht, ohne ein Hotel zu haben."

Und der Prince of Wales hatte ihr die Nachricht überbringen lassen, daß er sie unterwegs irgendwo sehen wollte. Schrieb sie doch eines ihrer übermütigsten Gedichte in ihr Tagebuch über ein ,Rendezvous' mit dem Prinzen im Jahre 1877:

There is somebody coming upstairs.

Wir saßen im Drawing-room gemütlich beisammen,
Prince Eduard und ich.
Er haspelte Süßholz und schwärmte,
Er sagte, er liebte mich.
Er rückte sehr nah und nahm meine Hand,
Und lispelte: Dear cousin, wie wär's?
Ich lachte von Herzen und drohte:
,There is somebody coming upstairs'.
Wir lauschten, es war aber nichts,
Und weiter ging das lustige Spiel.
Sir Eduard ward mutig.
Ja, er wagte auch viel.
Ich wehrte mich nicht, es war interessant,
Ich lachte: ,Dear cousin, wie wär's?'
Da ward er verlegen und flüsterte leis:
,There is somebody coming upstairs'."

In Wien rüstet man sich zum silbernen Hochzeitstag des Kaiserpaares. In Ungarn tritt Graf Andrássy von seinem Posten als Minister des Äußeren zurück.

Im Herbst gibt sie sich wieder ganz den Reitjagden in Gödöllö hin. Sie macht ihre Eintragungen in ein Notizbuch:

118

,,Beim Anreiten Mitgehen, steter Sitz, stete Hand, Fußspitzen zum Pferd . . .''

Sie erweitert ihre Bibliothek mit Büchern über Pferde und Reiten und Schriften über Gymnastik.

Den Thronfolger kümmert das Reiten weniger. Er hat andere Steckenpferde. Marie Festetics wittert, was die Baronin Vetsera mit dem jungen Rudolf vorhat:

,,Wie die Versuchung an so einen jungen Menschen herantritt! Unter anderem finde ich da die Madame Vetsera, was zwar nicht gerade gefährlich scheint, denn sie ist weiß Gott nicht reizend, aber sie ist so pfiffig und benützt gerne alle Leute, sie will zu Hof gehen, sich und die Familie zur Geltung bringen. Ihre Töchter wachsen heran, freilich noch sehr langsam, aber man baut von Grund auf!''

Elisabeth reist im Februar 1880 wieder nach Summerhill in Irland. Sie berichtet dem Kaiser über lauter Stürze bei einer Hirschjagd:

,, . . . Bayzand, der zwar ein gutes Pferd ritt, das er ungeheuer lobt, fiel über eine Bank in die Wiese hinein und tat sich weh am Fuß . . . Rudi Liechtenstein ist auch gefallen, ohne sich etwas zu tun, und Lord Langford, der Hausherr, der aufs Gesicht fiel, konnte jetzt nicht gut schlucken . . .''

Es paßt ihr nur nicht, daß sie auf der Rückreise die Queen besuchen muß. Sie muß diesen Schritt jedoch tun, da man in England wegen ihrer häufigen Irlandreisen nicht gerade erfreut ist.

Am 10. März erhält sie in London ein Telegramm mit dem Inhalt: ,,Der Kronprinz hat sich mit Stephanie von Belgien verlobt.''

,,Gott sei Dank, daß es kein Unglück ist'', meint eine Hofdame und die Kaiserin entgegnet: ,,Wolle Gott, daß es keines sei...''

Auf der Rückreise werden die Damen an der Landesgrenze zu Belgien im Zug von viel Lärm geweckt, Kanonenschüsse, Jubelgeschrei und am frühen Vormittag nochmals derselbe Lärm in Brüssel. Braut und Bräutigam empfangen die Mutter.

119

Im März 1881 wird die Welt durch die Ermordung des Zaren Alexander II. in Petersburg aufgeschreckt.

Elisabeth besucht in Paris ihre Schwestern. Der Staatspräsident besucht sie im Hotel. Dann erhält sie ein Telegramm, daß ihr Sohn am 10. Mai heiratet.

Seine schöne junge Frau wird sich als langweiliges, geistig beschränktes Geschöpf entpuppen. Sie denkt nur an Toiletten und Gesellschaftstratsch, ist aber maßlos eifersüchtig. Sie versteht eines nicht, ihn an sich zu fesseln, so verliert er bald jegliches Interesse an ihr. Seine Ehe hat er ja auch nicht aus einer besonderen Neigung heraus geschlossen, sondern aus dem Zwang dynastischer Erwägungen.

Rudolf ist ehrgeizig und tatendurstig und findet sich mit seinem Warteposten eines Erzherzoges nicht ab. Er sucht politische Verantwortung und Teilnahme an den Staatsgeschäften zu erlangen. In diesem Punkte wird der Kaiser energisch, er verbittet sich jegliche Einmischung in seine Politik. Er ernennt seinen Sohn zum Generalinspekteur der Infantrie, wobei der sowieso militärisch desinteressierte Thronfolger nur die äußere Ausrüstung der Truppe zu überwachen hat. Dies steigert nur seine Unzufriedenheit und drängt ihn zur Kritik und Opposition. So schreibt er für das ‚Neue Wiener Tageblatt‘ anonyme Artikel, die manchmal wichtige politische Informationen enthalten.

Die Geheimpolizei überwacht alle Erzherzöge, und man trägt allerlei Verdächtigungen gegen ihn zusammen.

Trotzdem unternimmt Franz Joseph nichts, um seinen Sohn mit der Verantwortung seines künftiges Amtes vertraut zu machen. Er versucht auch nicht, das Vertrauen seines Sohnes zu gewinnen. Starr bleibt seine Haltung gegenüber dem Thronfolger.

Die kluge Marie Festetics schreibt in ihr Tagebuch:
,,Er ist gescheit, aber eben halt jung und angeleitet war er nicht. Und jetzt? Mir bangt ein bißchen.‘‘

120

Und das Elternpaar weiß eigentlich wenig von seinem wirklichen Leben.

Die Kaiserin selber hat die innere Fühlung mit dem Sohn völlig verloren. Dabei resignierte sie, denn würde sie in diesem stillen Kampfe nicht die Unterlegene sein, wo doch der Kaiser mit seiner zähen Lebenskraft der Stärkere ist? „Ich werde niemals regieren, er wird mir niemals Gelegenheit dazu geben", sagt Rudolf, und die Ausweglosigkeit dieser Befürchtung stürzt den Labilen in Pessimismus und Verzweiflung.

Die Mutter setzt ihr Leben auf Reisen fort. Im Juni 1881 ist sie wieder in Garatshausen in Bayern. Der König sendet ihr einen riesigen Blumenstrauß und erbittet einen Besuch in der Nacht, denn niemand dürfe ihn sehen.

Als Valerie hört, daß er nicht gesehen werden will, versteckt sie sich im Empfangsraum und erschrickt sehr, wie aufgedunsen er aussieht und wie unnatürlich er auftritt.

Den Sommer über verbringt Elisabeth ihr Leben auf dem Lande mit Reiten und Landpartien. Im September ist sie wieder in Gödöllö. Ihr Bruder, der Herzog Ludwig, ist mit der Baronin Wallersee anwesend. Die stets reisende, wenn in der Öffentlichkeit weilende, sich stets hinter Fächern verbergende Frau wird von der Presse aufs Korn genommen. Seltsamerweise setzt sich gerade ein Witzblatt für sie ein, der ‚Kikeriki':

„Die seltsame Frau.
Wahrlich, die Frau ist sonderbar,
Die ohne Scheu vor der Gefahr,
Von Menschenliebe nur bewegt,
Trost in das Haus des Unglücks trägt.
Die, heiklich auf die Schönheit nicht,
Auch mit den Blatternkranken spricht,
Tränenden Blick's ans Sterb'bett eilt,
Dort bei Verlassenen verweilt.

121

Ihr Baronessen seht euch an,
Wie still man auch human sein kann,
Nicht bloß, bei der Musik von Strauß —
Auch einsam in dem Krankenhaus!
Dort Tränen trocknen, wo der Tod
In allerlei Gestalten droht:
So edlen und humanen Sinn,
Lernt ihn von uns'rer Kaiserin!"

Im Januar 1882 sieht man die Kaiserin wieder in England. Doch diesmal findet sie kein großes Vergnügen am Jagen und Reiten. Sie wirkt abgespannt und reist nach einem Monat wieder ab. Sie besucht noch einmal die Königin in Windsor und danach ihre Schwester in Paris.

Nach kurzem Aufenthalt in Wien geht es weiter nach Budapest. Auch dort macht sie ihre Gewaltmärsche, vier Stunden im Laufschritt. Man berichtet dem Kaiser, daß es der Polizei schwer fällt, sie zu beschützen, da man nie genau weiß, wo ihre Wege hinführen und wenn, man sie kaum einholen kann. Im Juni ist sie wieder in ihrer bayrischen Heimat. Dort hat sie sich eine besondere Aufgabe gestellt, sie will von Feldafing aus nach München marschieren. Viereinhalb Stunden marschiert sie und gibt dann auf; ihre Hofdamen haben die Begleitung schon zuvor aufgegeben. In Ischl macht sie Bergtouren, und der deutsche Kaiser, der sie dort aufsucht, meint:

„Leider kann ich Eure Majestät wegen zu vorgeschrittener Jugend auf solchen Touren nicht mehr begleiten."

Am Abend führt man den alten Herrn ins Theater und zwar in ein Stück, in dem am Wiener Burgtheater eine gewisse Katharina Schratt einen großen Erfolg hat. Man weiß nur nicht, daß in dem ‚Versprechen hinter dem Herd' ein Preuße lächerlich gemacht wird.

122

Im September will der Kaiser nach Triest und Dalmatien reisen. Im südlichen Dalmatien wurde erst kürzlich ein Aufstand niedergeworfen, und in Triest hetzt die reichsitalienische Partei die Bevölkerung auf. Man befürchtet ein Attentat auf den Kaiser, und er will allein reisen. Elisabeth besteht darauf, ihn zu begleiten. Der Geheimdienst weiß von der Tätigkeit zweier Verschworener, die dem Kaiser auf seiner Reise auflauern wollen. Einen der mutmaßlichen Attentäter konnte man schon festnehmen.

Elisabeth läuft mit Marie Festetics von Miramar im strömenden Regen nach Triest und zurück. Bei einem stürmischen Unwetter findet ein Ball auf einem Dampfer im Triester Hafen statt.

Von Wien aus macht die Kaiserin Gewalttouren in den Wienerwald. Der Hofarzt schreibt eine der Hofdamen für die Begleitung untauglich. Elisabeth sucht sich wieder eine Ungarin als Ersatz aus, Sárolta von Majláth.

Für die Saison 1883 hat sich die Kaiserin Baden-Baden zum Terrain ihrer Läufe erwählt. Sie nimmt außerdem Pferde mit.

Die anderen Majestäten weiß sie sich vom Leibe zu halten. Prinz Alexander von Hessen versucht wochenlang vergeblich eine Audienz zu erhalten. Als er sie endlich sehen darf, findet er sie als ein Ergebnis ‚ihrer Schönheitsdiät und übermäßigen körperlichen Trainings' sehr schlank.

Sie reist wieder nach Bayern und schafft diesmal den Weg von München nach Feldafing in sieben Stunden auf schattenloser Landstraße. König Ludwig ist noch eigenartiger geworden, und seit dem plötzlichen Tod seines Freundes Richard Wagner kapselt er sich noch mehr von der Umwelt ab.

Im Juli setzt sie in Ischl ihre Gewaltmärsche fort. Da ihre Touren jetzt schon bis zu acht Stunden dauern, nimmt sie Personal mit Tragsesseln mit, damit man die Hofdamen tragen kann, sobald eine zusammenbricht. Die Kaiserin wird immer schlanker. Sie stellt die Märsche ein und reitet nur noch. Als ihr Pferd einmal in ein Loch im Holz eines Steiges tritt, wäre sie beinah in einen Wildbach gestürzt. Ein Waldarbeiter rettet Reiterin und Pferd.

Am 2. September 1883 bringt die Frau des Thronfolgers eine Tochter zur Welt. Sophie weint, weil es nur ein Mädchen ist. Die kleine Valerie schreibt entschuldigend in ihr Tagebuch: „Sogar Mama fand es nicht grauslich."

Im April 1884 kurt die Kaiserin auf ihre Weise in Wiesbaden. Wieder Gewaltmärsche, einen Ritt nach Frankfurt und zurück, der einen ganzen Tag dauert. Ihre Ischiasschmerzen in den Füßen werden immer stärker. So fährt sie ganz plötzlich nach Amsterdam zu einem bekannten Facharzt. Dieser behält sie zu einer Kur, und sie bleibt, weil der Arzt ihr das Gehen, Reiten und Fechten erlaubt. So läuft sie stundenlang bei Sturm am Strand entlang, jedoch bringt die Kur keine Linderung. Im August sucht der alte Kaiser Wilhelm wieder Ischl und das Kaiserpaar auf. Er fragt Valerie, ob die Frau Mama noch immer ihre ‚Jewalttouren' mache.

Im September fährt Elisabeth nach Maria Zell und spendet der Wallfahrtskirche reiche Gaben. Sie hofft, daß dadurch ihr Ischias heilt.

Im Januar 1885 beginnt wieder die Zeit der Hofbälle, zuerst in Budapest, danach in Wien. Elisabeth muß sich von diesen Strapazen in Miramar erholen. Sie studiert dort Schriften ihres Lieblingsdichters Heine und die Ilias von Homer.

Im Sommer läßt sie sich wieder in Amsterdam behandeln. Diesmal haben die Massagen des Arztes größeren Erfolg, weil sie ihre Gewalttouren einschränkt. Sie beschäftigt sich mit der Dichtkunst und schreibt eigene Verse in ihr Notizbuch. Vor der Abreise nach Heidelberg dichtet sie über den Nordseestrand:

„Wenn morgen überm Dünenland
Der Sonne Strahl dich streift,
Bin ich mit raschem Flügelschlag
Schon weit von hier geschweift.

124

Umkreisen wird dich wie zuvor
Der Möwen weiße Schar,
Daß unter ihnen eine fehlt,
Wirst du es wohl gewahr?"

In Heidelberg trifft die Mutter auf Valerie. Ein Fechtlehrer und
Pferde dienen der Sportbetätigung der Majestät. Vom Neckar-
strand aus will Elisabeth die in der Schweiz gelegene Habsburg
aufsuchen. Aber der Bundesrat trotzt den Habsburgern, er sieht es
nicht gerne, daß die Kaiserin den Stammsitz ihrer ehemaligen Un-
terdrücker besichtigen will!

In Feldafing liest sie von den sensationellen Ausgrabungen Heinrich Schliemanns in Troja, und sie will unbedingt an diesen Ort
fahren.

„Mein Körper ist noch hier, doch flog meine Seele schon ihm voraus nach Troja; wenn ich nur dorthin gehen könnte."

Bei einer Zusammenkunft des Kaisers mit dem Zaren in Kremsier,
es handelt sich um die Balkanfrage, trägt das Ischler Theater, verstärkt durch Mitglieder der ‚Burg', zur Unterhaltung der Majestäten bei. Nach einer Vorstellung wird dem Kaiserpaar die Burgschauspielerin Katharina Schratt vorgestellt.

Elisabeth unternimmt im September 1885 eine Fahrt in die Ägäis
mit der kaiserlichen Yacht ‚Miramar' über Lissa, vorbei an Korfu
führt der Weg nach den Dardanellen. Sie sucht Troja auf und besingt die Stätte:

„Es steht ein einsamer Hügel
Nicht weit vom großen Meer,
Die Luft weht trauernd darüber
Aus Trojas Mauern her . . ."

Wegen der angespannten politischen Lage soll Elisabeth nicht die
Hauptstadt des osmanischen Reiches besuchen. Weil das Schiff
Kohlen laden muß, legt man in Smyrna an. Die Kaiserin durch-
streift die Stadt. Die Fahrt geht weiter über Rhodos und Zypern

nach Port Said. Dort hat sie plötzlich das Reisen satt. Am 1. November läuft die Yacht wieder im Hafen des Schlosses Miramar ein. Die Fußschmerzen nehmen wieder zu, und sie will wieder nach Amsterdam fahren. Der Hofarzt bestätigt dem Kaiser, daß seine Gattin wieder Kuren nötig habe!

Der Kaiser ist der gewissenhafte Schreibtischbeamte geworden, wie ihn die Geschichtsschreibung der Nachwelt überliefern wird. Von frühmorgens bis abends acht Uhr erledigt er die einlaufenden Akten mit größter Sorgfalt. Einer seiner Mitarbeiter, der General Conrad von Hötzendorf, sagt über den Kaiser:

„In des Kaisers Gehirn sähe es ähnlich aus wie in einem peinlich genau geführten Geschäft eines Gewürzhändlers. Jedes Kraut hat seine eigene Lade, und jede Lade ist von einem eigens hiefür bestimmten Kommis zu öffnen. Hier Ingwer, hier Pfeffer! Wehe, wenn sich einer in der Lade vergreift. Dort habe er nichts zu suchen; sofort wird ihm auf die Finger geklopft, wenn er sich untersteht, eine andere als seine Lade zu öffnen."

Leider fehlt dem Kaiser die wichtige direkte Fühlungsnahme mit seinen Untertanen. Sein Umgang beschränkt sich leider auf die an die hundert Familien des Hochadels. Die Abneigung der Kaiserin gegen jegliche repräsentativen Veranstaltungen und ihre fast ständige Abwesenheit verstärken noch seine Abgeschlossenheit und Zurückgezogenheit. Nicht einmal der ‚niedere Adel‘ und die Mitglieder der sogenannten ‚zweiten Gesellschaft‘, Männer der Kunst, Wissenschaft und Wirtschaft finden Zutritt zum Hof.

Sein langes Leben wird schließlich verhindern, daß jüngere, tatkräftigere und zielkräftigere Personen den Versuch unternehmen könnten, die wacklige Monarchie zu erhalten. Seine Politik ist für die Donaumonarchie keine schöpferische, neuernde, sondern eine erhaltende.

Beim Hofball im Januar 1886 bemüht sich Erzherzog Franz Salvator um die 18-jährige Valerie! Franz Joseph paßt dies nicht in seine Politik. Er möchte kein Mitglied der toskanischen Linie des Kai-

126

serhauses zum Schwiegersohn, sondern wünscht den Sohn seines Freundes Albert von Sachsen zum Gemahl seiner Tochter. Zu Elisabeths Fußschmerzen kommt jetzt noch Kopfweh hinzu. Sie macht eine kleine Seereise an die Adria. Dort erhält sie die Nachricht einer schweren Erkrankung des Thronfolgers und kehrt nach Wien zurück. Im Frühjahr 1886 macht sie mit Valerie ihre Frühjahrskur wieder in Baden-Baden. Sie kann nicht reiten, nur wenig wandern, so setzt sie sich in den Wald und liest Reiseschilderungen ihres Lieblingsdichters Heinrich Heine. Anfang Juni reist sie nach Feldafing. Vom König hört man nichts, er hat sich in seine Märchenschlösser in den Bergen zurückgezogen. Nicht einmal seine Minister können ihn erreichen. Auch von Rudolfs Erkrankung hört man nichts Gutes. Die Erbveranlagung des Hauses Wittelsbach macht sich bemerkbar. Er wird immer launenhafter und nervöser. Das Zusammenleben mit der ungeliebten, eifersüchtigen Gattin wird ihm zur Qual. Er übertreibt seine Jagdleidenschaft; allein im Jahre 1885 verbrachte er über zweihundert Tage auf der Pirsch. Unterdessen läßt der Kaiser im Lainzer Tiergarten ein Schloß errichten. Elisabeth mag Schönbrunn nicht, und die Burg in der Stadt haßt sie. So entsteht ein Bau im geschmacklosen Pseudostil der Zeit. Markart hat noch vor seinem Tode das Schlafzimmer der Kaiserin entworfen. Stallungen und eine Reitschule dürfen nicht fehlen, man kann es nicht wissen, daß Elisabeth das Reiten völlig aufgeben wird. Die Auflösung der Reitställe in Ischl und Gödöllö wird eingeleitet. In München besiegelt sich das Schicksal des Bayernkönigs. Am 8. Mai 1886 will das Ministerium den König zur Abdankung zwingen. Am 10. Mai erfolgt die Veröffentlichung der Übernahme der Regierungsgeschäfte durch den Prinzregenten Luitpold und die offizielle Bekanntmachung der geistigen Erkrankung des Königs. Seine Verschwendungssucht hat bisher zu einem Schuldenberg von zehn Millionen Mark geführt. Er verlangt laufend Geld, das man ihm nicht bringen kann. Es erscheint eine Abordnung in Neuschwanstein, die von Bediensteten und zu ihm stehendem Militär aus dem Schloß getrieben wird. Am nächsten Tag erscheint eine durch Polizei, Soldaten, Krankenwärter und zwei Ärzten verstärkte Abordnung, der es gelingt, in das Schloß einzudringen und den König nach Schloß Berg am Starnberger See umzuquartieren. Ihm wird eröffnet, daß der leitende Arzt, Dr. Gudden, auf Befehl die Zwangsjacke anwendet. Elisabeth hält sich gerade in Garatshausen bei ihrer Mutter auf. Am 13. Juni findet man die Leichen des Königs und Dr. Guddens im See. Die Kaiserin nimmt die Nachricht mit Erschütterung auf. „Der König war kein Narr, nur ein in Ideenwelten lebender Sonderling. Man hätte ihn mit mehr Schonung behandeln können und dadurch vielleicht ein so schreckliches Ende verhütet.''

Valerie trifft ihre Mutter beim Abendgebet an, plötzlich wirft die sich auf den Boden und sagt:

„Ich wollte nur in Reue und Demut Gott für meine rebellischen Gedanken um Verzeihung bitten. Ich habe mir meinen Verstand wund gedacht über die unergründlichen Ratschlüsse Gottes, über Zeit, Ewigkeit und Vergeltung im Jenseits, und, müde vom fruchtlosen und sündigen Grübeln, will ich nun, sooft mir Zweifel kommen, in Demut sagen: ,Jehova, Du bist groß! Du bist der Gott der Rache, Du bist der Gott der Gnade, Du bist der Gott der Weisheit!''

Die bayerische Landschaft liegt im Grau einer Regenzone. Sturm peitscht die Wellen des Starnberger Sees, Elisabeth denkt an die alte Prophezeiung des Fluches über dem Hause Wittelsbach. Sie sendet einen Kranz und einen Blumenstrauß für den toten König und gibt den Auftrag, einen Jasminzweig auf seine Brust zu legen. Den Toten besucht sie nicht.

Rudolf vertritt den Kaiser bei den Trauerfeierlichkeiten. Elisabeth läßt in der Kirche zu Feldafing ein Requiem lesen und legt in München in der Gruft des Königs einen Kranz nieder.

Elisabeth verläßt ihre Heimat und notiert in ihrem Notizbuch:

128

,,Leb wohl, mein See!
In deinen Schoß
Werf' ich die Heimat heute
Und ziehe rast- und heimatlos
Aufs neue in die Weite.''
Als man die Tagebuchaufzeichnungen des Königs findet, ist Elisabeth die einzige lebende Frau, die er flüchtig erwähnt.
,, . . . Fahrt auf dem See im Mondenglanz am 3. dem Namensfeste d. Kaiserin hinab, rasche Fahrt, . . . später nach dem Schachen, Vorber. zum großen orientalischen Zimmer gesehen, erlöst den Sept. oder Okt. ?!!! Stark ist der Zauber des Begehrenden, stärker der des Entsagenden . . .''

Elisabeths Todesgedanken, Religiosität und Heine-Verehrung

Von Feldafing fährt die Kaiserin nach Gastein. Der Arzt erkennt ihren angespannten Nervenzustand und rät ihr von Bädern für ihre Füße ab.

So geht es im Wagen nach Ischl weiter. Elisabeth läuft meist nebenher. Im Wagen sitzen Valerie und der Graf Latour, der ehemalige Erzieher des Thronfolgers.

Er schwätzt so dumm daher, daß Valerie ihrem Tagebuch anvertraut:

„Seine Dummheit ist mir ein Trost, denn ich glaube, sie allein ist schuld daran, daß Rudolf so ist, wie er ist, und nicht so, wie er sein könnte . . .‟

So gelangen sie nach Ischl, das der Thronfolger ein ‚schreckliches Nest‘ nennt, das Elisabeth dagegen schon zu sehr überlaufen ist.

Im Juli fährt sie wieder nach Maria Zell, läßt dort für den Bayernkönig eine Totenmesse lesen und beichtet und kommuniziert.

In Gastein treffen die Kaiserin und Valerie mit dem greisen deutschen Kaiser und Bismarck zusammen.

Valerie findet den alten Reichskanzler ‚leider‘ sympathisch und meint richtig, ‚sie stehe vor dem gescheitesten Mann der Zeit‘.

Ende August trifft die erzherzogliche Familie der Linie Toskana mit Franz Salvator in Ischl ein. Franz Joseph denkt noch immer an eine sächsische Heirat. Er meint ganz richtig:

„Valerie wird doch nicht wieder in die Familie heiraten. Wo kommen wir denn endlich hin? Im Winter wird der Sachse nach Wien kommen, das wäre halt gut und zweckmäßig in jeder Beziehung.‟

130

Die Kaiserin
Nach einem Gemälde von Georg Raab, 1867

Im Oktober führt die Reise wieder nach Gödöllö. Elisabeth führt dort zum ersten Mal ein Leben ohne Pferde und Jagd. Sie steht dafür sehr früh auf und betreibt sehr lange Gymnastik.

Sie baut weiter ihren Heine-Kult aus, läßt an jeden ihrer Aufenthaltsorte Gemälde oder Büsten des Dichters bringen, besucht einen Neffen des Dichters und beginnt einen Schriftwechsel mit der greisen Schwester, die in Hamburg lebt.

Seit dem Tod Ludwigs wird sie den Gedanken nicht los, auch sie könne einmal dem Wahnsinn verfallen, die Blutsverwandtschaft macht ihr Sorgen. Die Gespräche, die sie in dieser Zeit über Tod und Schicksal führt, sind unheimlich. Die noch nicht Fünfzigjährige macht sich mit dem Tod vertraut. Einmal sagt sie: ,,Der Gedanke an den Tod reinigt die Seele wie der Gärtner das Beet, der das Unkraut jätet. Man muß mit ihm allein sein.''

Ihr Gesicht ist zwar blaß, müde und traurig, doch glatt und rein, noch ohne jegliche Runzeln und ihre Figur hat die Schlankheit der Jugend bewahrt. Trotzdem verbirgt sie sich hinter Fächer oder Schirm und sagt: ,,Ich halte den Fächer oder den Schirm vor mein Gesicht, damit der Tod ungestört arbeiten kann.''

Zusätzlich befaßt sie sich wieder mehr mit Irrenanstalten und besucht die Landesirrenanstalt zu Bründlfeld.

Rudolf wirkt selbst am Weihnachtsabend ganz verändert und kalt, ja höhnisch, wie Valerie am Heiligabend 1886 in ihr Tagebuch einträgt. Er versteht sich nur mit dem Erzherzog Johann Salvator etwas besser, der auch eine ziemlich negative Lebensanschauung an den Tag legt.

Im März 1887 überreicht Katharina Schratt der Kaiserin im Park von Schönbrunn einen Veilchenstrauß. Am selben Abend besucht sie der Schauspielerin zuliebe den ersten Akt des Stückes ,Hüttenbesitzer'. Elisabeth mag sonst keine modernen oder gar heiteren Stücke, während das Lieblingsstück des Kaisers ,Der Veilchenfresser' ist und er darin die Schratt besonders gerne sieht.

132

Elisabeth fährt in den Süden Ungarns nach Herkulesbad. Sie marschiert mit ihrer ungarischen Hofdame durch die Wälder bis an die rumänische Grenze und läßt sich auf einer Waldlichtung Schafsmilch kredenzen.

Sie besingt die Natur in einem ungarisch geschriebenen Gedicht:
„Alles ist wandelbar in dieser Welt,
Und ein leerer Schall ist nur die Treue.
Ewig treu, herrlich erhaben
Bist nur du allein, gewalt'ge Natur! . . ."
Den Drang zum Dichten hat Elisabeth wohl vom bayerischen Ludwig I., der auch an vielen Aufenthaltsorten die Natur besang. So das stille Bad Brückenau inmitten seiner Buchenwälder und das Felsenlabyrinth der ‚Riesenburg' in der Fränkischen Alb.

Hier ließ er in einen Fels folgende Worte schlagen:
„Folgend dem Windzug, kommen die Wolken und weichen,
Unveränderlich aber stehet der Fels in der Zeit."

Die rumänische Königin Carmen Sylva besucht sie und diskutiert mit ihr über Heinrich Heine.

Am gleichen Abend erscheint an ihrem Bette der Dichter ‚persönlich'. Elisabeth schildert dies folgendermaßen:

„Der Kampf dauerte einige Sekunden, aber Jehova gestattete der Seele nicht, den Körper zu verlassen. Die Erscheinung verschwand und ließ mir trotz der Enttäuschung des Weiterlebens eine beglückende Befestigung im zuweilen schwankenden Glauben, eine größere Liebe zu Jehova und die Überzeugung zurück, daß der Umgang von Heines Seele und der meinen von ihm gestattet sei."

Am nächsten Tag marschieren die beiden Damen durch die Wälder und erörtern den Gedanken, hier ein Schloß zu erbauen. Man interessiert sich sehr füreinander, und die rumänische Königin notiert über Elisabeth:

„Da wollten die Menschen ein Feenkind einspannen in die Qual der Etikette und der steifen, toten Formen, aber Feenkind läßt sich nicht einsperren, bändigen und knechten. Feenkind hat heimliche

133

Flügel, die es immer ausbreitet, und fliegt davon, wenn es die Welt unerträglich findet.''

Sie hält sich noch eine Zeit in Herkulesbad auf und erfreut sich an der wilden Umgebung des Ortes. Nur die vielen Schlangen, giftige und harmlose, sind ihr unheimlich. Sie läßt zwei von den ungiftigen fangen und nach der Menagerie in Schönbrunn schicken und die andere an Ida Ferenczy, die nach dem Öffnen der käfigartigen Kiste zurückprallt, als sie den lebendigen Inhalt bemerkt. Nach der Kur besucht die Kaiserin die rumänische Königin in Sinaia. Diese hält jedes Fest, jeden Empfang von ihr fern.

Carmen Sylva ist in ihrem Denken ihrer Zeit weit voraus, besonders wenn man bedenkt, daß sie auch nur in immer denselben Kreisen der Etikette und anderer Zwänge lebt. Sie verteidigt das Wesen der Kaiserin und bringt nach ihrem Besuch folgende Worte zu Papier:

,,Man ist geneigt, einen Menschen der Pflichtvergessenheit anzuklagen, sobald er nicht im Rade, in der Tretmühle, in der alten Wasserpumpe laufen will, welche die Sitte für diese Kaste oder jene Kategorie von Menschen erdacht. Nun hat einer einmal den Mut, anders zu sein, zu denken und zu handeln, da wird er beinahe gesteinigt von denen, die anders nicht gehen können als in der Tretmühle. Ich sage immer: Die Mode ist für Frauen, die keinen Geschmack haben, die Etikette für Menschen, denen es an Erziehung fehlt, die Kirche für Leute, denen es an Religion gebricht, die Tretmühle für diejenigen, die keine Phantasie und Spannkraft haben.''

Nach Hause zurückgekehrt, erkennt die Tochter sofort einen Wandel im Gemüt der Mutter. Sie schreibt darüber:

,,Mamas Frömmigkeit ist eigen. Anders als die der anderen Menschen, weniger mitteilsam als schwärmerisch, innerlich und abstrakt wie der Totenkultus, den sie in letzter Zeit besonders mit Heine und Ludwig II. treibt.''

Elisabeth zweifelt sogar über einen längeren Fortbestand des Kaiserhauses und zitiert eine alte Prophezeiung, daß Habsburg mit ei-

134

nem Rudolf begann und mit einem Rudolf enden wird. „Der alte morsche Stamm krankt", sagt sie, und das ist sogar dem Kaiser zuviel.

Elisabeth reist wieder. Diesmal nach Hamburg, um die Schwester Heinrich Heines aufzusuchen. Von dort aus fährt sie weiter nach Cromer in Norfolk, um dort Seebäder zu nehmen.

In Kreuth in Bayern trifft sie sich auch wieder einmal auf ihren Gatten, der mit Valerie anreiste.

Sie zeigt ihrer Tochter in der Kirche die Altarinschrift, wo ihre Eltern getraut wurden. Sie lautet: ‚Vater, verzeih ihnen, denn sie wissen nicht, was sie tun.'

Bei einem Ausflug über die Achenseestraße zum Achenpaß schwärmt sie:

„Jede schöne Gegend ist ein Poem Jehovas und seine Gedichte sind unerschöpflich an Schönheit, Mannigfaltigkeit und Zahl."

Man fährt nach Ischl weiter, wo anläßlich des Geburtstages des Kaisers ein Familiendiner stattfindet. Ein nicht gerne gesehener Gast ist Erzherzog Ludwig Salvator, der sich vom Hause gelöst hat und seinen Sitz auf den Balearischen Inseln hat. Er ist unverheiratet und trägt immer denselben Uniformrock.

Elisabeth verreist schon wieder, diesmal nach Korfu.

Schon im Winter hatte sie Baron Nopcsa nach dort gesandt, daß er sich nach einem Grundstück für sie umsehen soll; sie will dort eine Villa erbauen und läßt sich von dem Verfasser des Buches ‚Odysseeische Landschaften', Alexander von Warsberg, die Insel mit den Augen eines Dichters zeigen.

Elisabeth rechtfertigt den Bau einer Villa mit den Worten:

„Korfu ist ein idealer Aufenthalt, Klima, Spaziergänge im endlosen Olivenschatten, gute Fahrwege und die herrliche Meeresluft, dazu den prachtvollen Mondenschein."

Der Kaiser hat es weniger schön, er schreibt ihr von Wien:

„ . . . Ich habe von Ischl einen ziemlichen Schnupfen mitgebracht, sonst geht es mir ganz gut . . . Gestern hatte ich über 200 Audien-

135

zen und auch sonst ziemlich zu thun, so daß ich nicht aus dem Zimmer kam. Ich speiste um sechs Uhr und ging bald ins Bett . . .''

,,Sehr glücklich war ich, durch Dein vorgestriges Telegramm noch Abends Deine Ankunft in Corfu bei schönem, warmem Wetter zu erfahren und ich danke Dir innigst für die Benachrichtigung. Hoffentlich thut Dir die warme Luft gut und Du kommst uns bald ganz wohl zurück . . .''

Warsberg macht mit der Kaiserin unterdessen eine Reise auf den Spuren der Odyssee. Auf Ithaka pflückt sie am 30. Oktober einen Korb voll Blumen und sendet ihn in die Heimat.

Der Kaiser schreibt:

,,Vorgestern erhielt ich Dein Telegramm aus Corfu mit der Nachricht Deiner Ankunft und gestern abend hier Deinen lieben Brief vom 30. aus Ithaka . . .

Es freut mich, daß Dir Ithaka so gefällt. Daß es nervenberuhigend und still ist, will ich glauben, aber daß es schöner wie Hallstadt sein soll, scheint mir unmöglich, besonders bei der mangelhaften südlichen Vegetation . . .''

Der Kaiser berichtet jetzt auch öfters über die Schratt, die er in seinen Briefen nie mit dem Namen nennt, sondern nur von ,,Sie' oder ,Die Freundin' schreibt:

,, . . . Sie hatte den Tag vorher bei einer Wohlthätigkeits-Vorstellung, Mittags im Opernhause in einem neuen Stücke in österreichischer Mundart von Anzengruber, in welchem sie eine tragische Rolle gab, einen großen Triumph gefeiert, so daß die Zeitungen sie besonders loben . . .''

Die Offiziere der Yacht ,Greif', die schon ziemlich alt ist, sehen Elisabeths Reise nach Griechenland mit weniger großem Vergnügen zu. Sie wollte erst vierzehn Tage unterwegs sein, jetzt will sie erst am 19. November, ihrem Namenstag, nach Hause zurückkehren.

Die Odysee nimmt teilweise komische Formen an.

So picknickt sie mit dem Dichter an der Stelle, wo angeblich der Palast des Odysseus gestanden haben könnte. Am 4. November kehrt man doch nach Korfu zurück.

136

Der Kaiser schreibt am 16. November 1887 an sie:

„ . . . Meinen, Gott lob und unberufen, letzten Brief vor unserem endlichen Wiedersehen will ich doch noch heute an Dich richten, um Dir Nachricht von mir zu geben. Ich war sehr geängstigt durch das gestrige Telegramm aus Corfu, daß Du mit Südsturm von dort abgereist bist . . .“

Pünktlich zu ihrem Namenstag ist die Kaiserin wieder zu Hause. Am 24. Dezember wird Elisabeth 50 Jahre alt. Hat sie sich ihrem Gatten zwar nicht vollkommen entfremdet, gehen doch ihre Interessen, ja ihre Lebensziele immer weiter auseinander. In der Beziehung zu Katharina Schratt hat der Kaiser nun einen ruhigen Pol gefunden.

Elisabeth hatte sehr schnell begriffen, daß diese unkomplizierte Frau das Herz auf dem richtigen Fleck hat und weit aus besser als sie zu Franz Joseph paßt. So führt sie die beiden zusammen und begünstigt die Freundschaft auch noch, befindet er sich doch in einem Alter, wo auch ein Kaiser das Bedürfnis nach gelegentlichem Ausruhen, nach einem behaglichen Heim und nach Ablenkung von den Berufssorgen verspürt. All dies erfüllt die Schratt in idealer Weise. Die echte Wienerin versteht mit Anmut und Humor über tausend Nichtigkeiten des Lebens zu plaudern. In ihrem Heim herrscht die warme Atmosphäre gemütlicher Bürgerlichkeit vor. Täglich kommt er nun zu ihr zum Tee und macht mit ihr Spaziergänge im Park von Schönbrunn. Ihre Villa befindet sich in nächster Nähe des Schlosses, und bald erwirbt der Kaiser für sie ein Haus in Ischl, ‚Felicitas‘, daß sie ihm auch während seiner Sommeraufenthalte nahe sein kann, wo doch Elisabeth immer auf Reisen ist. Ihr Gatte, ein Baron von Kiß, hält sich diskret im Hintergrund. Auch auf seinen Reisen unterläßt es der Kaiser nie, an seine Freundin zu denken. Zuweilen schreibt er ein gleichzeitiges Konzept an seine Gattin und an die Schratt, wobei das an die Freundin meist etwas herzlicher ausfällt.

Elisabeth hat ein schlechtes Gewissen, war sie doch schließlich das ganze Jahr 1887 von zu Hause weg.

So unterstützt sie die Bekanntschaft und läßt von einem bekannten Maler ein Porträt der Künstlerin anfertigen. Dieser Maler ist Heinrich von Angeli, der an fast allen Höfen Europas malt. Er malte bereits ein erschütterndes Bild des alten Grillparzer', der von sich selbst sagte:
,,Hier sitz' ich unter Faszikeln dicht,
Ihr glaubt, verdrossen und einsam
Und doch vielleicht, das glaubt ihr nicht,
Mit den ewigen Göttern gemeinsam.''
Er malte die Queen Victoria in ihrer ganzen Leibesfülle. Er zeichnete erst einmal 800 Akte, um der Porträtist Angeli zu werden. Trotzdem waren ihm die Frauen egal, so stieß die Kaiserin zu ihm und sie, die sich recht ungern malen ließ, wollte ein Pendant zu dem berühmten Bildnis ihres Gatten haben. Das Bildnis wurde nie in Auftrag gegeben, aber das von der Schratt schenkte sie dem Kaiser als besondere Geburtstagsüberraschung.

Die Freundschaft des Kaisers mit einer Schauspielerin gibt zwar Anlaß zu einem nicht endenwollenden Tratsch, aber überrascht oder gar entsetzt sind die Wiener darüber nicht. Sie lieben die Beziehungen der Aristokratie zu der Welt der Künstler.

Sie denken zurück an die Zeit der Serienaufführung von Millöckers ,Bettelstudent', als die Gattin des Statthalters von Galizien, Graf Potocki, mit ihren zwei hübschen Töchtern in der Loge saß und für das Publikum die Bühnenhandlung in die Wirklichkeit des Zuschauerraumes trägt. Rudolf beginnt eine ernsthaftere Liebesgeschichte mit der jüngeren Tochter Rosa, ehe er unter das eheliche Joch der belgischen Prinzessin gerät. Da blieb der Adel wenigstens noch unter sich. Aber der männliche Teil des Wiener Adels ist ganz scharf auf Ballettratten und Soubretten. Da taucht Ilka Palmay auf, die während eines Gastspiels des königlichen Theaters Budapest auf ungarisch in Wien singt. Sie erscheint später wieder in Ischl, mit einem ihrer adeligen Liebhaber, sie selbst entstammt übrigens aus kleinem mittellosen Landadel und bezaubert den Hofintendanten Baron Hofmann und den Theaterhabitué Baron Springer.

Sie lernt die deutsche Sprache und wird zum Liebling der Herren. Sie ist laufend halb verlobt mit irgend einem Adeligen, und auch der Kaiser zählt zu ihren Verehrern.

Ein Baron Orczy händigt ihr eine Schuldverschreibung von 300 000 Gulden aus, die er ihr nach dem Tod seiner Mutter auszahlen will!

In der Operette ‚Heißes Blut' tritt sie in prall sitzender Husarenuniform auf und tanzt auf dem Tisch Czardas. Graf Kinsky sendet ihr nach der Premiere einen Berg weißer Nelken und läßt sich von dem Publikumsliebling Alexander Girardi in ihrer Garderobe vorstellen.

Graf Cziraky stellte ihr auch nach und zusätzlich hatte sie noch einen Verehrer aus dem Kaiserhaus, Erzherzog Otto, den Neffen Franz Josephs. Graf Kinsky macht ihr schließlich einen Heiratsantrag, den sie mit der Bedingung annimmt, beim Theater bleiben zu dürfen.

Die amerikanische Bierbrauertochter Clara Ward wurde von dem belgischen Prinzen Chimay de Caraman geehelicht, verließ ihn und zwei Kinder, um mit dem Zigeunerprimas Rigo Jancsi in den Hafen der Ehe zu fahren. Als sie der Presse mitteilt, daß sie ihren erstgeborenen Sohn nach dem Kaiser Franz Joseph nennen wird, weil die ungarischen Zigeuner in seinem Reich wohnen, schneidet Kaiserin Elisabeth diese schmeichelvolle Offenbarung aus einer Pariser Zeitung und sendet sie an ihren Gatten. Dieser sagt zu Katharina Schratt:

„Zuviel Ehre für mich", denn die ‚Künstlerin' zieht mit ihrem Zigeuner durch die europäischen Varietés, um im fleischfarbenen Trikot als lebende Statue zu posieren.

Wen wundert's, daß der Schlager des Operettenkomponisten Franz von Suppé zur inoffiziellen Nationalhymne erklärt wird: ‚Das ist mein Österreich, wo ich geboren bin . . .'?

Was den bürgerlichen Damen recht ist, sich der adeligen Herren zu bedienen, sollte Johann Strauß, dem Walzerkönig, billig sein. Er bedient sich des Herzogs Ernst II. von Coburg-Gotha, der ihm im protestantischen Coburg die Heirat mit seiner dritten Frau ermöglicht. Die schönste Wiener Musik stammt also theoretisch nicht von einem Österreicher, sondern von einem Wiener mit Coburger Staatszugehörigkeit . . .

Es geht schon ein bisserl dekadent zu im alten Österreich, nur die davon betroffenen Kreise merken es nicht.

Als man im Jahre 1915 solch eine Hochadels-Tingetangelmädchen-Verbindung aus der Wirklichkeit aufgreift und auf die Operettenbühne verpflanzt, wo solche Verhältnisse eigentlich am besten hingehören, entrüstet sich der ,Adelscourier — Konservatives Intelligenzblatt für die gebildeten Stände':

,, ,Die Csárdásfürstin' nannte sich das in höchster Weise lächerliche Produkt, das die Herren Stein und Jenbach sich zu schreiben erfrechten, und zu dem der sonst rühmlichst bekannte Komponist Kálmán sich nicht entblödete, einige Takte der Musik zu entwerfen. Angeblich sollen auf der Bühne Offiziere der k.u.k. Armee und Herren des Adels dargestellt werden, und es erregt höchste Pein, diese Verunglimpfung der bedeutendsten und höchsten Schicht unserer Monarchie ertragen zu müssen. Ein umsichtiger Mensch kann darüber nur den Kopf schütteln. Wie sollte es denn geschehen, daß ein Vertreter unseres Adels oder des Offizierskorps sich an eine vom Varieté oder vom Theater verlieren könnte oder ihr womöglich von Heirat oder dergleichen sprechen sollte . . .''

Die Redaktion des ,Adelscourier' war entweder sehr schlecht informiert oder wollte keine Abonnenten verlieren. Jedenfalls über ein Thema ist in diesem Blatt nichts zu finden, über Franz Joseph — Kathi Schratt. Es regt auch niemand besonders auf, nicht einmal den Ehemann der Burgschauspielerin. Die Wiener, besonders die Wienerinnen, sehen dieses freundliche Verhältnis gerne, denn in dieser Frau erkennen sich alle Wienerinnen wieder und Her-

140

mann Bahr, ein poetischer Sänger der verklingenden k.u.k.-Herrlichkeit besingt die Kathi mit den folgenden Worten:
,,Gleich wenn sie kommt, ist das Ohr betört, so freundlich klingt uns diese helle und rasche Stimme an, in der alle kleinen Teufel der Wiener Laune lauern . . . aber jetzt schlägt sie die Augen auf — Augen einer Melusine, die sich nach dem tiefen Wasser sehnt, verträumt, unirdisch, entrückt, zu denen nun der fröhliche gesprächige Mund eigentlich gar nicht paßt, um den es sehr weltlich, sehr irdisch, hausfraulich verständig blitzt. Dem Wiener wird warm . . . er ist kein Troubadour, sein Ideal muß am häuslichen Herd stehen . . . diese ideale Wiener Frau, Melusine mit dem Kochlöffel, der schon in der schnaderhüpfelnden Stimme, ja sogar schon in ihrem behaglichen kampfbereiten Gang droht, das ist die Schratt . . .''
Die Ausstrahlung der Frau ist so stark, daß sie auch im Leben ihre Umgebung verändert. Sie macht aus dem langweiligen Landaufenthalten des Kaisers in Ischl, die sich in jedem Sommer wiederholen, wahre Orgien der Geselligkeit und des ,Plauschens', diese eigene Wiener Art des unbefangenen Plauderns. So besucht sie nicht nur der Kaiser in ihrer Villa in Ischl, sondern oft auch die Erzherzoginnen und auch Elisabeth, wenn sie wirklich einmal zu Hause ist. Nicht Elisabeth, die rastlos und melancholisch zugleich ist, kann die versteinerte Etikette des Kaiserhauses durchbrechen, nur die Schratt mit ihrem unkomplizierten Wienertum.
Und der Kaiser verlangt auch nicht allzu viel von ihr. Die Erotik scheint bei diesem Verhältnis überhaupt etwas zu kurz zu kommen, denn die Kathi muß für Seine Majestät sehr früh aufstehen; etwas zu zeitig für eine Schauspielerin. Um halb sieben Uhr muß sie schon empfangsbereit sein, denn Franz Joseph belieben um diese Zeit mit ihr das Kaiserliche Frühstück in ihrem bürgerlichen Hause einzunehmen, um danach mit ihr ein wenig zu plaudern. Dieses Verhältnis wird allen Zeitgenossen zum Rätsel, weil es zu unkompliziert ist. Der Kaiser könnte auf diese Art und Weise zu Hofe seinen Kaffee nicht einnehmen. —

Und Elisabeth reist anonym von Ort zu Ort, weil sie nur so nicht nach der Etikette des Hauses Habsburg ihre Mahlzeiten mit Handschuhen einnehmen muß . . .
Ist die Schratt in Nizza, steht auf des Kaisers Schreibtisch täglich ein frischer Strauß Parmaveilchen. Der Nizza-Expreß bringt diese Blumengrüße von der Riviera in die grauen Mauern des kaiserlichen Schlosses. Die täglichen Blumen muß Franz Joseph manchmal teuer bezahlen, denn die Schratt hat eine kleine Leidenschaft, sie ,jeut' ab und zu im nahen Monte Carlo. Aber der gegen sich sparsame Kaiser ist Frauen gegenüber großzügig in finanziellen Dingen. Kathi mietet sich am Mittelmeer stets eine luxuriöse Villa, empfängt viele Gäste und verspielt manchmal ein paar Francs zuviel. So verschwenderisch wie Elisabeth ist sie allerdings nicht, und so kann sich der Kaiser diese herzige Freundin gerade noch halten. Am Heiligabend 1887 feiert die Kaiserin in Gödöllö, fern vom Wiener Hof, ihren fünfzigsten Geburtstag. Rudolf mit Gattin zählt auch zu den Gratulanten und ihr Bruder Karl Theodor, genannt Gackel, meint:
,,Er ist wohl ohne Zweifel sehr bedeutend, doch nicht so sehr, wie er selbst glaubt. Er hat etwas zu wenig Herz. Die Umgebung Rudolfs hat seine Anlagen erstickt und ihn zu einem manchmal geradezu unsympathischen, ja unheimlichen Menschen gemacht.''
Elisabeth bleibt bis März 1888 an der Seite ihres Gatten, da sie seine Verstimmung wegen ihrer letztjährigen Dauerreisen wieder gutmachen will. Sie macht einige Bälle mit, obwohl sie die Ischiasschmerzen wieder peinigen.
Ende Februar erhält sie die Nachricht, daß der junge Prinz Ludwig von Baden an einer Lungenentzündung gestorben ist. Sie erinnert sich an ihre Kissinger Kuraufenthalte, wo sie oft mit ihm auf der Promenade zusammentraf und meint:
,,Es scheint sich der Fluch zu erfüllen, daß das badische Haus aussterben werde, weil es durch das Verbrechen an Kaspar Hauser zur Regierung gekommen ist . . .''

142

Der rätselhafte Findling, der plötzlich in Nürnberg auftauchte und 1833 in Ansbach ermordet wurde, hat also auch Elisabeth beschäftigt.

Im März 1888 reist sie nach England, ihre Tochter Valerie und Sárolta Majláth begleiten sie. Sie wohnen im Londoner Claridge-Hotel und besuchen Madame Toussauds Wachsfigurenkabinett, wo inzwischen neben dem Kaiser auch Elisabeth in Wachs aufgestellt worden ist. In Bournemouth nimmt sie Seebäder, obwohl es erst April ist.

Im Mai kehrt sie nach Wien zurück, wo man das Maria-Theresia-Denkmal enthüllt. Nach einigen Wochen Gastein hält sie sich dann in Ischl auf. Der Kaiser und die Schratt kommen, der König von Portugal und der Kronprinz folgen nach.

Sie erinnert sich an die Neigung Ludwigs II. zur Wagner-Musik und besucht die Bayreuther Festspiele. Sie ist vom ‚Parsifal‘ sehr ergriffen und trifft mit Cosima Wagner in ihrer Loge zusammen. Elisabeth beichtet ihr, daß sie nie ins Theater ginge, da man sie nur anstarren würde.

Cosima versteht sie gut und meint: „ . . . denn in unserer Zeit ist etwas so Merkwürdiges, undefinierbar Rohes über die Menschen gekommen, daß fast keiner, der feinfühlend ist, und Höheres anstrebt, unter ihnen leben kann. —"

Über Kreuth, wo sie den achtzigsten Geburtstag ihrer Mutter mitfeiert, fährt sie nach Ischl. Sie möchte schon wieder weiter, wieder nach Korfu, wo man für sie eine Villa gemietet hat.

Anfang Oktober macht sie sich auf die Reise. Der Kaiser geht auf die Jagd, trotz des ungünstigen, schon früh eingetretenen Winterwetters, und ihm ist wichtig, er weiß die Gattin im wohltuenden Klima des Südens:

„ . . . Ich bin wegen Deiner Abreise nach dem so entfernten Süden und der langen Abwesenheit recht trübe gestimmt, besonders nach unserem letzten, leider so kurzen und etwas gehetzten, aber doch recht gemütlichen und freundlichen Zusammensein. Du warst auch besonders gnädig, charmant und lieb, wofür ich nochmals

schönstens danke . . . Du denkest wohl seltener an mich. Das abscheuliche Wetter, das wir seit unserer Ankunft hier haben, trägt wohl auch zu meiner traurigen Stimmung bei. Es ist immer trüb, regnet und schneit oft, ist kalt und windig. Auf der Höhe liegt tiefer Schnee und Nebel und gestern nach der Jagd in Schwarzenbach lag sogar im Thale bei Scheiterboden Schnee. Es war wie im Winter . . . und als ich mit einigen Herrn zur Treibjagd folgte und wir zu den Ständen stiegen, hörten wir noch einige Hirsche gut melden. Während dem Triebe begann ein starker Sturm, dem ich auf dem Engelreichboden frei sitzend ganz ausgesetzt war; bald schneite es auch und wurde so kalt, daß man am Stande kaum aushalten konnte. Mein Bart und meine linke, dem Schneesturm ausgesetzte Gesichtsseite war eine Eiskruste. Ich erlegte noch zwei Thiere, schoß eines an und fehlte zwei nebst einer Gams. Im Ganzen wurden 23 Stücke gestreckt . . . Heute bin ich um vier Uhr früh auf den Sengstein geritten. Es schneite bis sechs Uhr und dann blieb es umzogen und windig, so daß auf der Pirsche nicht viel zu machen war. Ich sah nur drei schwache Hirsche, von denen ich einen auf weite Distanz fehlte, ebenso einen Gemsbock. Außerdem sah ich noch viele Gemsen und pirschte auch zum Schusse ganz unten im Bahngraben einen starken Hirsch an, den mir der Wind verdarb...
Mürzsteg, den 10. Oktober 1888, drei Uhr früh
Nochmals innigsten Dank für Dein gestriges Telegramm aus Corfu, das mir eine große Freude und besonders Beruhigung brachte, denn ich ängstigte mich sehr wegen der stürmischen See, von der ich durch Telegramm aus Lissa wußte. Wie schön muß es jetzt in dem südlichen Corfu bei günstigem Wetter sein! Hier haben wir unausgesetzt das entsetzlichste Wetter. Vorgestern, als es Tag wurde, lag die ganze Landschaft in tiefem Schnee, auch im Thale, und die Bäume beugten sich unter der Last desselben . . . Das Wetter beeinträchtigte den Trieb sehr, dennoch wurden 19 Gemsen, einige Hirsche und Thiere erlegt, darunter der an Geweihen stärkste

144

Hirsch, den ich noch hier sah. Ich schoß nur einen Gembsbock . . ."
Die bunten Blätter der Presse verfolgen gerne die exzentrischen
Reisen der Kaiserin. In England berichtete man über eine geplante
Fahrt nach Amerika und Westindien. Sie fährt aber vorerst nur
nach Missolunghi, wo der Dichter Lord Byron starb. Entsetzlicher
Sturm und Regen begleiten die Schiffsreise und Elisabeth verzich-
tet auf Byron.

Nach Korfu zurückgekehrt, studiert sie die neu- und altgriechische
Sprache, wobei sie ein Professor unterrichtet.
Gräfin Festetics schreibt an Ida Ferenczy:
,,Es drückt mich, liebe Ida, was ich hier sehe und höre. Ihre Majestät ist zwar immer lieb, wenn wir beisammen sind, und redet wie
einst. Sie ist aber nicht mehr die alte — ein Schatten liegt über ihrer
Seele. Nur diesen Ausdruck kann ich gebrauchen, da man bei einem Menschen, der aus Bequemlichkeit oder Unterhaltung alles
Schöne und edle Gefühl unterdrückt und verneint, nur sagen
kann, es sei Bitterkeit oder Zynismus! Glaube mir, blutige Tränen
weint mein Herz. Dabei macht sie Dinge, daß dem Menschen nicht
nur das Herz, sondern auch der Verstand stehenbleibt. Gestern
früh war schon schlechtes Wetter, trotzdem fuhr sie mit dem Seg-
ler hinaus. Um neun Uhr begann es schon zu gießen, und bis drei
Uhr nachmittags dauerte der furchtbare, von Donner begleitete
Guß. Während der ganzen Zeit segelte sie um uns herum, saß am
Deck, hielt den Regenschirm über sich und war ganz naß. Dann
stieg sie irgendwo aus, bestellte ihren Wagen und wollte in einer
fremden Villa übernachten. Du kannst Dir jetzt vorstellen, wie
weit wir sind — gottlob, der Arzt begleitet sie überallhin . . ."
Federnd, beinahe schwebend, eilt sie durch die Landschaft; man
vergleicht sie mit einer ,dahinwandelnden Siegesgöttin', andere
vergleichen sie mit einer Eisenbahn, die rasch durch die Landschaft fährt!
Am 15. Oktober erhält sie ein Telegramm von Franz Joseph:
,,Bei Papas Tod fühle ich in inniger Liebe mit Dir."

Herzog Max in Bayern, der Vater der Kaiserin

Der ebenfalls meist ruhelos durch die Welt reisende Vater ist nicht mehr.

Sie beschäftigt sich mit den Plänen zum Bau eines Hauses und macht weiter nichtendenwollende Spaziergänge. An ihre Tochter Valerie schreibt sie am 16. November:

„. . . Vorgestern ging ich zu Fuß in einem fort durch Ölwälder und am Meeresufer bis zur Villa ‚Capodistria‘, zwei Stunden weit. Sie liegt in der größten Wildnis, wie ein verzaubertes Feenschloß, aber ganz baufällig, mitten unter großen Orangen-, Mandarinen- und Zitronenbäumen, die im verwahrlosten Garten wirr durcheinandergewachsen sind . . . Bei Sternenhimmel ist es noch schöner. Gestern abend schimmerte diese Wunderwelt vor mir auf, und mein Herz kann sich gar nicht fassen vor so viel ewiger Herrlichkeit . . ."

Elisabeth muß doch wieder einmal via Wien reisen, der Kaiser kommt ihr bis nach Miramar entgegen, er tut das gern, denn so kann er den Feierlichkeiten zu seinem vierzigjährigen Dienstjubiläum entgehen. Sie verblüfft ihn dagegen mit den Plänen für den Bau einer Villa auf Korfu.

Am Weihnachtsabend und dem Geburtstag der Kaiserin überreicht ihr Rudolf einen Band Heine-Briefe und unterm Weihnachtsbaum findet Valeries Verlobung mit Erzherzog Franz Salvator statt.

Am 26. Dezember reist sie mit dem Brautpaar nach München, dort erhält sie ein Schreiben des Kaisers, datiert mit Wien, den 31. Dezember 1888, 1/2 5 Uhr früh:

„Zum Morgen beginnenden neuen Jahre wünsche ich Dir, dem lieben Brautpaare, Gisela, den Enkeln, Mama und allen von ganzem Herzen Glück; vor allem aber Dir, mein geliebter Engel. Gott beschütze und segne Dich . . . Gestern war ein trüber, finsterer Tag, und ich hatte wieder keine Zeit zum Spazierengehen. Heute regnet es bei 2° Wärme. Most Isten veled szivem magzatja. (Jetzt Gott mit Dir, Sprößling meines Herzens) Dich mit allen herzlichst umarmend und Mama die Hände küssend, Dein sich nach Dir sehnender

Kl"

Elisabeth reist nach dem Neujahrstag von München nach Wien zurück. Erneut wird das Unglück das Haus Habsburg treffen, es wird der entsetzlichste Schlag für Franz Joseph sein, der ihn je getroffen hat, und Elisabeth wird zur Dame in Schwarz, die noch gehetzter erscheint, wenn sie von Ort zu Ort reist.

Der Tod schlägt zu:
Das Drama von Mayerling,
Tod der Schwester Helene und Andrássys

Am 30. Januar 1889 verbreitet sich in Wien in Windeseile eine
Schreckensnachricht, der Kronprinz ist im Schlafzimmer seines
Jagdschlosses Mayerling einem Herzschlag erlegen.
Der einzige Sohn des Kaiserpaares ist tot.
Die Nachricht saust durch Wien, ehe der Überbringer der Hiobs-
botschaft überhaupt dort eintrifft.
Graf Hoyos, der Freund des Kronprinzen, hatte in Baden den Eil-
zug aus Triest anhalten lassen, damit er so schnell wie möglich in
der Hofburg sein kann und der Bahnhofvorstand, ein Vertrauer
des Barons Rothschild, telegrafiert die Nachricht an diesen weiter.
Der Baron informiert sofort die Börse!
Der Kaiserhof und die Polizei bleiben noch eine Zeitlang ahnungs-
los. Der Geheime Rat Hoyos ist ratlos, wie er die Nachricht dem
Kaiser überbringen soll. Weder der Generaladjutant des Kaisers,
Graf Paar, noch der Oberhofmeister der Kaiserin, Graf Nopcsa,
wollen die Nachricht überbringen. So wendet man sich schließlich
an Ida Ferenczy, die zur Kaiserin eilt. Ihr Griechischlehrer trägt ihr
gerade Homer vor. Die Hofdame meldet den Oberhofmeister, der
ihr endlich die Nachricht überbringt.
Die Ferenczy findet die Kaiserin schluchzend und in Tränen aufgelöst vor. Als man die Schritte des Kaisers draußen im Gang vernimmt, trocknet sie erst ihre Tränen ab, ehe sie den Gatten empfängt. Gebrochen verläßt er den Raum. Die Kaiserin weiß von der
Anwesenheit der Katharina Schratt und führt diese zum Kaiser.
Nur sie allein kann ihm in dieser schweren Stunde Trost spen-

den. Als nächstes Familienmitglied muß Elisabeth ihre Tochter Valerie einweihen, dann Stephanie; sie erfährt es zuletzt, daß sie Witwe ist.

Draußen im Vorzimmer sitzt in einem Korbstuhl die Baronin Vetsera. Sie hatte schon vor mehr als zehn Jahren durch die Gräfin Larisch Zugang zum Hofe erhalten, dem Kronprinzen den Hof gemacht und ihn zu sich in die Wohnung eingeladen! Um in die Kreise der Hocharistokratie eindringen zu können, schien sie alle Mittel einzusetzen, die ihr gegeben waren. Rudolf ging auf die Werbungen der schon etwas reifen Baronin nicht ein, aber bald sollte sie ihre beiden Töchter einsetzen, um in die Hofkreise zu gelangen.

Die Baronin Vetsera weiß, daß ihre Tochter Mary die Geliebte Rudolfs ist und sich bei ihm im Jagdschloß Mayerling aufhält. Sie war auf der Suche nach ihrer Tochter beim Polizeipräsidenten und beim Ministerpräsidenten, und beide hatten ihr den Weg zur Kaiserin geraten. Als ihr die Kaiserin die Nachricht beibringt, daß ihre Tochter erst den Kronprinzen und dann sich selbst vergiftet habe, fällt sie vor ihr nieder und umfängt ihre Knie.

Trotz des großen Schmerzes denkt Elisabeth zu allererst an den Ruf des Hauses Habsburg; es soll niemand erfahren, auf welche Weise ihr Sohn ums Leben gekommen ist, und sie entläßt die Baronin mit den eindringlichen Worten:

,,Und merken Sie sich, daß Rudolf am Herzschlag gestorben ist!'' Der Kaiser und die Kaiserin müssen ein Vertuschungsmanöver aushecken!

So lautet die amtliche Bekanntmachung:

,,Seine k.u.k. Hoheit der Durchlauchtigste Kronprinz Erzherzog Rudolf ist einem Schlaganfall erlegen . . .''

Diese Version war selbst dem Hofamt nicht überzeugend genug und man änderte die Meldung um, der Kronprinz sei ,,am Herzschlag plötzlich verschieden''.

Der Polizeiapparat wird in Gang gesetzt, Polizisten umstellen das Unglücksschloß, Sonderbeauftragte werden entsandt, die eventuelle Nachforschungen der Presse vereiteln sollen.

150

Die Untersuchungskommission mit dem Leibarzt des Kaisers trifft in Mayerling ein. Er ist der erste, der nach Graf Hoyos und Rudolfs Kammerdiener in das Unglückszimmer tritt. Er läßt zuerst die geschlossenen Fensterläden öffnen.

Auf dem Bett liegt die Leiche der jungen Mary Vetsera, schön noch im Tode, in den gefalteten Händen steckt eine Rose. Vornübergebeugt am Bettrand die Leiche Rudolfs in sitzender Stellung, verkrustetes Blut am Munde. Vor ihm steht ein Glas und auf dem Nachttisch ein Spiegel. Das Glas war die Ursache der Falschmeldung, daß Gift im Spiel wäre. Im Glas ist Cognac. Der Arzt legt die Leiche aufs Bett. Jetzt sieht man, daß der Schädel von einer Kugel durchbohrt ist.

Die gleichen Kopfwunden hat Mary Vetsera.

Unterdessen wartet der Kaiser auf das Protokoll der Kommission. Drunten am Burgplatz stehen die Wiener zu Tausenden, um dem Hause Habsburg ihre Anteilnahme zu zeigen.

Das Kaiserpaar und die Tochter Valerie hören um zwei Uhr nachts die Trommelwirbel der Wache, als der Leichenzug eintrifft.

Am frühen Morgen läßt der Kaiser den Leibarzt Widerhofer rufen. Der Arzt weiß nichts von dem Irrtum des Kaisers, der meint, sein Sohn wäre von der Geliebten vergiftet worden und beginnt seinen Bericht mit den Worten, die Trost bringen sollten: ,,Ich kann Eurer Majestät diese eine Versicherung geben, daß Seine kaiserliche Hoheit, der Kronprinz, nicht einen Augenblick gelitten hat. Die Kugel ist direkt in die Schläfe eingedrungen und hat den Tod augenblicklich herbeigeführt.''

Jetzt erst erfährt der Kaiser, daß sein Sohn Selbstmord verübt hat. Die im Jagdschloß aufgefundenen Briefe an die Gattin Stephanie, an die Kaiserin und an Valerie schließen die Beweiskette.

Der Kaiser bricht für kurze Zeit zusammen und weint und schluchzt. Die Furcht nagt in ihm, würde die Kirche überhaupt der Beerdigung eines Selbstmörders zustimmen? Der Kaiser setzt alle Hebel in Bewegung, Hindernisse zu beseitigen, die einer kirchlichen Bestattung im Wege stehen. Er läßt ärztlich attestieren, daß

151

die Tat in einem Zustand von Geistesverwirrung geschehen sei, und die Familie Vetsera muß einwilligen, daß die Leiche von Mary verschwindet.

Der Öffentlichkeit will der Kaiser noch immer die Wahrheit verbergen, aber die Minister drängen ihn dazu, da niemand mehr an einen natürlichen Tod glaubt.

Die ‚Wiener Zeitung' veröffentlicht am 2. Februar das ärztliche Gutachten, ,,bei der Untersuchung hätten sich pathologische Befunde ergeben, welche erfahrungsgemäß mit abnormen Geisteszuständen einherzugehen pflegen und daher zur Annahme berechtigen, daß die Tat in einem Zustand von Geistesverwirrung geschehen ist''.

Von der Familie Vetsera wird Unmenschliches verlangt:

Die Leiche der Baronesse darf nicht nach Wien gebracht werden, sondern muß auf den Friedhof von Heiligenkreuz in der Nähe von Mayerling gebracht werden und zwar nicht in einem Leichenwagen, sondern in einer Kutsche. ‚Offiziell' soll die tote Geliebte des Thronfolgers bis zu diesem Ort noch am Leben sein.

Das Obersthofmeisteramt bestimmt den Hofsekretär von Slatin zusammen mit Rudolfs Leibarzt Auchenthaler, ,,den weiblichen Leichnam wegzuschaffen''.

Zwei Verwandte der Toten, Georg Graf von Stockau und Alexander von Baltazzi haben dabei zu assistieren!

Nur die Augenzeugen selber können diese makabre Situation glaubhaft beschreiben; Freiherr von Slatin berichtet:

,,Die Nacht war stürmisch, die Hunde heulten, als wir uns dem Schloß näherten. Zwerger öffnete, vor Aufregung konnte er kaum sprechen. Unter dem Flackern einer Laterne führte uns Zwerger in das Gemach, in das der Leichnam der armen, schönen Baronesse am Vortag gelegt worden war . . .''

Der Leibarzt Auchenthaler: ,,Diese Fahrt mit der Leiche, die fortwährend auf mich fiel, bereitete mir die entsetzlichsten Stunden meines Lebens . . .''

Baron Gorup, der den Wagen an einer bestimmten Stelle erwarten sollte:

,,Zwei Stunden stand ich am Wege, gerade schlug die Turmglocke die Mitternachtsstunde, da tauchte vor mir ein Fuhrwerk auf; es war ein viersitziger Fiaker. Ich zweifelte, da hörte ich meinen Namen leise rufen. Ich trat in der Dunkelheit näher. Aber im nächsten Augenblick glaubte ich, daß mich ein Trugbild der Hölle narren wollte. Denn im Wagen saß, zwischen zwei Verwandten — den Grafen Stockau und Baltazzi — Mary Vetsera! Sie saß zwischen den beiden Herren, aufrecht, angekleidet, aber die Dame hier im Wagen war tot."

Der Hof-Telegraphist Schuldes (zufälliger Zeuge):

,,Sie schleiften im unsicheren Lichte der Handlaterne des Verwalters Zwerger die mit Pelz und Hut bekleidete Leiche, dieselbe beiderseits unter den Armen gefaßt, zum Wagen, wo sie dann neben ihr Platz nahmen."

Das amtliche Protokoll bringt den ,Fall' folgendermaßen:

,,Am 30. Jänner 1889 wurde im Gemeindegebiet Mayerling ein weiblicher Leichnam aufgefunden. Der Herr Leibarzt Dr. Franz Auchenthaler constatiert zweifellos Selbstmord mittels Schußwaffe . . ."

Nach der heimlichen Beerdigung auf dem Friedhof von Heiligenkreuz telegrafiert ein Polizeikommissär an das Wiener Polizeipräsidium:

,,Alles abgethan. Habrda."

Der k.u.k. Beamtenapparat schien es also geschafft zu haben, was man mit diesen Machenschaften überhaupt bezwecken wollte, in Mayerling hat es nie einen weiblichen Leichnam gegeben, der österreichische Thronfolger hat sich allein, ohne logischen Grund, ,in geistiger Verwirrung' erschossen.

Aber niemand glaubte es, und die Auslandspresse konnte das schreiben, was die der Donaumonarchie nicht durfte:

Der ,Berliner Börsencourier' vom 3. Februar:

153

,,In Wien ist die Baronesse ,Vecera', die Braut des bekannten Sportsmannes Henri de Baltazzi, plötzlich gestorben. Der Todesfall erregt in Aristokratenkreisen tiefe Bestürzung.''

Gleichzeitig die ,Münchner Neuesten Nachrichten': ,,Eine Freiin von Vetsera, ein junges und schönes Mädchen, hat ihrem Leben ein plötzliches Ende gemacht, und zwar an der Stelle, wo auch das Leben des Kronprinzen verglomm.''

Die Berliner ,Freisinnige Zeitung' vom 5. Februar: ,,In Wien werde jetzt der am Freitag ebenfalls in Mayerling erfolgte Selbstmord einer Freiin von Vetsera mit dem Tod des Kronprinzen Rudolf in Verbindung gebracht.''

Gut informiert sind die ausländischen Zeitungen schon, die Polizei bekommt nur nicht heraus, wer die Lieferanten der Wahrheit sind, so verlegt man die Tätigkeit auf das Beschlagnahmen der Auslandspresse, die sich mit dem Thema befaßt.

Der Pariser ,Figaro' meldet republikanisch taktlos: ,,Marie und Rudolf lagen in einem Bette!''

Immer mehr Zeitungen werden nach Österreich geschmuggelt und die Wahrheit verdichtet sich allmählich.

Man erfährt, daß die Liaison zwischen Rudolf und Mary ,nicht ohne Folgen geblieben' ist und daß der Kronprinz nicht nach dem Jagdschloß gefahren war, um dort seinem Leben ein Ende zu setzen, sondern erst dort ein schreckliches Ereignis eintrat, das ihn zu dieser entsetzlichen Tat drängte. Auch wußte man davon, daß die Polizei die zweite Kugel nicht gefunden hatte, bezweifelte also die Mordart.

Das ,Berliner Tagblatt' vom 13. Februar fragt: ,,Wo bleibt die zweite Kugel? Die Kugel für die Vetsera?''

Wer war denn überhaupt die Vetsera?

Sie war eine Schönheit, die in der riesigen Donaumetropole auffiel, attraktiv und reich dazu. Das große Geld hatte ihr Großvater mütterlicherseits in der Türkei verdient. Er war dort Finanzberater des Sultans. Marys Mutter galt als reichstes Mädchen der türkischen Hauptstadt und wurde mit dem Diplomaten slowakischer

154

Herkunft, Baron Albin Vetsera, verheiratet. Die Familie der Mutter, die Baltazzis, hatten durch ihr Geld großen Einfluß in den europäischen Hauptstädten und bei der dortigen Aristokratie. Waren die Brüder geschickte Reiter, die auf den Turfplätzen Europas zu Hause waren, war Helene Vetsera eine Meisterin der Koketterie, und ihre Amouren bildeten bald das Tagesgespräch in den Kreisen des Wiener Adels.

Kaum flügge geworden, trat die Tochter in die Fußstapfen der Mutter. Schon mit sechzehn Jahren ein reizendes Mädchen von großem sinnlichen Reiz, kokettierte sie mit ihren großen Augen, die dunkelblau und von langen schwarzen Wimpern überschattet waren.

Die Gräfin Larisch, die zu einer Art Kupplerin der Vetsera wurde, beschreibt sie in ihren Erinnerungen:

,,Kokett aus Instinkt, unbewußt unmoralisch in ihren Neigungen, fast Orientalin in ihrer Sinnlichkeit und dabei so süß und lieblich, daß jeder sie gern haben mußte. Marys Phantasien waren leider durch schlechte Bücher verdorben worden, die ihre Zofe Agnes ihr heimlich verschafft hatte, und manche ihrer Ideen über Liebe und Anbeter entsprangen unsittlichen französischen Romanen.''

Der Kronprinz, der kein Kostverächter war, brauchte bei ihr nur zuzugreifen. In der Freudenau auf dem Rennplatz kreuzten sich zum ersten Male ihre Blicke. Sie konnte nicht wissen, daß sie diesmal durch ein bisserl Kokettieren so viel Tragik auslösen würde! Für sie, wie für alle Wienerinnen, war Rudolf der Märchenprinz. Er war ein wissenschaftlich gebildeter Autor, hoher Militär, und zusätzlich flüsterte man, daß er Verhältnisse mit verschiedenen ,Weibern' habe.

Seine unglückliche Ehe mit Stephanie und die Disharmonien mit dem Kaiser umfloren ihn noch zusätzlich mit dem Schleier eines unverstandenen Prinzen.

Interesse hatte Mary eigentlich nur am Pferdesport und eine große Neigung zum Adel, weshalb sie sich auch mit dem portugiesischen Herzog von Braganza verloben ließ.

155

Mary schwärmte so von ‚ihrem Kronprinzen', daß die Mutter, die selbst bei ihm keinen Erfolg erlangen konnte, mit ihr für kurze Zeit nach England reiste.

Es nützte nichts, bald nach der Rückkehr traf sie sich mit Rudolf in der Hofburg, wo er ein ‚Junggesellenappartement' bewohnte. An eine Freundin schrieb sie: ,,Heute bekommen Sie einen glückseligen Brief, denn ich war bei ihm . . . zuerst zu ‚Adele', um uns photographieren zu lassen, für ihn natürlich, und dann gingen wir hinter das Grand Hotel, wo uns Bratfisch (Rudolfs Leibfiaker) erwartete. Wir hüllten unsere Gesichter fest in die Boas und fort ging's im sausenden Galopp — in die Burg. An einer kleinen Eisentür erwartete uns ein alter Diener, welcher uns über mehrere finstere Treppen und Zimmer führte..." Mary Vetsera war zur Geliebten des Thronfolgers des Hauses Habsburg geworden.

Seine Umgebung nannte Rudolf begabt, klug und geistreich. In den letzten Jahren seines Lebens war er nur noch ein Schatten seiner selbst. Im Jahre 1886 wurde er ‚blasenkrank', die Umschreibung des Hofes für eine Geschlechtskrankheit, der damals besonders im balkannahen Wien stark verbreiteten Gonnorhoe. Die Annahme, daß er dadurch zum Morphinisten wurde, ist nicht stichhaltig zu beweisen. In den Rezeptbüchern der k.u.k. Hofapotheke sind die Eintragungen jeder Dosis nachzuweisen.

So erhielt er am 5. Februar 1886 drei Morphiumzäpfchen und zwei Tage später wurden ihm zehn Briefchen Opiumpulver verschrieben. Am 20. Februar erhielt er vier Kokainzäpfchen und am 25. Februar 24 Kokainpillen. Der Arzt verschrieb ihm einen längeren Aufenthalt im Süden, und Rudolf fuhr mit seiner Frau auf seine Privatinsel Lacroma bei Ragusa, dem heutigen Dubrovnik. Dort erkrankte Stephanie an einer Bauchfellentzündung, wahrscheinlich war sie von ihrem Gatten gonnorhoisch angesteckt worden. Die damalige Handhabung der ‚Aufklärung' jagte geradezu die Söhne höherer Stände in die Arme solcher ‚Mädchen', die sie nicht nur in die Geheimnisse der Liebe einweihten, sondern gleichzeitig

156

deren Schattenseiten mitlieferten. Auch Rudolfs Vater war auf diese Art ‚aufgeklärt' worden und hatte als junger Ehemann die Kaiserin ebenfalls infiziert, was gewiß auch teilweise zu beider Entfremdung beitrug. Über die Gefahren der damaligen Sexualität schreibt der Wiener Stefan Zweig in seiner ‚Welt von Gestern' in dem Kapitel ‚Eros matutinus':

,, . . . Aber die eigentliche Unwahrhaftigkeit bestand in der Handhabung, daß alle diese Beschränkungen (Gewerbeschein) nur für die ärmeren Klassen galten. Eine Ballettänzerin, die für zweihundert Kronen in Wien ebenso zu jeder Stunde und für jeden Mann zu haben war wie das Straßenmädchen für zwei Kronen, brauchte selbstverständlich keinen Gewerbeschein; die großen Demimondaines wurden sogar in der Zeitung in dem Bericht über das Trabrennen oder Derby unter den prominenten Anwesenden genannt, weil sie eben schon selbst zur ‚Gesellschaft' gehörten. Ebenso standen einige der vornehmsten Vermittlerinnen, die den Hof, die Aristokratie und die reiche Bürgerschaft mit Luxusware versorgten, jenseits des Gesetzes, das sonst Kuppelei mit schweren Gefängnisstrafen belegte. Die strenge Disziplin, die mitleidlose Überwachung und die soziale Ächtung hatten nur Geltung innerhalb der Armee der Tausende und Tausende, welche mit ihrem Körper und ihrer gedemütigten Seele alte und längst überholte Moralauffassung gegen freie und natürliche Liebesformen verteidigen sollten.''
In solchen Kreisen, wo in Etablissements ‚Edeldirnen' auf reiche Freier warteten, verkehrte auch Rudolf. Wer damals auf erotische Abenteuer aus war, mußte auch mit deren Randerscheinungen rechnen: ,,Wenn man in Wien durch die Straßen ging, konnte man an jedem sechsten oder siebenten Haus die Tafel ‚Spezialarzt für Haut- und Geschlechtskrankheiten' lesen, und zu der Angst vor der Infektion kam noch das Grauen vor der widrigen und entwürdigenden Form der damaligen Kuren, von denen gleichfalls die Welt von heute nichts mehr weiß . . .''
Seine Krankheit hatte ihn nicht zu dem gemacht, was er in seinen letzten Lebensjahren war, sondern seine ganze Lebensweise, die

157

wiederum bedingt war durch die Erbmasse. Zeitweilig erfaßte ihn der Ekel über das eigene Leben, dann wieder verbrauchte er solche ungeheueren Geldsummen, daß er sich diese heimlich von Bankiers leihen mußte, weil er dem sparsamen Kaiser solche Ausgaben gar nicht hätte erklären können.

Wie unzufrieden Rudolf mit sich und der Welt ist, läßt ein Brief erkennen, den er einem Freund schrieb, als er seinen dreißigsten Geburtstag feierte:

,,Dreißig Jahre ist ein großer Abschnitt, kein eben zu erfreulicher; viel Zeit ist vorüber, mehr oder weniger nützlich zugebracht, doch leer an wahren Taten und Erfolgen. Wir leben in einer schleppenden, versumpften Zeit. Und jedes Jahr von heute an macht mich älter, weniger frisch und weniger tüchtig. Denn das ewige Sichvorbereiten und das stete Warten erstarren die Schaffenskraft. Sollten die Hoffnungen in Erfüllung gehen und die Erwartungen, die Sie auf mich setzen, dann muß bald eine große, für uns glückliche, kriegerische Zeit kommen . . .''

In den ,Politischen Briefen an einen Freund' wird er noch deutlicher:

,,Es hat eine Zeit gegeben, da die Kaiserin sich um Politik gekümmert und mit dem Kaiser über ernste Dinge gesprochen hat. Sie ließ sich dabei von Ansichten leiten, die den seinen diametral entgegengesetzt waren. Diese Zeiten sind vorüber. Der Einlaß liberal angedeuteter Meinungen ist verschlossen. Gegen mich herrscht Mißtrauen. Taafe liebt mich nicht, der Staatsrat Braun kann mich nicht ausstehen. Ich habe den Ruf, liberal zu sein, und gehe mit Menschen in wahrhaft intimem Verkehre um, die nicht beliebt, sondern gar schlecht angeschrieben sind. Der Kaiser war vor drei, vier Jahren schon bis zu einem gewissen Grade liberal und mit dem 19. Jahrhundert versöhnt. Jetzt ist er wieder wie zu den Zeiten der armen Großmama . . .''

Kein Wunder, daß Graf Taafe, der Ministerpräsident, mit dem konservativ-klerikalen Kurs der ,Großmama', der verstorbenen Kaiserin-Mutter, den Kronprinzen mit seinen liberalen Ideen nicht

158

mochte. Rudolf konnte sich richtig die Erneuerung, ja den Erhalt des Kaiserhauses ohne Liberalismus überhaupt nicht vorstellen. Er hätte den Staat reformiert, wo sich ,,Pfaffen und hohe Trotteln im Dreck ihrer eigenen Dummheiten herumwälzen''.

Es kamen noch störende Elemente bei der Abwicklung seiner militärischen Laufbahn hinzu; er vertrug sich weder mit dem Generalinspekteur der Armee noch mit dem Generalstabschef, und sogar das Kriegsministerium ,vergaß' ihn zu wichtigen Besprechungen zu laden.

Auch der preußische Botschafter und vertraute Mitarbeiter Bismarcks, Joseph Maria von Radowitz (1839 - 1912), schien es den österreichischen Militärs gleichzutun und hielt wenig von Rudolf. Schrieb er doch in seinen ,Aufzeichnungen und Erinnerungen': ,,Im April (1884) brachte der Besuch des österreichischen Kronprinzen Rudolf mit seiner Gemahlin viel Aufregung. Der Sultan (von Konstantinopel) ließ für die Unterbringung der hohen Gäste Außerordentliches leisten, ganz Jildis wurde neu aufgeputzt, es sollen 80 000 Pfund dafür ausgegeben worden sein. Das Kronprinzenpaar blieb acht Tage bei dem Sultan zu Gaste. Aber nur die Prinzessin hinterließ einen guten, sympathischen Eindruck, der Kronprinz zeichnete sich durch rücksichtloses Auftreten und geringes Interesse für alle die Orientpracht aus, die ihn umgab. Eigentlich lag ihm nur etwas an der Jagd, die ihm freilich nur in primitivem Umfange geliefert werden konnte. Allgemein war die Befriedigung über die Abreise des österreichischen Thronerben, am meisten wohl bei dem Sultan selbst.''

War sein Auftreten genauso rücksichtslos, wenn er mit seiner Geliebten Mizzi Caspar in den Heurigenlokalen saß und sein Fiaker und Vertrauter dazu Wienerlieder sang und pfiff?

Mitte Januar 1889 muß es so weit gewesen sein, Mary Vetsera mußte die Gewißheit erhalten haben, daß sie von Rudolf schwanger war, denn sie schenkte ihm ein Zigarettenetui, in dem eingraviert war: ,13. Jänner 1889. Dank dem Schicksal', und einer Freundin schrieb sie:

,,Wir haben beide den Kopf verloren. Jetzt gehören wir uns mit Leib und Seele an!''

Mit einer Auflösung der Ehe wäre wohl der Kaiser, von der Gattin selbst ganz abgesehen, nie einverstanden gewesen, und der Papst hätte seinen Segen auch nicht gegeben. Dann gab es ja auch noch den Verlobten Marys, den Herzog von Braganza, der sich bisher nur ruhig verhielt, weil er von dem hochgestellten Liebhaber seiner Verlobten politische Unterstützung für die Erlangung des portugiesischen Thrones erhoffte. Aber eine Braut mit einem unehelichen Kind konnte sich der Herzog nicht erlauben.

Am 26. Januar hatte der Kaiser seinen Sohn zu sich rufen lassen. Augenzeugen erinnerten sich, daß Rudolf verstört, geradezu verfallen aussah, als er das Audienzzimmer verließ. Der Kaiser soll gesagt haben, er sei nicht würdig, sein Nachfolger zu werden. Man hielt diese Auseinandersetzung für einen politischen Konflikt zwischen dem Kaiser und dem Kronprinzen, sprach gar von der Aufdeckung einer Verschwörung Rudolfs, die zum Sturz des Kaisers führen sollte. Es konnte jedoch genauso der Fall sein, daß der Vater von der Schwangerschaft der Geliebten seines Sohnes erfahren hatte. Meldete doch ein Agent der Wiener Polizei, der wegen der Sache Mayerling am Hofe Ermittlungen anstellte:

,,Die bereits zum 4. Monat gediehene Schwangerschaft soll am 26. v. M. zu einem fürchterlichen Auftritte zwischen Vater und Sohn geführt haben, infolgedessen letzterer erklärte, auf alles zu verzichten, eventuell sich zu erschießen. —''

Sich an seine Tante, die Gräfin Marie Larisch, zu wenden, schien Rudolf als letzten Ausweg zu halten, hatte doch unterdessen die Mutter Marys von der engen Bindung ihrer Tochter zum Kronprinzen stichhaltige Beweise in Händen:

eine Kassette ,mit allen Souvenirs dieser Liebschaft' als Inhalt. Während die Mutter mit ihrem Bruder Alexander Baltazzi über das Vorgehen gegen Rudolf beriet, floh die Tochter zu ihrer Freundin Larisch ins Grand-Hotel, wo diese ihr Domizil hatte.

160

Erzherzogin Marie Valerie mit Gräfin Larisch

Am selben Abend erhielt Rudolf einen Brief von der Gräfin, und in ihrem Appartement im Grand Hotel tauchte eine Frau Miller auf, die Hof- und Herrschaftshebamme. Mary wurde jedenfalls wieder von der Gräfin ins Elternhaus zurückgebracht und versuchte gleichzeitig, das Verhältnis als harmlos hinzustellen, obwohl man das Mädchen ‚im Bette, leichenblaß und sprachlos von einer Art Nervenanfall‘ vorfand. Am kommenden Tag inszenierte die Gräfin nochmals eine Zusammenkunft; es waren anwesend, die Gräfin Larisch, die Hebamme Miller, Rudolf und Mary!

Die Mutter sah sie ‚ausgelassen heiter‘ nach Hause kommen und ebenso sahen sie die Gäste am Abend in der Deutschen Botschaft anläßlich einer Soiree zum Geburtstag des Kaisers Wilhelm II. an der Seite Rudolfs.

Dieser fuhr nach diesem Abend nicht gleich nach Hause, sondern noch einmal zu Mizzi Caspar. Das Privatleben aller Erzherzöge wurde von Polizeiagenten beschattet, so auch das des Thronfolgers. Der Polizeibericht lautete:

,,Montag, den 28. 1. 1889, war E. R. bei Mizzi bis drei Uhr morgens, trank sehr viel Champagner und gab dem Hausmeister 10 Gulden Sperrgeld.‘‘

Rudolf sandte am selben Tag seinen Kammerdiener mit ‚wenigen‘ Leuten nach Mayerling und beauftragte gleichzeitig seinen Fiaker Bratfisch, pünktlich um viertel vor elf Uhr bei der Hofburg auf ihn zu warten. Die Gräfin Larisch entlockte inzwischen Mary ihrer Mutter, indem sie angab, mit ihr Einkäufe zu machen, und wenige Minuten später befanden sie sich auf der Fahrt nach der Burg, wo bereits Bratfisch wartete. Unterwegs kaufte sich Mary noch Nachtwäsche!

Dann stiegen die beiden Damen vor dem Eingang aus, den Mary von den heimlichen Besuchen bei Rudolf kannte. Nach den Erinnerungen der Gräfin verschwand Rudolf mit Mary für zehn Minuten. Die Gräfin protestierte natürlich, wenigstens in ihren Erinnerungen:

Im Polizeiprotokoll lesen wir, wie es weiterging:

162

,,Bratfisch sagt aus, daß kurz vor elf Uhr Mary Vetsera aus dem Gang der Augustinerbastei heraustrat, sofort einstieg und befahl, nach dem ,Rothen Stadl' zu fahren.''

Die nächste Aufgabe der Gräfin war es, der Mutter zu sagen, Mary wäre ihr beim Einkaufsbummel davongelaufen, das würde ,für zwei Tage genügen'.

Rudolf bereitete sich unterdessen für seine Fahrt nach Mayerling vor. Sein Leibjäger Püchel brachte ihm um elf Uhr einen Brief und eine halbe Stunde später ein Telegramm. Darüber sagte er später aus:

,,Er öffnete hastig das Telegramm, las es rasch, faltete es wieder zusammen und warf es, während ich mich entfernte, erregt und mit erhobener Hand und den Worten: ,Ja, es muß sein!' auf den Tisch.''

Brief und Telegramm wurden nie aufgefunden. Als Zusatz stand verständlicherweise in seinem Testament: ,,Alle Briefe der Gräfin Larisch-Wallersee und der kleinen Vetsera an mich sind allsogleich zu vernichten.''

Mary hatte inzwischen das Gasthaus ,Rother Stadl' im Südwesten Wiens erreicht und bat Bratfisch, hier auf Rudolf zu warten. Der Fiaker gab der Polizei zu Protokoll, daß Rudolf gegen dreizehn Uhr zu Fuß angekommen sei. Der Hofkutscher, der ihn bis in die Nähe des Gasthauses gefahren hatte, gab noch zu Protokoll, daß sein Herr den Wagen für Mittwoch, den 30. Januar, zwölf Uhr, zum Wiener Südbahnhof bestellt hatte. Bratfisch gab weiter über die Stimmung seines Herrn an:

,,Der Kronprinz war sehr aufgeräumt und heiter und entschuldigte sich noch bei mir, daß wir so lange warten mußten. Er gab nun den Befehl, nach Mayerling zu fahren. Er sagte aber, ich solle mir Zeit lassen, damit wir erst in der Dämmerung dorthin kommen. Die Straßen waren aber so schlecht und vereist, daß es ohnehin nicht schneller ging.''

Rudolf war mit seiner Geliebten in diesem günstigen Versteck angelangt. Nicht einmal die Telegrafenstation war besetzt, so daß keine Telegramme nach Mayerling gelangen konnten.

Der nächste Tag verlief normal, die beiden Gäste, Graf Hoyos und Prinz Koburg, sie waren schon längere Zeit zuvor geladen gewesen, gingen auf die Jagd, an der Rudolf jedoch nicht teilnahm. Gegen Mittag fuhr der Prinz zu einem Familiendiner in die Burg, Rudolf sagte wegen Erkältung ab. Um sieben Uhr abends nahm Rudolf mit dem Grafen das Abendessen ein, um neun Uhr trennten sie sich.

Die Gräfin Larisch hatte in Wien einen schweren Tag hinter sich gebracht, die Angehörigen Marys drängten sie, Nachforschungen über den Verbleib des Mädchens anzustellen. Sie ging zum Polizeipräsidenten, den sie gut kannte, und erzählte ihm die Story von der beim Einkaufsbummel entflohenen Mary.

Die Familie ließ sich jedenfalls nicht beruhigen, besonders Alexander von Baltazzi bestand darauf, daß die Gräfin nochmals mit ihm zum Polizeipräsidenten ginge. Von ihm erfuhr Baltazzi, daß die Verschwundene vermutlich in Mayerling sei. Da dies kaiserliches Territorium sei, könne die Polizei dort nichts verrichten, er solle selber dort nachsehen.

In Mayerling sollen bei Einbruch der Dämmerung zwei Herren eingetroffen sein und später ein Geistlicher.

Niemand kennt die Gründe ihres Kommens, niemand ihre Namen.

Es wird nie mehr zu rekonstruieren sein, was in den letzten Stunden wirklich geschah!

Starb die Vetsera an den Folgen einer Abtreibung, und der Geliebte wußte deshalb keinen Ausweg als den des Freitodes?

Oder Baltazzi tauchte mit einem Kumpan in Mayerling auf und zog den Kronprinzen zur Rechenschaft. Wenn man einem Film aus dem Jahre 1920 Glauben schenken soll, wurde Rudolf von Marys Onkel mit einer Sektflasche erschlagen. Der Kaiser soll jedenfalls mehrfach geäußert haben, sein Sohn sei wie bei einer Wirtschaftsschlägerei umgekommen!

Auch der Mann einer schönen Förstersfrau, mit der Rudolf ebenfalls liiert gewesen sein soll, wurde als der Mörder genannt.

164

Das Volk machte eine Legende daraus, eine neue Variation der Königskinder, die nicht zueinander kommen konnten.

Das Paar war zusammen in den Tod gegangen, weil sie sich liebten und nicht heiraten konnten.

Jedenfalls war Mary die letzte Episode in Rudolfs Leben.

Der Botschafter Joseph Maria von Radowitz schrieb in seinen ‚Aufzeichnungen und Erinnerungen' seine persönliche Meinung über den Tod des Kronprinzen und die des Berliner Hofes nieder, und es ist anzunehmen, daß er damals in Österreich bei niemand Beifall erhalten hätte:

,,Der Karneval wurde empfindlich gestört durch den Tod des Kronprinzen Rudolf von Österreich, von dem die erste Nachricht am Abend des 30. Januar zu uns kam. Es dauerte dann einige Tage, ehe die Wahrheit über dieses schreckliche Ereignis durchdrang. Sie bewegte in hohem Maße die geselligen Kreise in Konstantinopel, wo der Besuch des österreichischen Thronfolgerpaares im April 1884 noch in frischer Erinnerung stand. Je mehr aber darüber bekannt wurde, desto stärker mußte sich die Trauer um den Verstorbenen vermindern. Am 11. Februar schrieb ich: ‚Es bleibt nur das Gefühl, daß das Kaiserreich vor schweren künftigen Heimsuchungen bewahrt geblieben ist dadurch, daß der Thronerbe jetzt aus der Welt ging.

Was wäre von einem Menschen mit solcher moralischen Verwirrung an dem Platze des Herrschers in einem der größten Staaten Europas zu erwarten gewesen! Man kann freilich nach dem Gutachten der Ärzte mit Bestimmtheit annehmen, daß sein geistiges Gleichgewicht schon ganz erschüttert war, und damit den Hergang erklären . . . Das weibliche Wesen, das den Anlaß zum Selbstmord bot, war nur ein beliebiger Impuls, um die Katastrophe herbeizuführen . . . Richten kann niemand, nur vor der Fügung sich beugen, die ein solches Ende zuließ, um noch schwereres Verhängnis abzuhalten . . .

Auch in Berlin fand man, daß der Tod des Kronprinzen kein Verlust weder für Österreich noch für uns sei. Ein Fürst mit so geringem Pflichtgefühl würde dem monarchischen Prinzip, wenn er am Leben geblieben wäre, größeren Schaden gebracht haben, als jetzt aus dem Skandal entstehen konnte, der seinen Tod umgab."

Der trauernde Hof rüstet für die Beilegungsfeierlichkeiten. Elisabeths Selbstbeherrschung in den ersten Stunden verwandelt sich bald in wilden Schmerz. Anders ist es bei Franz Josef. Der preußische Militärattaché meldet an Kaiser Wilhelm:

„Der Kaiser hat all die schweren Tage hindurch keinen der militärischen Vorträge und Rapporte, keine Unterschrift auch nur einen Tag später erledigt wie sonst und selbst am 30. Jänner und nachher genau so gearbeitet, wie früher. Solch starken Geist haben selbst hier verhältnismäßig wenige in ihrem Monarchen vermutet. Nie, auch jetzt nicht, hat Seine Majestät den festen Glauben an die Zukunft Österreichs verloren, an seine hohe Mission und an die Liebe seiner Armee und seines Volkes."

Diese Haltung ist wirklich heroisch zu nennen, war doch der Tod Rudolfs der schwerste Schlag, der ihn je getroffen hat. Erschien ihm nicht nur der Selbstmord des Sohnes als Todsünde, wo er doch ein gläubiger Katholik war, sondern er fühlte sich auch noch an diesem Ausgang mitschuldig. Die Mutter, die Gattin Stephanie, die Schwester Valerie und mehrere Freunde erhielten Abschiedsbriefe, nur er, der Vater, nicht.

Nicht vergessen sollten wir aber auch die Haltung Elisabeths, hatte sie doch in den ersten Stunden mehr Fassung bewahrt und ihn vor dem völligen Zusammenbruch bewahrt.

„Gottes Wege sind unerforschlich; vielleicht wollte er mir mit dieser furchtbaren Prüfung eine noch bitterere ersparen!", äußert sich der Kaiser, und vor der Trauerdeputation des Reichsrates würdigt er die Haltung der Kaiserin:

„Wieviel ich in diesen schweren Tagen meiner innigstgeliebten Frau, der Kaiserin, zu danken habe, welch große Stütze sie mir gewesen, kann ich nicht beschreiben, nicht warm genug aussprechen. Ich kann dem Himmel nicht genug danken, daß er mir eine solche

166

Lebensgefährtin gegeben hat; sagen Sie dies nur weiter; je mehr Sie es verbreiten, um so mehr werde ich Ihnen danken."

Er merkt jedoch, daß sie kurz vor dem Zusammenbruch steht und bittet sie, nicht an der Trauerfeier teilzunehmen.

So geht die Kaiserin mit Valerie in die Hofkapelle und betet, während draußen der Trauerzug über den Hof zieht.

Ist dem Kaiser der ärztliche Bericht über den abnormen Geisteszustand Rudolfs ein schwacher Trost, so stürzt er die Kaiserin in äußerste Erregung. Seit dem Ende von Ludwig II. und Otto von Wittelsbach glaubte sie an ihre eigene erbliche Belastung und macht sich Vorwürfe, durch das Erbe ihres Blutes mit am Tode ihres Sohnes schuld zu sein.

Dazu kommt ihre Furcht, selbst in geistiger Umnachtung zu enden. Sie zerreibt sich in selbstquälerischen Betrachtungen über den Sinn ihres Lebens, leidet unter Depressionen und gibt sich dem Glauben an den rächenden, uns strafenden Gott Jehova hin.

So verläßt sie am Abend des 9. Februar heimlich ihr Zimmer und durch eine Seitentür die Hofburg. Sie hält den erstbesten Fiaker an und läßt sich zur Kapuzinergruft fahren, wo ihr Sohn nun ruht.

Dort gibt sich die Tiefverschleierte dem öffnenden Pater zu erkennen und bittet, in die Gruft zum Sarge Rudolfs geführt zu werden.

Am Eingang zur Gruft schickt sie den Pater weg und geht allein zum Sarg ihres Sohnes. Dann ruft sie mit lauter Stimme ‚Rudolf' und als sich nichts regt, kehrt sie in die Burg zurück. Am nächsten Tag erzählt sie ihren Töchtern von dem Besuch und meint, die Geister dürfen nur kommen, wenn Jehova sie läßt. Als der Kaiser von dem Besuch in der Kapuzinergruft erfährt, entschließt er sich, mit der Gattin zu verreisen.

Sie fahren nach Budapest. Keine Eljen-Rufe empfangen sie am Bahnhof, die Ungarn stehen mit entblößten Häuptern vor ihrem Königspaar und auch die tausendköpfige Menge auf dem Weg zur Burg gibt ihre Anteilnahme schweigend, mit gesenkten Köpfen kund.

Wieder in Wien, versucht sich die Kaiserin durch ihre griechischen Sprachstudien abzulenken, doch immer wieder beschäftigt sie sich mit dem Tod ihres Sohnes und der Ergründung der Ursache. Der Kaiser versucht über die Tochter Valerie, Elisabeth dazu zu bewegen, eine Badereise anzutreten, jedoch sie will nicht. Sie will ihren Gatten im Augenblick nicht vor der Welt allein lassen, wo sie weiß, daß außerdem die Schratt fern von Wien ist. Zu Ostern fährt sie mit dem Gatten nach Ischl. Ihre Menschenscheu wird jedoch so groß, daß nicht einmal ein Adjutant Zutritt in den Park der Villa erhält, wenn sie dort weilt. Es tauchen schon Gerüchte auf, daß sie geistig umnachtet sei. Besonders die französischen Blätter berichten ausführlich vom beunruhigenden Zustand der Kaiserin. Man erfindet zusätzlich phantastische Unwahrheiten, bei denen sogar König Ludwig mit im Spiel ist.

Der Hof in Wien dementiert diese Meldungen und weist darauf hin, daß man die Kaiserin mit ihrer Tochter täglich auf der Promenade von Wiesbaden sehen könne. Ida Ferenczy machte sie schon in Wien auf all diese Gerüchte aufmerksam, und sie zeigt sich öfter in der Öffentlichkeit als sonst. Im allgemeinen tut ihr der Aufenthalt in Wiesbaden gut, und die Hofdame Charlotte Majláth findet, das gute, liebe Gesicht der Kaiserin würde allmählich wiederkehren. Sie lernt weiter eifrig griechisch und nimmt wieder ihre Gewalttouren auf. Ihr Reisefieber ist durch das Unglück noch viel größer geworden. Mit dem Oberhofmeister bespricht sie die Reisepläne der Saison, die er an Ida Ferenczy nach Wien weitergibt: „Der Lainzer Aufenthalt wird bis mindestens Mitte Juni dauern, sodann Ischl . . . Über die Pläne berichte ich vertraulich.

Anfang September wollen wir in ein Seebad nach Holland gehen, wo Ihre Majestät von Metzger vierzehn Tage behandelt wird . . . Vom 15. September bis Ende Oktober geht es nach Meran. Die Erzherzogin mit dem Bräutigam wird auch dorthin kommen. Nach Meran käme noch Corfu in Betracht. Wie Sie sehen, entwickelt sich unser Wanderleben. Weiß Gott, wohin wir noch kommen. Ihre Majestät ist gottlob gesund, auch viel ruhiger und redet schon

168

fließend griechisch. Mir scheint, dies nimmt ihr ganzes Denken in Anspruch, und dies ist ein günstiges Zeichen . . . Warsberg ist sehr krank. Ihre Majestät und ich sind sehr besorgt wegen des Baues von Corfu, da wir nicht wissen, was Warsberg schon dafür bestellte und wo er ist."

Am 22. Mai wird die Rückfahrt mit einem Sonderzug, bestehend aus österreichischen und bayerischen Waggons, angetreten. In einer Kurve in der Nähe von Frankfurt, die der Lokführer zu schnell durchfährt, entgleist der letzte Waggon, ein Gepäckwagen. Die übrigen acht Wagen beginnen zu schleudern, während der entgleiste Wagen mit der einen Radseite von Schwelle zu Schwelle springt, bis die Kupplung reißt. Jetzt werden die ersten drei Wagen aus den Schienen geschoben, und der Zug bleibt mit einem scharfen Ruck stehen. Die Kaiserin steht am Fenster des vierten Wagens und sieht hinaus, um zu sehen, was da geschehen ist und wäre beinahe auf den Boden geschleudert worden, kann sich aber doch noch am Sitz festhalten. Aus den umgekippten Waggons hört man Rufe und Schreie. Alle sind mit dem Schrecken davongekommen und der Zug kann in kürzester Zeit wieder fahrtüchtig gemacht werden. Elisabeth fällt wieder in ihre Grübeleien zurück. Sie sagt zu Valerie:

,,Das Leben ist schauerlich mit seinen Gefahren. Die Menschen sind nur zum Unglück geboren. Nie mehr werde ich eine ruhige Stunde haben, wenn ich dich auf der Bahn weiß."

Der Kaiser holt sie am Bahnhof bei Lainz ab und hört sich erschüttert die Berichte über das Unglück an.

Der Aufenthalt in Lainz bietet ihr wenig, nachdem sie das Reiten aufgegeben hat, und auch die Jagd interessiert sie wenig. So gibt sie sich immer mehr ihren religiösen Grübeleien hin. Sie zweifelt daran, daß Jehova die Bitten seiner Kreaturen erhört, denn sie äußert sich:

,,Denn vom Anfang aller Zeiten her ist alles vorausbestimmt, der Mensch ist machtlos gegen diese Prädestination von Ewigkeit her, deren Grund eben nur Jehovas unerforschlicher Wille ist. Vor ihm gleicht ja alles, und natürlich auch ich, bloß der kleinsten Mücke. Und wie könnte ihm etwas an mir liegen?"

Die erst dreiundfünfzigjährige Kaiserin meint, sie sei zu alt und müde, um zu kämpfen, ihre Flügel seien verbrannt, und sie begehre nur noch Ruhe. Zusätzlich erschüttert sie die Nachricht vom Tod des um nur ein Jahr älteren Konsuls Warsberg, der ihr auf Korfu ein Schloß erbauen sollte. Man beauftragt einen pensionierten Marineoffizier zur Weiterführung des Bauvorhabens.

Der Kaiser findet in Katharina Schratt ein wenig Trost, die ihn öfter in Lainz aufsucht.

Die Reise führt weiter nach Ischl, wo die Kaiserin erneut ihre großen Fußwanderungen aufnimmt.

Im Juli reist sie nach Feldafing, um erstmals nach Rudolfs Tod wieder bei ihren Verwandten zu sein. Ihr Gemütszustand erschreckt ihre Tochter Gisela so tief, daß sie ihre Schwester Valerie bittet, auf die Mutter aufzupassen:

,,Gib um Gottes willen beim Wasserfall in Gastein acht auf Mama!"

Nach Gastein hält sie sich wieder in Ischl auf. Sogar den Kaiser macht ihre Trostlosigkeit ab und zu nervös. Sie spielt die Eifersüchtige wegen des Kaisers Freundschaft mit Katharina Schratt und stellt die Institution Ehe in Zweifel:

,,Warum bin ich geboren? Mein Leben ist unnütz und ich stehe nur zwischen dem Kaiser und der Frau Schratt. Ich spiele doch eine fast lächerliche Rolle . . . Die Ehe ist eine widersinnige Einrichtung. Als fünfzehnjähriges Kind wird man verkauft und tut einen Schwur, den man nicht versteht und nie mehr lösen kann."

Der Kaiser ist diesmal völlig damit einverstanden, daß sie nach Meran reist. Er sendet den Leibarzt Widerhofer mit. Wie die meisten Hofdamen, kann auch er bei ihren großen Märschen nicht mithalten. Er begleitet sie auf ihren Gebirgspartien auf dem Rücken eines Maulesels. Die unbequeme Mode der Zeit ist der Kaiserin bei ihren langen Wegen oft hinderlich, so verschreibt sie sich

170

Marscherleichterung. Sie schürzt ihren Rock bis zum Knie hoch oder zieht bei großen Steigungen ihren Unterrock aus. Als der hinter ihr hertrabende Widerhofer einmal Zeuge solch einer kaiserlichen Dessous-Abnahme wird, will er diskret mit seinem Esel umkehren und stürzt dabei ab. Er bricht sich das Schlüsselbein und quetscht sich die Rippen.

Elisabeths Kommentar zu diesem Unfall:

,,Es liegt ein Unstern über allem, was ich tue, und wer nur immer um mich ist, der muß auch darunter leiden.''

Ihre männliche Begleitung ist jetzt ein ausgezeichneter Bergführer, der findet, daß sie ganz anders als andere schöne Aussichten in der Bergwelt betrachtet.

Die detaillierten Briefe des Kaisers bleiben auch in Meran nicht aus:

,,So trüb meine Stimmung am Morgen des 4. Oktober (sein Namenstag) war, so erhellte sie sich doch etwas, als Eure Briefe und einer der Freundin (Schratt) nebst einem Topfe mit vierblättrigem Glücksklee kamen und als ein selten herrlicher, sonniger Tag die Wälder und die schneebedeckten Berge in den prachtvollsten und verschiedenartigsten Farben erglänzen ließ. Du hast recht, die Natur ist doch der beste Trost.''

Ende Oktober besucht sie der Kaiser und findet ihre Stimmung unverändert, nicht einmal bei den Mahlzeiten erscheint sie mehr. Am 25. Oktober schreibt sie in ihr Tagebuch:

,,Ich könnte verrückt werden, wenn ich vorausdenke und noch jahrelang das Leben vor mir habe!''

Die Kaiserin reist weiter. In Miramar wartet die kaiserliche Yacht auf sie, die Reise geht nach Korfu. Sie will dort wegen ihres Bauvorhabens nach dem Rechten sehen, und außerdem hat sie erkannt, daß ein längerer Aufenthalt an einem Platz ihre Neigung zu Grübeleien verstärkt. Nur ein ständiger Ortswechsel kann sie eine Zeitlang ablenken.

Auf Korfu erwartet sie auch ein neuer Griechischlehrer.

171

Kaiser Wilhelm II. ist mit seiner Yacht auf dem Weg nach Griechenland, wo seine Schwester mit dem Kronprinzen verheiratet wird. Er will sie besuchen, sie aber läßt sich entschuldigen und versteckt sich in einer Villa. Der forsche Preuße kreuzt mit seinem Geschwader von neun Kriegsschiffen in der Höhe ihrer Villa auf und grüßt die Abwesende mit 21 Salutschüssen. Der Oberhofmeister muß sich nach dieser Ehrenbezeugung an Bord des kaiserlichen Schiffes begeben und dem Kaiserpaar seine mündliche Entschuldigung entbieten.

Der Kaiser schreibt ihr am 6. November von Gödöllö einen Brief, der nicht nur die üblichen Berichte über Jagd und Audienzen enthält, sondern auch Mayerling beschreibt, das er nach Rudolfs Tod in ein Kloster umwandeln ließ.

„Durch Deine Telegramme, so wie durch jene Nopcsas und der Gräfin Kornis, die ich mit Dank empfing, war ich immer in Kenntnis von Eueren Reisen und Ausflügen und gestern erzählte mir Valérie, viel und genau von der Begegnung in Bo(t)zen, von dem schönen Miramar, von Pola und Fiume und brachte mir, Gott lob, gute Nachricht von Dir. Gestern waren und heute sind meine Gedanken mit Dir auf dem Meere und mit Ungeduld erwarte ich die Meldung Deiner glücklichen Ankunft in Korfu. Valérie erzählte mir auch, daß Du Weihnachten in Miramar zubringen willst, was auch mir ganz recht ist. Hier hatten wir gestern einen recht schönen, eher warmen Tag mit guter Gödöllöer Luft . . . fuhr dann nach Gyú zum Ansitze auf Wildschweine, sah aber keine. Heute wollen wir um 11 Uhr zu einer Treibjagd nach Inharos gehen. Am 14. Mittag werde ich mit den deutschen Majestäten am Innsbrucker Bahnhof zusammentreffen und daher am 13. von hier abreisen. Da mir Kaiser Wilhelm anbieten ließ mit ihnen im Waggon während der Fahrt zu déjeunieren, so werde ich die Majestäten bis Rosenheim begleiten, damit ich noch Zeit finde, mit dem Kaiser zu sprechen . . . Der Besuch in Mayerling hat mich, wenngleich er traurig war, doch befriedigt. Das freundliche Kloster mit der hübschen Kapelle in der freundlichen Gegend macht einen friedlichen,

172

beruhigenden Eindruck. Freilich war es auch der erste schöne, wenn auch kalte Morgen nach der langen Regenzeit, so daß auch bei der Hin- und Rückfahrt Gegend und Luft wohltuend wirkten.

Ich ging zuerst in die Kapelle, in welcher Prälat Mayer, der nebst einem Hofkaplane mit mir gekommen war, die Messe las und besichtigte dann alle Theile des Klosters, sowohl die bereits bewohnten, als die noch in der Herstellung begriffenen, dann alle Nebengebäude und endlich das abseits gelegene, noch nicht bewohnte Versorgungshaus für alte Jäger und Holzarbeiter aus dem Wienerwalde. Die Zellen der Nonnen sind klein und unendlich einfach, aber hell und mit hübscher Aussicht und guter Luft, in jeder nur eine Pritsche mit einem Strohsacke, ein Schemmel, einige Bücher und ein kleiner Todtenkopf. Die Klosterfrauen, bis jetzt nur acht bis neun, sind sehr zufrieden. Ich sprach auch Gräfin Eszterházy, die im Kloster sehr glücklich scheint. Einige Novizinnen sind sehr jung und hübsch und die Priorin scheint eine einfache, aber praktische Frau . . . Sonntag producierte mir in den Stephanszimmern ein Herr Wagemann den neuen berühmten Edisonschen Phonographen aus Amerika, ein Instrument, welches alle Töne auf eine Art Wachsrolle aufnimmt und, wenn man will, mittels Hörrohren, die man an die Ohren hält, wiedergibt.

Ich hörte ein auf mich in Berlin ausgebrachtes Hurrah und unsere von der Musik des dortigen Eisenbahnregimentes gespielte Volkshymne, dann der Radetzky-Marsch, dann hörte ich Bismar(c)k sprechen, eine Deklamation Sonnenthals mit seiner affektiertesten Aussprache, ein Lied von Frau Papier besonders hübsch gesungen, ihre Stimme gleich zu erkennen, ein Klavierstück, von einem Offizier vor Kaiser Wilhelm gespielt und einen Trompeter-Chor, geblasen vor dem Großherzog von Baden.

Es war ebenso frappant wie interessant. Dann fuhr ich in das neue historische Hofmuseum, wo endlich die Hof-Waffensammlung fertig aufgestellt ist, um dieselbe anzusehen. Diese jetzt zum ersten Male vereinigte, in schönen Räumen historisch geordnete Sammlung ist höchst interessant und großartig.

173

Vorgestern hatte ich über 200 Audienzen und um drei Uhr besichtigte ich das theils vollendete und bereits benützte, theils noch im Bau begriffene Spital bei der Spinnerin am Kreuze . . .''
Die Kaiserin entwirft mit Graf Nopcsa bereits wieder die Route ihrer Winterreise. Sie führt von Korfu nach Sizilien, durch die Straße von Messina nach Palermo, dann über Malta nach Tunis, wo sie auch die Ruinen von Karthago aufsucht.

Festlichkeiten, die mit ihrer Person etwas zu tun haben, ignoriert sie seit Rudolfs Tod. Sie hat durch das Ministerium des Äußeren an alle europäischen Höfe bekanntgeben lassen, daß sie zu Lebzeiten keine Glückwünsche mehr entgegennehmen wolle, da das Wort Glück für sie keinen Sinn mehr habe (!).

Anfang Dezember kehrt sie nach Wien zurück. Ihre Tochter Valerie holt sie am Bahnhof ab, und sie denkt dabei an ihren Sohn, der sonst immer an dieser Stelle gestanden war. Sie bricht in Tränen aus.

Den Weihnachtstag verbringt die Familie nicht in der Hofburg, sondern in Miramar.

Am Todestag von Rudolf fährt sie mit dem Kaiser nach Mayerling, das sie noch nie aufgesucht hatte. Sie sieht das ehemalige Jagdschloß so, wie es der Gatte in seinem Brief schilderte. Das Sterbezimmer des Kronprinzen ist in eine Kapelle verwandelt. Der Hofkaplan liest eine Messe auf dem Altar, der dort erbaut ist, wodas Bett Rudolfs gestanden hatte.

Ihr Schmerz steigert sich noch, als sie erfährt, daß der ihr so vertraute Graf Andrássy gestorben ist. Elisabeth fährt zu seiner Witwe, um ihr persönlich das herzlichste Beileid auszusprechen.

Im März 1890 fährt Elisabeth mit Valerie nach Wiesbaden, wo sie trotz ihrer Menschenscheu Kaiser Wilhelm II. empfängt und anschließend die Kaiserin-Witwe Friedrich. Nach Wien zurückgekehrt, erfährt sie von der schweren Erkrankung ihrer Schwester Helene, die einst in Ischl Franz Joseph als Braut vorgestellt worden war. Elisabeth fährt nach Regensburg; wenige Tage später ist

174

ihre Schwester tot. Dieser erneute Todesfall verschlimmert wieder den seelischen Zustand der Kaiserin.

Am 31. Juli ist der Hochzeitstag ihrer Tochter Valerie. Erzherzog Franz Salvator und die junge Frau fahren vor den Blicken Elisabeths in einer Kutsche davon.

Die Einsame ist noch einsamer geworden. Ihr Reisefieber wird von nun an zu einem unberechenbaren Umherirren ausarten. Nur noch ein ständiger Wechsel des Aufenthaltes kann ihre Stimmung bessern. Hält sie es einmal längere Zeit an einem Ort aus, läßt sie ihr Bett jede Nacht in einem anderen Zimmer aufstellen. Ihre krankhaften Ängste vor dem Alter und dem Dickwerden lassen sie die seltsamsten Diätkuren und Heilverfahren anwenden.

Die Kaiserin der k.u.k.-Monarchie, dem Landstrich mit der vielseitigsten Küche Europas, wo die Mehlspeisen wie Baunzerln, Kipferln, Knödel, Nockerln, Nuderln, Struderln und Zweckerln schon ein Kochbuch füllen würden, nimmt als ganze Mahlzeit ein Veilcheneis mit einer Orange ein und oft nur eine Tasse Milch.

Vielleicht hatte Elisabeth nur etwas gegen die österreichische Küche, weil man am Wiener Hof den Scherz verbreitet hatte, ‚allein zur Herstellung eines vollkommenen Strudels bräuchte man vier Personen: Einen Diplomaten, einen Finanzmann, einen General und eine Geliebte.

Der Diplomat zieht den Teig nach Möglichkeit in die Länge und in die Breite, der Finanzmann macht eine Anleihe von Mandeln, Weinbeeren und Zibeben, der General muß das Feuer unterhalten und die Geliebte muß den Strudel versüßen . . .

Elisabeth fährt in ihre bayerische Heimat. Feldafing, Possenhofen, der Starnberger See, all die Orte ihrer Kindheit, die sie immer so liebte, sagen ihr nicht mehr zu. Sie muß weg, weit weg, am besten hinaus ins Meer, wo sich jede Welle anders aufbäumt . . .

Unterdessen hat der Beamtenapparat des Wiener Hofes mit den Zeugen der Mayerling-Affäre ‚aufgeräumt'. Niemand kann sich bei ihnen nach dem wahren Sachverhalt erkundigen, sie sind verschwunden. Keiner der zahlreichen Mayerling-Forscher hielt es für

175

wichtig, sich nach dem Schicksal der Zeugen zu erkundigen. Was geschah mit Bratfisch, der nachweislich an jenem Tage nicht in Mayerling war, obwohl ein Brief der Vetsera an ihre Mutter existiert:

„Liebe Mutter! Ich sterbe mit Rudolf. Wir lieben uns zu innig. Verzeih' uns und lebe wohl!

Deine unglückliche Maria.

PS: Bratfisch hat heute wundervoll gepfiffen."

Der preußische Botschaftsrat, Hermann Freiherr von Eckardstein schreibt in seinen ‚Lebenserinnerunngen und Politischen Denkwürdigkeiten' über eine Zusammenkunft mit dem Rudolf-Vertrauten Bratfisch in New York. Man hatte den ‚Mitwisser' kurz nach der Tragödie mit reichlichen Geldmitteln versehen nach Nordamerika geschickt. Das Hofmarschallamt befürchtete, man könne ihm in Wien allzusehr zusetzen, um den wahren Tatbestand der Tragödie von ihm zu erfahren. Bratfisch erzählte zwar von Eckardstein die wahren Tatsachen der Tragödie, jedoch im strengsten Vertrauen, so daß sie der Botschaftsrat nicht in seine Memoiren aufnahm:

„. . . Eines Tages erhielt ich in Washington einen Brief, dessen Unterschrift ich anfangs nicht ordentlich lesen konnte. Dann aber entzifferte ich schließlich den Namen ‚Bratfisch'. Zuerst wußte ich auch nicht, wer denn dieser Bratfisch eigentlich sei, und erst ganz allmählich dämmerte es in mir auf, daß dieser Bratfisch identisch mit diesem Fiakerkutscher, Leibsänger und Vertrauten des unglücklichen Kronprinzen Rudolf von Österreich sein dürfte. Bratfisch schrieb in diesem Brief, er habe gehört, daß ich jetzt bei der deutschen Gesandtschaft in Washington sei. Er selbst befände sich zur Zeit in New York, es ginge ihm ja im allgemeinen äußerlich ganz gut, aber er fühle sich sehr vereinsamt und sehne sich sehr nach seinem lieben, alten Wien zurück. Das furchtbare Schicksal seines guten, lieben gnädigen Herrn sei ihm so nahegegangen, daß er zu Zeiten an großer seelischer Niedergeschlagenheit leide. Sollte

176

ich einmal nach New York kommen, so bäte er mich, doch ihm dies mitzuteilen, denn er möchte so gern einmal wieder mit jemandem zusammen sein, mit dem er über alte Zeiten und sein liebes Wien reden könne.

Nachdem ich den Brief mehrmals sorgfältig durchgelesen hatte, stand mir auf einmal ein ganzes Bild von Erinnerungen vor Augen, die ich vergessen zu können gehofft hatte. Ich erinnerte mich, wie mein großer Gönner, der Graf Nikolaus Esterhazy, mich gelegentlich eines Besuches bei ihm in Wien dem Kronprinzen Rudolf vorgestellt hatte, wie ausnehmend freundlich der Kronprinz zu mir gewesen war, wie er mich bei einer späteren Gelegenheit, wo ich mit ihm zusammenkam, zu einem kleinen Souper einlud; wie die schöne und geistreiche Baroneß Vetsera bei diesem Souper anwesend war, wie die Leibkapelle des Kronprinzen bei dem Souper zum ersten Mal einen ganz neuen Marsch spielte, wie schließlich der Bratfisch heraufgeholt wurde, um lustige Wiener Fiakerlieder zu singen. Und dann im Jahre 1889 die Nachricht von der furchtbaren Tragödie, welche dem blühenden Leben des Kronprinzen und der schönen Baroneß Vetsera ein jähes Ende machte.

Sowieso hatte ich die Absicht, für einige Tage nach New York zu fahren. Ich schrieb daher an Bratfisch, er möchte mich doch in den nächsten Tagen im Albemarle-Hotel aufsuchen kommen. Gleich am selben Tage meiner Ankunft erschien denn auch der brave Bratfisch bei mir. Den Abend verbrachten wir zusammen in einem Pilsener Bierrestaurant, dessen Besitzer ein Österreicher war. Bratfisch war den größten Teil des Abends in gehobener Stimmung und sehr gesprächig. Im Verlauf unserer Sitzung erzählte er mir auch, auf mein Befragen, im strengsten Vertrauen die wahren Tatsachen über die furchtbare Tragödie im Jagdschloß Mayerling. Längst hatte ich bereits geahnt, daß dies die einzig richtige Version sei, und nicht die behufs Verschleierung des wahren Tatbestandes augenscheinlich absichtlich ausgestreuten Gerüchte. Im Restaurant spielte eine Zigeunerkapelle. Als diese plötzlich eine bestimmte Wiener Melodie anschlug, brach der arme Bratfisch in Tränen

aus. Während des Schluchzens, das gar nicht aufhören wollte, hörte ich ihn von Zeit zu Zeit die Worte murmeln:
,,O mein lieber, guter, gnädiger Kronprinz.''
Bratfisch war ein Fiakerkutscher, aber durch und durch ein Gentleman; er besaß den wahren Adel der Seele.''

Elisabeths hektische Reisen —
des Kaisers Ischler Sommeridyll

Elisabeth reist nach London. Dort bietet ihr der dänische Gesandte seinen Segelkutter ‚Chazalie' an. Im Kanal gerät das Schiff in einen Sturm. Die Umgebung der Kaiserin ist entsetzt, wie sehr das Schiff von den tosenden Wellen hin- und hergeworfen wird. Die Kaiserin begeistert diese elementare Gewalt, sie weicht nicht von Deck und läßt sich am Mast festbinden, um dieses Naturschauspiel voll genießen zu können.

Der Kapitän gibt den Befehl, in den Hafen von Dover zurückzufahren. Nach ein paar Tagen sticht man erneut in See. In Spanien wütet die Cholera, das Schiff darf keinen Hafen anlaufen und nimmt Kurs auf Portugal. Als sie im Hafen von Oporto einlaufen, geht die Kaiserin sofort an Land und geht zwei Tage in der Stadt und der Umgebung umher und das bei großer Hitze. Der Atlantik war so stürmisch, daß alle sie begleitenden Damen krank sind, und sogar der Griechischlehrer kann seinen Dienst nicht verrichten. In Lissabon wiederholt sie diese freiwillige Tortur und schlägt eine Einladung des portugiesischen Königshauses ab. Die Königinwitwe aber drängt auf einen Besuch, sonst würde sie die Kaiserin auf dem Schiff aufsuchen müssen. So erscheint Elisabeth gezwungenermaßen doch für kurze Zeit am Hof in Lissabon.

Am 15. September geht es weiter nach Gibraltar. Ihre Hofdame, Gräfin Festetics, begleitet sie am ersten Tag acht und am zweiten Tag zehn Stunden auf ihren Wanderungen.

In Tanger wiederholt sich die Schnellpromenade und nach siebenstündigem Gehen fragt sie ihre Begleitung, ob sie noch könne, und setzt nach dem zögernden ‚Ja' noch eine Stunde zu.

12*

In Oran werden die Märsche fortgesetzt, und die Gräfin leidet langsam unter Erschöpfungserscheinungen.

Der Oberhofmeister schreibt an Ida Ferenczy: „Diese Bewegungsmanie Ihrer Majestät steigert sich fort, Gott weiß, wohin das noch führen wird . . ."

Wegen eines Sturmes muß das Schiff im Hafen von Tenéz vor Anker gehen. Die Enge an Bord macht die Damen leicht hysterisch, Gräfin Festetics schreibt nach Wien: „Der Sturm trieb uns in diesen kleinen Hafen herein, und hier setzte sich unsere Leidensgeschichte fort. Auch am Schiff wird es von Tag zu Tag unerträglicher, die Friseurin wird täglich unverschämter und spielt sich als die große Dame auf. Da das Schiff klein ist — kann man ihr nicht ausweichen . . . Ihre Majestät erzählt die vertraulichsten Sachen, sie ist sehr lieb und gut, doch oft erschauere ich über die schöne Seele, die in *Egoismus* und *Paradoxen* untergeht . . ."

In Algier fällt ihr plötzlich ein, nach Korsika zu fahren, weil sie das Geburtshaus Napoleons sehen will. Dann wird der Hafen von Marseille angelaufen, dort bekommt sie Sehnsucht nach Florenz und man nimmt Kurs auf Italien.

Sie sucht noch Neapel mit Pompeji auf und besucht die Insel Capri. In Neapel steigt sie auf die ,Miramar' um und alles ist froh, dem kleinen englischen Segelkutter entflohen zu sein. Auf Korfu inspiziert sie ihren Neubau.

Am 1. Dezember trifft Elisabeth in Miramar mit dem Kaiser zusammen. Durch den ständigen Kurswechsel ist es kaum zu einem zügigen Briefwechsel gekommen, wie es sonst bei anderen Reisen immer der Fall war. Selbst die Ungarn, die sie so sehr verehren, reden schon öffentlich im Abgeordnetenhaus, daß sich ihr Königspaar zu wenig im Lande zeige. An ihrer Menschenscheu ändert sich nichts, sie wohnt keinen Soiréen oder Diners bei, nicht einmal die Einladung ihrer jung verheirateten Tochter, Weihnachten bei ihr zu verbringen, nimmt sie an. Als sie daraufhin Valerie in Wien aufsuchen will, antwortet sie:

180

Die Kaiserin mit ihrem Lieblingshund Shadow, ca. 1869

,,Den 24. Dezember muß man zu Hause im Nest, mit Baum und allem feiern, wie schön und gemütlich man es nur kann. Meine Freude wird es sein, an diesem Abend aus der Ferne an Euch zu denken. *Glück lebt ja nur in der Phantasie* . . .''

Ende Januar fährt Elisabeth mit der Gräfin Festetics nach Schloß Lichtenegg bei Wels, um das junge Paar — Valerie - Franz Salvator — zu besuchen. Wider Erwarten fühlt sie sich dort sehr wohl, und ihre Tochter bringt sie sogar so weit, reichlich bei Tisch zu essen!

Im März nimmt sie das junge Paar mit nach Korfu. Sie will ihm den fast fertiggestellten Bau zeigen, der im altgriechischen Stil errichtet wird. Mit dabei ist außerdem eine neue Hofdame, die 25-jährige Janka Mikesch, die der Leibarzt zuvor auf ihre ,Marschtüchtigkeit' untersucht hat. (!)

Auf Korfu äußert sie den Wunsch, dort einmal begraben zu sein. Sie fahren weiter nach Athen, wo sie unangemeldet ankommen. Valerie fährt von hier aus mit ihrem Gatten nach Hause, und Elisabeth schifft sich nach Sizilien ein. Sie schreibt an ihre Tochter: ,,Mit Corfu aber läßt es sich nicht vergleichen. Obwohl ich so viele schöne Orte gesehen habe, gefällt es mir hier doch besser. Von wo ich immer zurückkomme, schließlich sage ich: ,Hier ist der schönste Punkt der Welt.' Die Engländer behaupten, daß Tasmania (vor Australien)auch so schön ist. Das wäre ein etwas großer Ausflug...''

Valerie geht mit Briefen, die gute Nachrichten von Elisabeth bringen, stets zum Kaiser, und dieser schreibt ihr fleißig über die Anzahl seiner Audienzen, sein Jagdglück und über die ,Freundin' Katharina Schratt.

Die ständige Abwesenheit der Kaiserin hat Franz Joseph noch mehr an die Burgschauspielerin gekettet. Sie gehen fast täglich im Schönbrunner Park spazieren und treffen sich streng nach der Etikette, bei einer dritten Person, meist ist es Ida von Ferenczy, die er auch noch schriftlich bittet, ,,vielleicht so freundlich zu sein, zu erlauben, daß die Freundin um ein Uhr kommen kann . . .''

182

Ende April 1891 hält sich Elisabeth in der Lainzer Villa auf. Sie hat zu Alt- nun auch Neugriechisch gelernt, nur mit ihren Lehrern ist sie nicht zufrieden. Der letzte paßte geistig nicht zu ihr und brach nach längeren Spaziergängen stets zusammen.

Sie läßt an der Wiener Universität nach einem Nachfolger suchen und stößt dabei auf einen Mazedonier namens Konstantin Christomanos. Er ist von kleiner Gestalt und außerdem noch bucklig. Sie macht mit ihm ihre berühmten Gewaltmärsche und dies meist bei regnerischem Aprilwetter. Der junge Grieche ist ganz hingerissen, denn er wird von der Kaiserin als ihr ‚Vorleser' engagiert. Im Juni verweilt sie in Gastein und ist zum Kaiser stets freundlich; sie versteht es, ihre Depressionen vor ihm zu verbergen. Mit ihrer neuen Hofdame machte sie große Bergwanderungen, übernachtet sogar in Almhütten im Heu. Die ‚Neue' findet es eine Lüge, daß die Kaiserin nur rennen würde. Sie weiß aber nicht den Grund der plötzlichen Einschränkung: Man hat ihr unterbreitet, sie habe Marie Festetics halb ‚totgegangen' . . .

Der Kaiser fährt wieder nach Ischl zurück, wo er die Schratt in seiner Nähe hat, und Elisabeth kann sich wieder in ihre traurige Stimmung versenken. Hier nützen auch seine Briefe nichts, obwohl sie fast regelmäßig alle zwei Tage vom Leben in der kaiserlichen Sommerresidenz Ischl chronistisch detaillierte Abrisse bieten:

„   Ischl den 14. Juli 1891 1/2 4 Uhr Nachmittag
Édes, szeretett Lelkem. (meine süße, geliebte Seele)
Um Dir, Deinem Wunsche gemäß, bald Nachrichten von Valérie zu geben, richte ich schon heute, nach eben mit den Suiten beendetem Diner, diese Zeilen an Dich, mein unaussprechlich geliebter Engel. Gott lob fand ich sie sehr wohl und heiter, als ich sie nach acht Uhr früh bei ihrem Frühstück im Frühstückszimmer wiedersah und auch beim Diner war sie frisch und gesprächig. Sie hat gute Farben und sieht eigentlich aus wie immer, höchstens im Gesichte einen Gedanken stärker geworden und vielleicht auch die Büste, so viel man durch das hohe Kleid sehen kann. Da sie gar keine Veränderung, auch kein Unbehagen fühlt, so scheint mir eigentlich die

183

Sache noch sehr zweifelhaft. Um fünf Uhr geht sie in eine Kinderbewahranstalt der Kreuzschwestern, wo nach eingezogener Erkundigung keine ansteckende Krankheit zu befürchten ist und dann holt sie mich hier im Wagen zu einer Spazierfahrt mit Fußpromenade ab. Obwohl mir heute Hirsche an verschiedenen Plätzen zur Abendpirsche gemeldet sind, so ziehe ich die Promenade mit Valérie doch vor. Vielleicht beginnt später die Jagdpassion sich wieder zu rühren, aber jetzt ist sie noch nicht vorhanden. Das Wetter ist schön, die Luft kühl mit für Ischl eher starkem Winde, der Dachstein hat frischen Schnee, sonst liegt aber kein Schnee auf den Bergen.

Meine Stimmung ist melancholisch mit wehem Herzen und Heimweh nach Gastein. Als ich gestern den Berg unter der Johannispromenade hinunter fuhr und mich traurig und sehnsüchtig nach der Helenenburg umsah, glaubte ich Deinen weißen Sonnenschirm auf dem Balkon zu erkennen und die Tränen traten mir in die Augen. Nochmals meinen heißen Dank für Deine Liebe und Güte während meines Gasteiner Aufenthaltes; so gute Tage habe ich jetzt selten. Die Fahrt nach Lend ging gut, bei frischer Luft und wir kamen nur zehn Minuten vor der Zeit an, konnten aber gleich abdampfen. Der Dachstein war leider nur theilweise zu sehen, da die höheren Parthien in Wolken gehüllt waren . . .

Heute früh um sieben Uhr bin ich bis zum Weg hinaufgestiegen, der ober Sophiens Doppelblick über die Wiese hinter den Jainzen führt, um mich von dort aus zu überzeugen, daß der Steg über die Ischl zur Felicitas schon gebaut ist. Das Steigen ging leicht und ohne Asthma. Die Freundin schrieb mir, daß sie hofft, richtig Donnerstag spät abend hier einzutreffen, so daß ich sie Freitag vormittag besuchen werde. Vor zwei Uhr war ich im Rudolphsbade, wo ich ein Seifenbad nahm und Morgen werde ich mir die Haare schneiden lassen . . .

Ischl den 16. Juli 1891 1/2 6 Uhr früh
. . . Der Abend war sehr schön und eine Menge sitzende, gehende und besonders fahrende Sommerfrischler bewiesen, daß Ischl doch

184

voller sein muß, als es nach den an vielen Häusern noch angekündigten Wohnungen den Anschein hat . . .

Um 1/2 6 Uhr fuhr ich wieder mit Valérie nach Goisern, von wo wir auf der Soolenleitung nach Anzenau gingen und dann nach Haus fuhren. Das Goisener Thal ist wunderschön grün, die Vegetation herrlich und da verliert im Vergleiche die, mir doch so theuere, Gasteiner Gegend freilich viel.

Souper und Milch war wie vorgestern und während wir beisammen saßen, begann ein Gewitter mit Gußregen, Donner und Blitz, welches mich ins Bett begleitete. Heute ist wieder der schönste, sonnige Morgen. Ich denke, daß Du das schöne Wetter zu größeren Promenaden ausnützen wirst, auf welchen Dich meine Gedanken, die beständig in Wehmuth bei Dir sind, begleiten . . .

Ischl den 18. Juli 1891 1/2 5 Uhr früh

Innigsten Dank für Dein liebes Telegramm von vorgestern, das uns sehr freute . . . Seit gestern abend scheint das Wetter wieder gründlich verdorben und ich fürchte, daß es in Gastein noch ärger sein wird.

Auch Franz, der heute zu Pferde von Aussee kommen soll, dürfte bereits gestern nachmittag recht naß geworden sein und wird auch heute einen nassen Ritt haben. Er ist vorgestern von Wels nach Windisch Garsten, und gestern über Lietzen, Steinach nach Aussee geritten und soll Morgen von hier nach Wels reiten . . . In der Nacht brach wieder ein Gewitter los, während welchem die Freundin ihren Einzug in die Felicitas hielt . . . Ich besuchte sie zu Pferde gestern um neun Uhr, nachdem ich früher bei Valéries Frühstück assistiert hatte. Ich fand sie ziemlich ermüdet von der Reise und der Hetze der letzten Tage in Wien nebst Heublumenbädern, sonst aber wohl. Ich bekam natürlich ein Frühstück und dann besichtigten wir den neuen Steg, der hinter dem Hause über die Ischl gebaut wurde . . .

Ischl den 19. Juli 1891

Ich kann es mir nicht versagen, Dich auch heute wieder mit einem Brief zu plagen . . . Die Gewißheit, daß Du mir wirklich nach unserem Gasteiner Abschiede mit dem weißen Schirm gewinkt hast, macht mich sehr glücklich und ich bin tief gerührt und dankbar . . . Da Dir Valérie selbst von ihren Besorgnissen geschrieben hat, so kann ich es jetzt auch thun. Wir wollten Dich anfangs nicht unnöthig ängstigen, es geht aber unberufen ganz gut, die Anzeichen, welche Valérie erschreckten sind ganz ausgeblieben und Dr. Kerzl glaubt auch fest, daß sie in der Hoffnung ist. Dieser Tage muß auch Widerhofer endlich kommen. Vorgestern kam Valérie verweint zum Frühstücke und meinte, daß alle Hoffnungen dahin sind, sonst fühlte sie sich vollkommen wohl und sah, wie jetzt immer, vortrefflich aus, mit den schönsten Farben. Kerzl meinte, daß sie aus Vorsicht auf der Chaiselongue liegen bleiben sollte und so liegt sie seit zwei Tagen in die élégantesten Schlafröcke gekleidet, ganz wohl und wird noch heute und ich glaube auch morgen liegen bleiben. Ich kann Dir versichern, daß ihr gar nichts fehlt . . .

Ischl den 22. Juli 1891

. . . Es geht Valérie vollkommen gut, sie erscheint seit vorgestern wieder beim Diner und geht spazieren . . .

Nach fünf Uhr ging ich zur Freundin, mit der ich in der Bauernstube saß und die mich dann nach Haus begleitete, wo ich die sauere Milch, so wie täglich, aß, während Valérie soupierte. Vorgestern wollte ich in aller früh auf die Jagd, dieselbe wurde aber wegen dem Regen abgesagt und ich schlief weiter. Als ich aufstand, waren die Berge verhängt, der Himmel umzogen, es regnete aber nicht mehr, später heiterte es sich immer mehr auf und es folgte ein schöner Tag. Ich ging um sieben Uhr mit der Freundin spazieren und frühstückte in der Felicitas, worauf ich noch zu Valéries Frühstück im Frühstückszimmer kam. Nachmittag ging ich mit Valérie, die großentheils im Sessel getragen wurde, auf dem Wege im Walde hinter dem Jainzen bis zur Bank auf der Wiese, wo man in das Frauenthal sieht und wieder zurück, worauf wir noch auf Valéries Balkon saßen. Gestern wurde die vorgestern abgesagte Hirschjagd ganz in der Nähe, auf dem Berge, der zwischen Schrott und Rettenbach liegt, abgehalten . . . Ich erlegte einen starken acht Ender und schoß einen anderen Hirsch schlecht an, die beide vor dem Hunde flüchtig kamen und Giesl schoß einen schwachen acht Ender, das war alles, denn die anderen Herren sahen gar nichts . . . Gestern nachmittag konnte man zwei starke Hirsche von der Villa aus ganz gut am Jainzen stehen und herumsteigen sehen. Ich beobachtete sie eine Zeitlang mit dem Fernrohre. Gestern abend spielte die Musik des 16. bayerischen Infanterie Regimentes aus Passau, die sich bereits vorgestern im Kurgarten produciert hatte, im Garten des Hotel Kreuz und brachte mich, trotz ihres Lärmens, in den Schlaf. Hoffentlich werden diese Abendmusiken nicht wieder Mode, wie vor einigen Jahren . . .

Ischl den 24. Juli 1891

. . . Die Jagd fiel bei günstigem Winde gut aus und es wurden fünf Hirsche, zwei Thiere und neun Gemsen erlegt, wovon ich zwei schwache Hirsche und zwei Gemsen schoß. Um acht Uhr kamen wir nach Hause und ich frühstückte mit Valérie und Franz auf dem großen Balkon . . . Das Barometer ist ein wenig gestiegen, ist aber die letzte Zeit fast immer auf einem Flecke geblieben . . .

Ischl den 26. Juli 1891

Seit meinem vorgestrigen Brief regnet es fast unausgesetzt, die Berge sind voller Nebel und in den Zimmern ist es finster, eigentlich recht melancholisch . . . Um 1/2 8 Uhr fuhren wir in das Theater, das sehr voll war und wo das Ballett ,,Wiener Walzer'' entsetzlich und die Oper ,Cavalerria Rusticana' unglaublich gut gegeben wurde. Gestern früh sollte eine Jagd sein, die aber wegen Regen natürlich abgesagt werden mußte . . .

Ischl den 28. Juni 1891

. . . Ich bin schon sehr neugierig, den Griechen mit Nasenzwicker zu sehen, der ihm eigenthümlich stehen muß. Ach wäre diese Zeit schon da und doch dauert es noch so lange, bis zu unserem kurzen Wiedersehen . . . Es wurde in Fahrnau getrieben, wobei ich drei Hirsche, Albrecht einen und Widerhofer ein Thier erlegte . . .

Ischl den 2. August 1891

. . . Vorgestern früh ging ich ganz kurz mit der Freundin im Garten spazieren, da ich um acht Uhr der Messe im Hause beiwohnte, bei welcher Valérie und Franz kommunizierten. Dann frühstückte ich mit ihnen und übergab Valérie ein schönes Rosenbouqet . . .

Ischl den 5. August 1891

. . . Wenn nur das Wetter besser wird, daß Du warme und nicht so feuchte Spaziergänge machen könntest. Auch stimmt der helle Sonnenschein besser, als das ewige grau der Wolken und der unausgesetzte Regen . . . Während ich vor Beginn des Triebes aus hygienischen Gründen aber nicht sehr dringenden Ursachen hinter meinem Stande verschwunden war, wechselten auf dreißig Schritte von demselben sechs Hirsche vorbei. Ich ärgerte mich . . .

Ischl den 7. August 1891

. . . Indessen haben wir hier Regen und wieder Regen, fast ohne Unterbrechung. Vorgestern früh war es kurze Zeit schön mit Sonnenschein, dann begann es zu gießen und regnete den ganzen Tag. Gestern regnete es von früh bis gegen abend und heute sieht es nicht viel besser aus . . . Ich bin in der früh mit der Freundin in Koth und Nässe ein wenig spazieren gegangen und habe wieder bei ihr gefrühstückt, dann war ich wieder beim Frühstücke der Kinder, diesmal im Saale, denn es war grimmig kalt. Der Dachstein war gestern ganz eingeschneit, wie im Winter und auch am Sarstein lag etwas Schnee. Während dem Frühstücke rannte ein Rehbock wie verrückt auf der Wiese im Garten herum, was die Kinder sehr amüsierte. Von fünf Uhr an heiterte sich der Himmel für kurze Zeit auf und ich ging bei angenehmer, aber sehr kalter Luft mit der Freundin hinter dem Jainzen spazieren, worauf ich mit Valérie in die Griesvilla fuhr, wo um 1/2 8 Uhr die beiden Buben und um acht Uhr Valérie und Leopold soupierten. Gisela war mit den Mädchen in einem Concerte im Kursaale . . .

Ischl den 9. August 1891

. . . Wie bedauere ich, daß auch Du ebenso vom schlechten Wetter zu leiden hast, wie wir hier. Heute ist alles eingenebelt, dabei steht

188

der Barometer sehr hoch und kalt ist es, daß man einheitzen möchte, was auch in der Felicitas bereits geschehen ist. Vorgestern bin ich mit der Freundin in der früh kurz spazieren gegangen und frühstückte bei ihr . . . Ich ging früh ins Bett, um für die gestrige Jagd vorzuschlafen . . . Der Wind war auch schlecht und so fiel die Jagd recht schlecht aus, denn es wurden nur ein Hirsch und zwei Thiere erlegt. Ich fehlte zwei Schüsse.

Ischl den 11. August 1891

. . . Gestern habe ich mit meinen Jagdgästen um 2 1/3 Uhr in der Schwimmschule gefrühstückt, worauf wir beim schönsten Sternenhimmel ins Weißenbacher Thal fuhren, wo die Jagd in der oberen Rehstatt gemacht wurde, die ziemlich gut ausfiel, denn es wurden sieben Hirsche, fünf Thiere und ein Gemsbock erlegt. Ich machte nur einen Schuß, mit dem ich einen geringen Hirsch streckte . . . Nachmittag ging ich mit der Freundin hinter dem Jainzen und durch den Garten zurück, während Valérie sich mit der Gräfin Kornis über die Sattelau tragen ließ . . ."

In einer bürgerlichen, fast kärglich zu nennenden Welt lebt der Kaiser in seiner Ischler Villa. Ihm genügt der sie umgebende große Park, der in den Jainzenwald übergeht. Die Jagd ist der Inbegriff seines Ischler Landlebens. In Lederhosen und einen Lodenrock gekleidet geht er auf die Pirsch.

Zu seinem 80. Geburtstag wird man hier nicht eines jener bombastischen Denkmäler der Zeit enthüllen, sondern eines der gemütvollsten, das Kaiser-Jagdstandbild.

Von der Kaiservilla führt ein Privatweg zum Haus Felicitas, wo Katharina Schratt wohnt. Durch die Freundschaft mit der Schauspielerin besucht auch der Kaiser öfter Theatervorstellungen, auch in Ischl. Vom Theaterdirektor Wild, der von 1885 bis 1903 dem Ischler Theater vorstand, sagte man, er lebe ,vom roten Teppich in den Mund'; denn diesen Teppich ließ er aufrollen, wenn sich der Kaiser oder ein Mitglied des Kaiserhauses angesagt hatte. Weil sich dann das Theater schnell füllte, ließ er dies auch tun, wenn eine schlechte Aufführung einen geringen Besuch versprach. Sonst wa-

189

ren die Sommergäste durchaus musikalischer als es Franz Joseph war: Johannes Brahms, Franz von Suppé, Carl Michael Ziehrer und Johann Strauß hielten sich in dem Orte gerne auf.

Aus den kaiserlichen Briefen ist ersichtlich, daß Valérie in anderen Umständen ist. Sie schreibt Elisabeth Briefe, die vor Freude über ihr künftiges Mutterglück überschäumen, erhält aber meist recht melancholische Antworten:

,,Mir scheint die Geburt eines neuen Menschen ein Unglück, es lastet solch ein Druck auf mir, daß ich es oft wie einen physischen Schmerz empfinde und am liebsten tot sein möchte . . ."

Die Kaiserin muß immer weiter reisen und marschieren. Ihre bisherigen Ziele genügen ihr nicht mehr. Sie fragt bei dem Sonderling des Erzhauses an, bei Ludwig Salvator, was er über Tasmanien wisse. Sie reizt dieses Eiland, weil es die Engländer mit Korfu vergleichen. Sie möchte unbedingt diese Insel sehen und verknüpft damit den Plan einer Weltreise, stößt aber beim Kaiser auf taube Ohren.

Inzwischen ist ihr ,Tuskulum' auf Korfu fertiggestellt. Die besten Architekten und Künstler hatte man für sie beauftragt. Hochoben in die Felsen hat man diesen paradiesischen Aufenthalt hineingebaut, der den Namen ,Achilleion' trägt.

,,Das ist mein Asyl, wo ich mir ganz gehören darf'', sagt sie. Der Bau mit seinen vermischten Stilarten ist wohl nicht ganz geglückt, aber die Umgebung ist so wundervoll, daß allein die Szenerie alles aufwiegt. Die Möbel wurden im altrömischen Stil gebaut, darauf liegen Glasfrüchte, die mit farbigem elektrischem Licht angestrahlt werden. Klassische und weniger klassische Figuren werden aufgestellt und ein Denkmal für den Lieblingsdichter Heinrich Heine geschaffen. Der Kaiser übernimmt großzügig die Mehrkosten aus seiner Privatschatulle. Alles soll im Hause im Zeichen des heiligen Tieres der griechischen Mythologie, des Delphins, stehen. Porzellan, Wäsche und Briefpapier erhalten das Symbol, den mit der Kaiserkrone überhöhten Delphin.

190

Und Gräfin Festetics schreibt nach Wien, daß sich die Kaiserin trotzdem nicht glücklich fühlt. Obwohl sie wieder Fußschmerzen quälen, macht sie ihre Märsche durch das Inselreich oder badet vor- und nachmittags im Meer und läßt sich noch nachts Meerwasserpackungen geben, weil sie Angst vor dem ,Starkwerden' hat. Diese Gewaltkuren müssen an ihren Nerven zehren!

Im November fährt sie mit der ,Miramar' nach Ägypten. Drei Wochen wohnt sie im berühmten Kairoer Hotel ,Shepherd'. Auch im zeitweilig unerträglich heißen Klima der Umgebung von Kairo macht sie ihre Fußmärsche, die sie noch ausdehnt, als sie merkt, daß das heiße Klima ihren Füßen guttut. Der österreichische Vertreter in Kairo meldet:

,,Die pedestrische Leistungsfähigkeit Ihrer Majestät ist eine so bewundernswürdige, daß die Geheimpolizei es für unerträglich erklärte, der allerhöchsten Frau anders als zu Wagen zu folgen."

Von Ägypten aus kehrt Elisabeth über Korfu nach Wien zurück. Der Kaiser hat wieder einmal politische Sorgen und meint, da sie all dem so fern steht, könne sie ein objektiveres Urteil bilden. Der Kaiser unterhält sich mit ihr während der alltäglich lange Zeit in Anspruch nehmenden Handlung des Frisierens auf ungarisch, damit sie der ebenfalls anwesende Griechischlehrer Christomanos nicht verstehen kann. Christomanos schreibt darüber in seinen Tagebuchblätter, was die Kaiserin zu ihm sagte, als der Kaiser den Raum wieder verlassen hatte:

,,Ich habe jetzt mit dem Kaiser Politik besprochen. Ich möchte, ich könnte helfen . . . Ich habe aber zu wenig Respekt davor. Politiker glauben, die Ereignisse zu führen, und werden doch immer davon überrascht."

Der kleine bucklige Grieche ist in ihrer Nähe wie verzaubert. Durch extravagante Kleidung und Riechwässerchen versucht er seine wenig passable Erscheinung aufzuwerten. Er wirkt zwar in jeder Hinsicht affektiert, ist aber sehr belesen und kann dadurch eine Zeitlang den Gesprächspartner fesseln.

191

Auf die Dauer ist er jedoch nicht der Lehrer, den sich Elisabeth wünscht . . .

Im Januar 1892 wechseln die Ereignisse zwischen Leben und Tod. Ihre Tochter Valérie steht kurz vor ihrer ersten Entbindung, und aus Bayern erhält sie die Nachricht, daß ihre vierundachtzigjährige Mutter eine fiebrige Erkrankung hat. Am 26. kommt die Nachricht vom Tod der Herzogin Ludovika und am 27. die frohe Kunde, daß Valérie eine Tochter geboren hat. Sie erhält den Namen Elisabeth Ella. Diese Ereignisse sind zuviel für die Nerven der Kaiserin, sie entflieht nach Korfu.

Des Kaisers Briefe senden
Elisabeth Familiensinn in die Ferne

Elisabeths Griechischlehrer kommt bei ihren schnellen Märschen auf Korfu kaum mit, und er sieht die Verwandlung, die diese Insel auf ihr Wesen ausübt.

,,Man muß sich, um mit dem Leben auszukommen, schließlich zu einer Insel machen'', meint er, ,,denn die Menschen tun den Dingen immer Unbill an, nur wo die Dinge allein sind, behalten sie ihre ewige Schönheit. Man denke nur, daß nach hundert Jahren kein Mensch mehr aus unserer Zeit da sein wird, kein einziger, und wahrscheinlich auch kein Königsthron mehr. Immer wieder neue Menschen, neue Mohnblumen, neue Wellen. Die sind wie wir, wir sind auch nichts mehr. Als ich das erste Mal in Corfu war, habe ich die Villa ‚Braila' oft besucht; sie war herrlich, weil sie inmitten ihrer großen Bäume ganz verlassen war. Das hat mich so zu ihr hingezogen, daß ich aus ihr das ‚Achilleion' gemacht habe . . . Eigentlich bereue ich es jetzt. Unsere Träume sind immer schöner, wenn wir sie nicht verwirklichen . . .''

Konstantin Christomanos wird durch Frederic Barker ersetzt, der halb Engländer, halb Grieche ist.

Christomanos wird später noch einmal Aufsehen erregen, als er seine Tagebuchblätter veröffentlicht. Der zweite Teil ist nie erschienen und man munkelt, daß diese Ergüsse der Kaiserhof in Wien aufgekauft hat. Die Hofdame Ida von Ferenczy nennt ihn einen feinsinnigen Schwätzer . . .

Ihre ‚Lehrer' hatten einen wahrlich schweren Dienst bei ihr. Erst Christomanos, dann Pali, der scherzweise ‚Spazierstock' genannt wird, dann wieder Christomanos und schließlich Barker. Wenn quälende Gedanken bei der Kaiserin die Oberhand gewinnen, müs-

sen die an ihrer Seite marschierenden Lehrer abwechselnd englisch, französisch und griechisch parlieren. Wissenschaftliche Themen wechseln mit Dramen und Gedichten ab. Dieser Dienst dauert vier bis fünf Stunden, sei es auf Korfu oder in der Hitze Afrikas. Barker lernte sie in Kairo kennen, und er ist der richtige Mann für sie, er ist der ‚Fußgänger nach ihrem Sinn'.
Er berichtet:
„Es gab Tage, da ich zwölf Stunden sprach, sang, vorlas. Ich las im Gehen, ich rezitierte, mitunter setzten wir uns, und ich sang griechische Schäferlieder oder Gedichte zur Gitarre. Sie plauderte griechisch, französisch oder englisch mit mir."
Die Kaiserin hält sich in Athen auf, fährt dann nach Österreich zurück, um sich in Lichtenegg bei ihrer Tochter aufzuhalten. Im Juni 1892 hält sie sich in Karlsbad auf. Noch ist der bucklige Grieche bei ihr, doch er hält die stundenlangen Märsche durch das Auf und Ab der böhmischen Wälder nicht mehr lange aus. Aber auch ihr werden Grenzen gesetzt, so erleidet sie schon einmal einen Ohnmachtsanfall, denn sie ißt ja auch kaum etwas. Kurz darauf fällt sie während des Frisierens in Ohnmacht. Gräfin Festetics berichtet:
„Ihre Majestät sieht derart schlecht aus, daß einem das Herz weh tut . . . Sie hat die fixe Idee, daß sie zunimmt. Wenn ich sie nicht so viel bitten würde, glaube ich, wäre sie längst Hungers gestorben. Dabei ist sie unglaublich sanft und gut . . ."
Der Kaiser schreibt aus Tegernsee, wo er an einem Familienfest teilnimmt:
„ . . . Die so lange ersehnten Nachrichten von Dir beruhigen mich aber leider gar nicht, daß Du blaß und fatiguirt aussehen sollst, wieder viel zu viel Bewegung machst und zu wenig ißt. Hoffentlich wird Ischl gut machen, was Karlsbad verdorben hat. Durch diesen Brief erhielt ich auch wieder Nachricht von der Freundin, die gar nicht mehr schreibt, sich aber wohl und wieder normal zu befinden scheint . . ."

194

Zum 25-jährigen Jubiläum der Krönung in Budapest will man die Kaiserin nach Ungarn einladen, aber auch das von ihr so heiß geliebte Land interessiert sie nicht mehr.

Von Karlsbad fährt sie zu ihren Verwandten nach Bayern, von dort aus in die Schweiz, besucht dort den Rigi, Zürich, Kaltbad-Rigi und Luzern. Wie immer macht sie ihre Dauerspaziergänge, und der Obersthofmeister Baron Nopcsa berichtet nach Wien: „Ihre Majestät ist sehr gut gelaunt und rennt umso mehr . . ." Christomanos gibt endgültig auf, und Barker macht die Läufe der Kaiserin mit.

Der Kaiser berichtet von seinem gemütlichen Sommeraufenthalt in Ischl am 31. August 1892:

„Zwei Telegramme Nopcsas, für welche ich herzlich danke, beruhigten uns über Deine glückliche Ankunft in München und Zürich . . . An beiden Tagen war ich um sieben Uhr früh bei der Freundin und fand dann unsere Töchter auf dem Balkon. Vorgestern nachmittag bin ich mit der Freundin in die Zimitz-Wildniß gegangen, wo die Schnee- oder eigentliche Eismasse wirklich auffallend groß ist. Es erinnert an die Lawinenreste am Wege zum Naßfeld, nur konnte ich nirgends die Spuren des Lawinenabsturzes entdecken. Ich kam erst um acht Uhr nach Haus. Gestern habe ich um ein Uhr gebadet, bei ziemlich frischem, aber sehr angenehmen Wasser und dann ließ ich mir die Haare schneiden.

Nachmittag ging ich in die Felicitas und als es weniger heiß wurde, mit der Freundin hinter den Jainzen und über die Cottage zurück. Heute früh werde ich von ihr Abschied nehmen, da sie um elf Uhr nach Gastein reist. Um 8 1/4 Uhr abends verlasse ich Ischl.

Von Kaprun geht oder reitet man fünf Stunden zur Rainer oder zur Orgler Hütte, welche unweit von einander entfernt liegen und beide bewirthschaftet sind. Von diesen Hütten ist noch eine Stunde auf den Moserboden . . . Genaueres wird die Freundin nach eigener Erfahrung berichten können.

Gestern erhielt ich einen Brief Alberts von Sachsen mit der Anzeige, daß er am 26. Septr. zu den Gebirgsjagden in Schönbrunn eintreffen wird.

Bisher ist in der Monarchie noch kein Fall asiatischer Cholera, aber in Galizien haben die Fälle von Cholera nostra etwas zugenommen, so daß der Boden für die sich der Grenze immer mehr nähernden echten Cholera gut vorbereitet ist. In Hamburg scheint die Krankheit stark zu wüthen . . ."

Ende September kehrt die Kaiserin nach Gödöllö zurück. Der Rest ihres Reitstalles wird dort aufgelöst, und mit Wehmut kehrt sie nach Wien zurück.

Die Reisewut packt sie wieder, diesmal geht es über Sizilien und die Balearen nach Spanien. Marie Festetics erkennt die Ausflüchte der Kaiserin:

,,Ich verstehe, daß man die Wärme sucht, aber es gehört ein besonderer Geschmack dazu, im Winter drei Monate am Schiff zu verbringen. Wohin wir fahren, weiß eigentlich nicht einmal Ihre Majestät . . ."

Dem Kaiser bleibt nichts anders übrig, als seiner Gattin von der Adventszeit bis Weihnachten Briefe an Plätze zu senden, die vielleicht das Ziel ihrer Reisen sind.

,,Wien den 10. Dezbr. 1892

Édes, szeretett lelkem,

Da Du nach dem gestern erhaltenen Telegrammen Nopcsas und des Schiffscommandanten wegen Sturm nach Sizilien zurückgekehrt bist und in Palermo wahrscheinlich einige Tage zubringen wirst, so versuche ich es noch einmal, Dir nach Palma zu schreiben in der Hoffnung, daß dieser Brief Dich dort noch erreichen wird. Hätte ich ahnen können, daß Deine Reise auf so viele Hindernisse stoßen würde und daß Du so lange in Sizilien weilen würdest, so hätte ich Dir dorthin Nachricht geben können, so aber wirst Du in Palma eine ganze Bibliothek von Briefen finden, die Du in Deinem geringen Vergnügen gezwungen sein wirst, selbst zu lesen, da ich zum gewohnten Vorlesen leider nicht bei der Hand sein werde. Da es Dir doch hauptsächlich um Seeluft und Zeitverlust zu thun ist, so wirst Du über Deine so verzögerte und wenig vom Wetter begünstigte Reise nicht böse sein und vielleicht gibst Du die gefährliche Fahrt nach Biarritz auf, was mich unendlich beruhigen würde . . . Um elf Uhr fuhr ich wieder zum Maler und von ein bis drei Uhr hatte ich Militär Sitzung, um sechs Uhr Diner, bei welchem ich zwischen dem Cardinal Gruscha und dem Grafen Beleredi saß, worauf ich ins Burgtheater fuhr, wo ,Dorf und Stadt' gegeben wurde.

Der Kronprinz von Dänemark saß gegenüber in der Paterre Hofloge und da ich ein höflicher Mann bin, so ging ich hinüber und leistete ihm Gesellschaft bisneun Uhr, worauf ich nach Hause fuhr . . . Gestern speiste ich um fünf Uhr allein und dann fuhr ich wieder ins Burgtheater, wo ein mir noch unbekannter Einakter ,Die Rose' und ,Flattersucht' gegeben wurde. Im letzten Stücke spielte die Freundin . . .

Wien den 13. Dezember 1892

. . . Gestern hatte ich eine ziemlich lange Audienz, von ein bis gegen 1/2 3 Uhr war ich mit der Freundin bei Ida, um fünf Uhr speiste ich allein und dann ging ich ins Burgtheater, wo der alte ,Veilchenfresser' gegeben wurde, in welchem die Freundin spielte und ein neuer Schauspieler zum ersten Male auftrat. Ich blieb bis neun Uhr. Das Papier geht zu Ende und so schließe ich diesen uninteressanten Brief indem ich Dich in Liebe und Sehnsucht und mit dem heißen Gebete umarme, daß Gott Dich beschütze und uns ein nicht zu spätes Wiedersehen gewähre.   Dein

Kl

Wien den 16. Dezbr. 1892

. . . Um 1/2 8 Uhr fuhr ich ins Burgtheater, wo ich Frl. Pospischil als Jungfrau von Orléans sehen wollte. Die Vorstellung ließ manches zu wünschen übrig. Ich blieb bis 1/2 10 Uhr. Vorgestern war ich wieder von 1/2 12 bis ein Uhr beim Maler und fuhr dann nach Schönbrunn. Bei sonnigem, aber windigem Wetter ging ich mit der Freundin im Garten und in der Fasanerie . . .

Mürzsteg den 19. Dezember 1892

197

. . . Heute will ich aber meine innigsten, herzlichen Glückwünsche zu Deinem Geburtstage mit der schönen Bitte darbringen, daß Du vielleicht auch in der kurzen Zukunft, die uns noch bemessen ist, ebenso gut und lieb zu mir seiest, wie Du es in immer zunehmenden Maße für mich warst. Aussprechen möchte ich es doch auch, da ich es nicht genug zu zeigen weiß, es Dich auch langweilen würde, wenn ich es immer zeigen würde, wie unbändig lieb ich Dich habe. Gott segne, beschütze Dich und gebe uns ein gemüthliches Wiedersehen, mehr haben wir nicht zu wünschen und zu hoffen... um fünf Uhr habe ich allein gespeist und dann war ich bis neun Uhr im Burgtheater, wo die Freundin in den ,Journalisten' spielte. Deine Grüße werde ich ihr ausrichten . . .

Mürzsteg den 21. Dezbr. 1892
. . . Die Sonne scheint vom wolkenlosen Himmel in mein Zimmer und die schneebedeckten Berge glänzen in wunderbarer Pracht. Es ist aber kälter geworden (heute früh 4° unter Null) und so finde ich es behaglicher im gutgeheizten Zimmer zu sitzen als auf dem hohen Gemsstand zu frieren. Mit dem Alter wird man faul und theilnahmslos! Gestern habe ich keinen Schuß gemacht, und so kehre ich nach Wien zurück, ohne ein Stück erlegt zu haben . . . Heute abend fahre ich nach München und von dort werde ich Dir, wo möglich, schreiben . . .

Wien den 29. Dezember 1892
Gestern erhielt ich beim Erwachen Nopcsas Telegramm mit der Anzeige Deiner Abreise von Palma nach Valencia und Nachmittag jenes mit der Meldung Deiner glücklichen Ankunft an jenem Orte nach wieder bewegter See, die Dich ständig zu begleiten scheint. Da in dem ersten Telegramme der Wunsch ausgesprochen ist, die Briefe nach Valencia zu schicken, so versuche ich dieses Schreiben dahin zu senden, obwohl ich fürchte, daß es Dich selbst nicht mehr erreichen wird, so wie Du wohl auch meine Briefe Nr. 9 und 10 kaum mehr in Palma bekommen hast. Morgen, den 26. brachte mir der Kurier nach München Deinen langen, interessanten Brief an Valérie vom 19., für welchen ich, da er ja doch auch für mich

198

Erzherzogin Sophie

bestimmt war, innigst danke so wie für das wunderbare, gracieuse, diplomatisch vollkommene Concept Deines Schreibens an Christa . . . Um sieben Uhr fuhr ich mit Leopold und Gisela in das große Hoftheater, wo Rigoletto mit einem portugiesischen Sänger als Gast gegeben wurde. Eigentlich gingen wir vor meiner Abreise noch ins Theater, um Louis Frau von Weitem zu sehen, allein war er leider ohne dieselbe in seiner Loge. Um acht Uhr begleiteten mich Leopold und Gisela aus dem Theater zum Bahnhof, von welchem ich in einem unglaublich langsamen Bummelzug abreiste, den ich gewählt hatte, um nicht mitten in der Nacht in Lichtenegg anzukommen. Ich schlief recht gut und sehr lang, da wir erst vorgestern um sieben Uhr und einige Minuten in Wels eintrafen. Franz erwartete mich am Bahnhofe und führte mich nach Lichtenegg . . .''

Die Diplomaten melden in ihren Berichten in alle Himmelsrichtungen, daß sich die Kaiserin von allen Pflichten zurückgezogen hat und fast das ganze Jahr von Österreich fern bleibt. Die Festtage verbringt sie nicht bei ihren Lieben, sondern streift am Heiligabend in Valencia umher. Der Kaiser fährt zu Tochter und Schwiegersohn, um dort Silvester zu verbringen, die Kaiserin fährt nach Malaga und Granada, bewundert dort die Alhambra und schlägt eine Einladung des Königshauses aus, weil sie angeblich Ischias hat. Von Cadiz geht es nach Gibraltar zurück. worüber sie an Valérie schreibt:

,,So ein lieber, sympathischer Ort. In Spanien liebe ich es am meisten, hauptsächlich weil es englisch und alles in der Stadt so rein ist. Sehr lustige Negergeschäfte gibt es hier. Jeden Tag gehe ich in eines, und so ist es nur das Verdienst der Marie Festetics, daß ich noch nicht im Schuldturm sitze. Doch kann sie derart gut handeln, daß wir fabelhaft billig kaufen.''

Baron Nopcsa schreibt an Ida Ferenczy:

,,Ihre Majestät kauft derart viel Verschiedenes ein, daß das Schiff schon so voll ist, da die nach Korfu bestimmten Gegenstände auch noch am Schiff sind . . .''

200

Weiter kreuzt das Schiff mit der seltsamen Dame in Schwarz durch das Mittelmeer. Sie geht auf Mallorca an Land, fährt hinüber nach Spanien, um in Barcelona ihre Märsche durch die Stadt zu machen, ist plötzlich an der Riviera zu sehen und taucht kurz darauf in Turin auf.

Titel und Würden bedeuten ihr ja bekanntlich nichts, sie sind nur bunte Lappen, mit denen man sich behängt, um die eigenen Kümmerlichkeiten zu bedecken. So existiert auf diesen Reisen eigentlich die Kaiserin von Österreich gar nicht. Sie trägt sich in den Hotels als Elisabeth, Königin von Ungarn ein und das sehr selten; meistens ist sie die Gräfin von Hohenembs oder eine Frau Folna oder benutzt den griechischen Namen Megaliostos. Wenn sie sich auf dem Meer bewegt, nennt sie sich Mrs. Nicholson.

Der Kaiser hat große Mühe, seine Briefe an die richtigen Orte zu richten. Er numeriert seine Schreiben sorgfältig und läßt sich bestätigen, daß sie auch alle angekommen sind. Das Jahr 1893 hat Europa unter einer hohen Schneedecke begraben, außerdem herrscht eine grimmige Kälte. Franz Joseph weiß seine Gattin in Gebieten mit angenehmeren Temperaturen, und das genügt ihm.

Große Freude herrscht beim Kaiser wie bei der Kaiserin, als Valérie einen Knaben zur Welt bringt. Sie müssen dabei an ihren einzigen Sohn denken, der so tragisch von ihnen gegangen ist und der Enkel wird ‚zu einer Art Ersatz‘. Beginnen wir mit Ausschnitten aus den ‚Suchbriefen‘ des Kaisers:

„Wien den 1. Jänner 1893

Das neue Jahr bricht an, und so sende ich Dir meine besten Wünsche; Gott segne und beschütze Dich, Er gebe uns ein weniger trübes Jahr als das abgelaufene, wozu allerdings wenig Aussicht ist. Eines aber hoffe ich mit Zuversicht, daß unser gutes Einvernehmen, unsere alte Liebe im neuen Jahr dieselbe sein werden wie im alten. Gestern nachmitag im Tedeum habe ich in trüber Stimmung recht inbrünstig für Dich und unsere Lieben gebetet.

. . . Da Du meine Briefe Nr. 7 und 8 schon hattest, so fehlen noch drei, von denen Nr. 9 und 10 nach Palma gingen, von wo Ludwig

201

sie Dir hoffentlich nachschicken wird, während Nr. 11, wie mir Nopcsa gestern telegraphierte, von Valencia nachgesendet wird . . . Um sechs Uhr aß ich allein und fuhr dann ins Burgtheater, wo ,Die beiden Leonoren', ein Stück, das ich noch nicht kannte, gegeben wurde und wieder ein Gast, Frl. Kramm vom Hoftheater in Berlin, zum ersten Male auftrat. Sie spielte mit vielem Applomb und viel Routine und gefiel. Gestern war ich um 1/2 11 Uhr im Museum am Ringe, um eine Weihnachtsausstellung und eine Ausstellung mittelalterlicher Einrichtungsgegenstände anzusehen . . .

Wien den 4. Jänner 1893

. . . Zu meinem Déjeuner erhielt ich von Ida Würste und Schweinsbraten, sehr gut, aber fett und die Würste wiederholten sich . . . Es war kalt bei ruhiger Luft, schneite mäßig und die Wege waren gut ausgeschaufelt, im kleinen Garten liegen die Bretter, und den Vögeln wird Futter gestreut. Ich dachte an Dich und an unsere Promenaden mit den armen schwarzen Vögeln . . . Ich fuhr doch noch ins Burgtheater, wo die gastierende Frl. Kramm sehr schlecht das Käthchen von Heilbronn gab . . .

Wien den 7. Jänner 1893

Gestern erhielt ich ein Telegramm Nopcsas aus Granada mit der Anzeige, daß Du übermorgen abend wieder in Malaga eintreffen willst. Da Du vielleicht einige Tage dort zubringen wirst und da ich auf meine an Dich nach Malaga gerichtete Anfrage natürlich noch keine Antwort erhielt, so will ich versuchen, diesen Brief nach Malaga, poste restante, zu schicken. Ich besorge, daß Du jetzt wieder lange keinen Brief erhalten hast, da zwei der meinigen Dich in Palma nicht mehr erreicht haben und der von Valencia nachgeschickte Dich kaum mehr in Malaga angetroffen hat . . .

Hier sitzen wir noch immer in grauem und braunem Nebel, umgeben von kolossalen Schneehaufen. Heute 4° Kälte. Im Gebirge sind jetzt die Schneeverhältnisse so günstig, daß ich wahrscheinlich am 11., 12. und 13. in Mürzsteg jagen werde . . .

Mürzsteg den 12. Jänner 1893

202

Jetzt habe ich Dir ungewöhnlich lange nicht geschrieben. Brief Nr. 14, den Du noch nicht erhalten hast, war vom 7., allein ich hatte wenig Zeit und kam am 9. und 10. sehr spät ins Bett und dann wußte ich eigentlich nicht, wohin ich adressieren soll . . . Um acht Uhr war Hofball in den Redoutensälen, beginnend mit dem Cercle des diplomatischen Corps im Marmorsaale, der sehr lange dauerte, da Marie Therese sich eben nicht Deine Geschicklichkeit und Schnelligkeit angewöhnen kann. Die elektrische Beleuchtung der Redouten Säle war wirklich glänzend taghell und die Hitze sehr mäßig. Damen waren wenig, da die meisten noch auf dem Lande sind. Vor zwölf Uhr war die Geschichte aus . . . Um sieben Uhr fuhr ich in das Theater an der Wien, wo eine Operette von Strauß zum ersten Male gegeben wurde. Die Directrice, Frl. v. Schönerer hatte mich in Audienz gebeten, ihr Theater einmal zu besuchen. Um nicht allein zu sein, was mich geniert hätte, habe ich Ludwig in die Loge bestellt. Die Vorstellung dauerte bis 1/2 11 Uhr, daher kurzer Schlaf, da ich, wie gesagt, gestern schon früh auf die Bahn mußte.
Paar hat seinen Onkel, den früheren Botschafter beim Papste verloren, der auf der Promenade in Meran todt umgefallen ist . . .''
Die ‚Directrice' des Theaters an der Wien schien die Schwächen der neuen Strauß-Operette, ‚Fürstin Ninetta', erkannt zu haben, deren süßlich alberner Text nicht gerade erfolgversprechend war. Die geschäftüchtige Direktorin glaubte, mit dem Besuch des Kaisers einen Serienerfolg auszulösen. Fünfundzwanzig Jahre hatte der Kaiser nicht das Haus an der Wienzeile besucht und hielt auch seine gnädige Antwort ein, die lautete:
,,Ich will gerne kommen, wenn es mir die Zeit gestattet.''
So wurde das Stück, obwohl es nach der Kritik ‚ein Schmarrn' war, 76mal gegeben, ging noch über vierzehn andere Bühnen und verschwand dann. Der Kaiser hat durch seine Anwesenheit bei der Premiere zweifellos Operettengeschichte gemacht . . . Er kümmert sich weiterhin sehr besorgt um den Verbleib seiner für die Gattin bestimmten Briefe . . .

„Wien den 15. Jänner 1893
. . . Übrigens muß es Luigi mit dem Nachsenden von Nr. 9 und 10 besonders ungeschickt gemacht haben. Hier haben wir unausgesetzt die bitterste Kälte mit Schneemassen, gestern und heute früh 10° am Burgplatz und gestern fast den ganzen Tag andauernden dichten Schneefall . . .

Wien den 17. Jänner 1893

. . . Hier so wie in ganz Europa haben wir unausgesetzt die empfindlichste Kälte, gestern und heute an meinem Fenster 13°, am äußeren Burgplatze waren gestern 15°, im Augarten 19°. Vorgestern schneite es wieder stark. Gestern war Sonnenschein ohne Erwärmung. Am Tage nach meiner Abreise von Mürzsteg waren dort 22° und ich bin froh, dieser Kälte entgangen zu sein . . . Gestern erhielt ich wieder einen Brief Valéries, den ich hier beilege. Gott sei Dank, daß es ihr, trotz der grimmigen Kälte gut geht. Von allen Seiten hört man von unglaublichen Kältegraden, von Schneemassen und Verkehrsstörungen. In Triest muß es besondes arg gewesen sein und nach den Zeitungen sollen in Miramar viele Pflanzen erfroren sein . . .

Den 20. Jänner. Gestern nachmittag erhielt ich Dein Telegramm aus Sevilla mit dem Auftrage nach Mal(l)orca, Luigi zu schreiben . . .

Wien den 24. Januar 1893

. . . Um elf Uhr empfing ich den Nuntius, der sich als neuernannter Cardinal vorstellte und den päpstlichen Nobelgardisten vorstellte, welcher ihm das rothe Kapperl gebracht hat. Am 1. Februar werde ich dem Nuntius und dem Primas das Barett aufsetzen . . .

Wien den 29. Jänner 1893

. . . Da ich vermuthe, daß Du nur wenige Tage in Mallorca zubringen wirst, wo Du vier Briefe von mir erhalten sollst, so schicke ich diese Zeilen bereits an das General-Consulat in Barcelona mit der Weisung, Dir dieselben zukommen zu lassen. Morgen früh sollst Du in Mallorca eintreffen, an einem traurigen Tage, an welchem meine Gedanken in Schmerz und Erinnerung mit Dir vereinigt sein

204

werden. Ich werde morgen eine Messe hören und dann unseren theueren Unvergeßlichen in der Gruft besuchen. Zur Fahrt nach Mayerling ist es zu kalt und der Weg zu schlecht . . .

Wien den 10. Februar 1893

. . . Glücklich bin ich, daß Du den Aufenthalt im Choleraverseuchten Marseille aufgegeben hast und nach Villefranche gefahren bist . . .

Wien den 15. Februar 1893

Innigsten Dank für Dein vorgestriges Telegramm aus Villefranche mit der Mittheilung, daß Du Nr. 23 und 25 erhalten hast; es fehlt also nur 24, der nach Marseille gegangen ist. Auch für den angekündigten Brief danke ich schon im voraus und ich erwarte ihn Morgen mit Sehnsucht. Gestern abend habe ich telegraphisch bei Dir angefragt, ob ich nach Villefranche schreiben soll, und so warte ich auf Deine Antwort, ehe ich diesen Brief expediere. Ich denke, daß Du von Villefranche directe nach dem Genfer See reisen wirst . . . Nach der Karte und der Beschreibung im Bädeker, welchen mir Valérie neulich schickte, scheint Territet geschützt zu liegen und so hoffe ich, daß Dir der Clima Unterschied nicht gar zu empfindlich sein wird. Für mich wird, wenn ich Dich, wie ich hoffe, besuchen kann, die warme Luft eine angenehme Erholung nach dem überstandenen kalten Winter sein, der mir übrigens weniger empfindlich war, als der vorjährige. Jetzt haben wir fortgesetztes Thauwetter ohne zu plötzliche Wärme und mit häufigem Sonnenscheine. Der Eisstoß ist hier großentheils abgegangen, ohne nennenswerthen Schaden zu machen, aber abwärts steht das Eis noch immer fest, so daß für Ungarn noch immer Gefahr vorhanden ist . . .

Wien den 18. Februar 1893

Sonst ist also das große Ereignis glücklich überstanden . . .

Es war eine wahre Überraschung, daß es so früh kam, aber eine große Freude bleibt es doch und mich hat eigentlich ein Bub mehr gefreut, als wenn es ein Mädchen geworden wäre. Ich weiß nicht warum, aber ich muß immer an Rudolf denken, es ist zwar ein schwacher, aber doch eine Art Ersatz. Herzlichsten Dank für Dein

Telegramm von gestern aus Turin. Ich werde täglich durch Ida an die Gräfin Festetics telegraphieren lassen, um Dein Incognito zu respectieren. (!) Aus beiliegendem Briefe Valéries ersiehst Du, daß sie vorgestern noch ganz wohl war. Ein Glück ist es, daß Frau Wowes rechtzeitig in Lichtenegg eintraf. Ich erhielt die erste Nachricht durch ein Telegramm Lederers an Hofrath Braun, welche mir das Telegraphenamt schickte und welches die Mittheilung enthielt: ‚Wehen haben begonnen nachts, Ansicht von Frau Wowes — Entbindung bevorstehend.' Es war sieben Uhr früh und ich telegraphierte gleich an Lederer um Nachricht, wie es gehe. Um 7 Uhr 55 Min. erhielt ich bereits seine Antwort: ‚Alles gut ein Prinz Euer Majestät.' Ida hatte ich aufwecken lassen und sie expedierte gleich das von mir koncipierte Telegramm an die Gräfin Festetics . . .

Wien den 19. Februar 1893

. . . Der Kleine ist lebhaft und vollkommen gut gebildet. Alle Organe gut; er trinkt bereits ganz eifrig, nur glaubt Widerhofer, daß Valéries, auf ihren Wunsch fortgesetzten Versuche, das Kind selbst zu stillen, keinen günstigen Erfolg haben werden. Die Amme aus Iglau findet er zu zart und so wird er zwei robuste Ammen in Preßburg ansehen, die er dann in Bereitschaft halten will. Er erzählte mir, daß Valérie und Franz unendlich glücklich sind. Von Ella ist er ganz entzückt, nur will sie keine Fleischsuppe essen und ist bei solchen Gelegenheiten recht ungezogen . . .

Wien den 20. Februar 1893

. . . Widerhofer war gestern in Preßburg, wo er zwei Ammen sah, die ihm recht gut gefielen, da ihm aber heute noch stärkere Exemplare versprochen wurden, so will er heute früh wieder nach Preßburg fahren. Wie ich bereits schrieb, ist das aber vor der Hand nur eine Reserve für die jetzige Amme. Petite geht heute nach Lichtenegg zur Taufe, ich fahre, wie bereits berichtet, erst morgen früh . . .

Wien den 23. Februar 1893

. . . Von Valérie und dem Kleinen kann ich Dir, Gott lob, nur die besten Nachrichten geben. Valérie sieht gut aus, ist frisch und nicht angegriffen und hat die schönsten Farben. Sie ist sehr glücklich und zufrieden und sagt, daß die Entbindung dieses Mal leichter ging und besonders viel kürzer war, wie das erste Mal. Der Kleine ist frisch und lebhaft, schreit ordentlich, trinkt mit Passion und vielem Schmatzen und Grunzen. Schön finde ich ihn nicht, Widerhofer aber, der doch eigentlich ein strenges Urtheil hat, sagt, daß es ein schönes und hinreichend dickes Kind ist. Die Nase ist groß und dick (Erdäpfel-Nase) die Augen scheinen groß, wenigstens lang geschlitzt sind sie, so viel ich sah, da er sie nur halb öffnete. Braun meint, daß die Geburt ungefähr zehn Tage zu früh war, aber der Kleine ist vollkommen reif und ausgebildet mit vielen Haaren. Das Stillen hat Valérie gleich aufgegeben, da es ohne starke Schmerzen nicht ging. Die jetzige Iglauer Amme ist sehr nett und bescheiden und entspricht bis jetzt ganz gut, doch meint Widerhofer, daß sie nicht robust genug ist und will sie später durch eine Amme, die er in Preßburg in Bereitschaft hat, ablösen. Ella ist noch schöner geworden, ist dick und fett und hat sich in der kurzen Zeit, in der ich sie sah, wieder körperlich und geistig sehr entwickelt. Sie steht ganz fest, wenn man sie hält und ist beweglich, unternehmend und energisch, dabei recht ungezogen. Es wird eine nicht leichte Erziehung geben. Sie fängt an, sich an den kleinen Bruder mehr zu gewöhnen. Anfangs heulte sie, ohne zu weinen, als sie ihn sah, wollte ihn aber doch immer wieder ansehen. Ich glaube, daß er sie graust. Die Freundin ist seit drei Tagen wieder krank und lag die ganze Zeit im Bette. Es soll immer eine leichte Influenza sein. Montag sollte sie zu Ida kommen, sie schrieb mir aber, daß sie wegen Verkältung im Bette bleiben müsse, vorgestern bei meiner Rückkehr fand ich einen Brief von ihr mit der Mittheilung, daß es ihr noch nicht besser gehe und daß sie auch den gestrigen Tag im Bette zubringen müsse, aber hoffe, heute kommen zu können. Gestern ließ sie mir auf meine Anfrage sagen, daß es ihr viel besser gehe und so hoffe ich, daß sie vielleicht heute zu Ida kommen kann . . . Um zehn Uhr kamen wir am Welser Bahnhofe an, wo Franz mich erwartete und im offenen Wagen nach Lichtenegg führte.

207

Nachdem ich warm genug geworden war, führte mich Franz zu Ella, die ganz gnädig war, sich aber durchaus von mir nicht tragen lassen wollte und dann zu Valérie, die den Kleinen bei sich auf dem Bette hatte, da sie sich fälschlich eingebildet hatte, daß die Taufe schon um elf Uhr wäre . . . um zwölf Uhr holte mich Franz zur Taufe, die im großen Saale stattfand, wo sich auch alles versammelte, auch Petite war da, die Suiten, der Regiments-Commandant, der Bezirkshauptmann, der Bürgermeister und drei Ärzte. Dann fand der Einzug des Täuflings, der von Lederer getragen wurde unter Führung Franzens und in Begleitung der Gräfin Kornis, der Frau Wowes, der Amme und der Kindsfrau, die Ella trug, statt. Ella blieb die ganze Zeit vollkommen still und sah nur neugierig herum. Prälat Maier taufte, assistiert vom Welser Stadtpfarrer. Der Kleine schlief die ganze Zeit und nicht einmal die ausgiebige Begießung mit dem Taufwasser weckte ihn auf . . .

Wien den 25. Februar 1893

Das ist wohl mein letzter Brief vor dem ersehnten und nun nach langer Trennung endlich so baldigen Wiedersehen. Es ist ein beglückender Gedanke, daß ich übermorgen bei Dir sein werde und hoffentlich werden wir recht angenehme Tage am Genfer See zubringen . . .«

In Territet setzt Elisabeth ihre Gewaltmärsche fort. Ihr Personal ist stark mitgenommen. Marie Festetics hat einen starken Katarrh und der 78-jährige Obersthofmeister Baron Nopcsa steht das andauernde Reisen nur noch schwer durch.

Die Presse ist sehr verwundert, daß der Kaiser in die Schweiz reist, in der es nur so von Nihilisten und Sozialisten wimmelt. Der Zeitungsklatsch wird für das Kaiserpaar beinahe unerträglich. Man will den Aufenthalt Franz Josephs damit erklären, daß die Kaiserin wahnsinnig geworden sei und glaube, ihr Gatte hätte sich erschossen, und sie wolle sich von einem Felsen in die Tiefe stürzen. Der Grieche Barker sei kein Sprachlehrer, sondern ein Athener Nervenarzt, und wolle ihr nur beweisen, daß der Kaiser noch leben würde. Außerdem wage sie sich nicht mehr nach Korfu, weil sie

208

dort der mazedonische Räuber Athanasio mit seiner Bande entführen und ein hohes Lösegeld erpressen will. Diese ungeheuerlichen Meldungen irritieren die Untertanen.

Die Kaiserin tut nichts anderes als zu marschieren und zwar auch bei Sturm und Regen. Manchmal kommt sie völlig durchnäßt nach Hause, weil ihr der Wind den Schirm umgedreht und den Hut vom Kopf geweht hat.

Der Kaiser reist wieder nach Wien zurück und schildert ihr seinen Reiseverlauf:

,, . . . Durch Nopcsas Telegramm weiß ich Deine glückliche Ankunft bei schönem Wetter in Luzern und Lugano, da er aber kein Hotel angab, konnte ich Dir nicht telegraphieren. Meine Reise ging gut und pünktlich, aber vom Berner Oberland sah ich leider wieder nichts und in Zürich war keine Zeit, zum See zu fahren. Wir verließen daher nirgends den Waggon und aßen in demselben in Bern und in Zürich. Die Nacht schlief ich besonders gut und lang und wurde in München, wo ich warmes Wetter fand, von Gisela und Leopold am Bahnhofe erwartet . . .

In Wels erwartete mich Franz am Bahnhofe und führte mich im offenen Wagen bei warmer Luft nach Lichtenegg. Da Ella im Garten war, ging ich zuerst zu ihr. Es geht ihr sehr gut und sie war ziemlich gnädig. Valérie fand ich auf der Chaiselongue in dem Schlafrocke, dessen Stoff Du ihr geschickt hast und welchen die Spiter sehr hübsch gemacht hat. Sie sieht sehr gut aus und ist besonders en beauté. Der Kleine ist nicht schöner geworden, gedeiht aber vortrefflich und sein zunehmendes Gewicht ist befriedigend. Es war eben Ammenwechsel und während ich nach dem Diner bei Valérie war, trank der Kleine zum ersten Male bei der neuen Amme, die zwar nicht schön ist, aber recht sauber und sanft aussieht. Sie tragt slovakisches Costum mit kurzem Rock, hohen Stiefeln und einer kleinen Haube. Die frühere Amme ist nach tränenreichem Abschiede mit demselben Train wie ich von Wels in ihre Heimath abgereist . . .

Diesen Brief wirst Du nicht so bald erhalten, und ich habe keine Ahnung, ob er vor Dir oder nach Dir in Korfu eintrifft. Ich denke, daß Du jetzt noch an den italienischen Seen bist und erwarte mit Sehnsucht weitere Nachrichten von Dir. Meine Gedanken suchen Dich, ohne zu wissen, wo sie Dich finden sollen, aber in Liebe und Sehnsucht denke ich beständig an Dich . . ."

Elisabeth hat Korfu satt, die Schratt macht ebenfalls Gewalttouren, und der Kaiser feiert Weihnachten bei der Familie seiner Tochter Valérie

Elisabeth treibt es weiter in den Süden. Sie fährt über den Comer See, Mailand und Genua nach Neapel und dann wieder zurück nach Korfu. Der Kaiser weiß wieder einmal nicht, wohin er seine Briefe adressieren soll. Er schreibt am 22. März 1893:
,,N. 2. (N. 1. ist nach Corfu)
. . . Unserer Verabredung gemäß, habe ich Dir am 19. bereits nach Corfu geschrieben, auch wußte ich nicht, ob und wohin es noch möglich wäre, früher einen Brief an Dich gelangen zu machen . . . ''
Er erfährt endlich ihre Reiseroute, weil der Obersthofmeister eine Geldanweisung nach Neapel anfordert und sie dem Gatten über ihren Besuch in Mailand schreibt, der wehmütige Erinnerungen wachruft:
,, . . . Was Du von Mailand schreibst, hat mich sehr interessiert und alte Erinnerungen wieder wachgerufen. Ich kann mir denken, wie schön die Stadt geworden ist und wie der herrliche Dom Dir jetzt erst recht gefallen hat. Die Erinnerung an die Zimmer im Palazzo Reale und an unser liebes Baby (Tochter Sophie) hat mich recht wehmütig gestimmt. Wieviel Kummer und Schmerz liegt in den seither vergangenen beinahe vierzig Jahren! Ich war lange Zeit nicht so melancholisch gestimmt, wie seit meiner Rückkehr von Territet. Es vergeht ein trauriger Tag um den anderen und nichts reißt mich aus meiner trüben Stimmung . . .''
Elisabeth trägt noch mehr dazu bei, den Gatten sich grämen zu lassen. Ihr gefällt plötzlich ihr ‚Achilleion‘ auf Korfu nicht mehr, und sie will es verkaufen. Sie will den Erlös an ihre Tochter Valérie

Das Achilleion auf Korfu

geben, da sie ihn bei der rasch wachsenden Familie besser gebrauchen könne. Der Kaiser redet ihr jedoch den Plan aus:

„Wien den 6. April 1893

. . . Wenn ich auch schon seit einiger Zeit merkte, daß Dich Dein Haus in Gasturi nicht mehr freut, seit es fertig ist, so war ich doch durch Deinen Entschluß, es jetzt schon zu verkaufen, etwas erstaunt und ich glaube, daß Du Dir die Sache doch noch überlegen solltest. Valérie und ihre wahrscheinlich zahlreichen Kinder werden auch ohne den Erlös für Dein Haus nicht verhungern, und es wird sich doch ganz sonderbar machen und zu keinen angenehmen Bemerkungen Anlaß geben, wenn Du gleich, nachdem Du die Villa mit so vieler Mühe, mit so vieler Sorgfalt und mit so vielen Kosten gebaut, so Vieles hintransportiert hast, nachdem noch in aller letzter Zeit ein Terrain dazu gekauft wurde, plötzlich den ganzen Besitz losschlagen willst.

Vergesse nicht, welche Bereitwilligkeit die griechische Regierung bewiesen hat, um Dir zu dienen, wie von allen Seiten alles mitwirkte, um Dir angenehm zu sein und Dir Freude zu machen und nun war Alles umsonst . . .“

Auch den Gedanken, ihren Besitz über den amerikanischen Gesandten an einen reichen Interessenten zu vermitteln, redet ihr der Kaiser aus:

„. . . Die Angelegenheit müßte jedenfalls mit großer Vorsicht und vielem Takte eingeleitet werden, um sie halbwegs anständig erscheinen zu machen, und doch wird sie viel Staub aufwirbeln. Darum kann ich Dich nur bitten, die Sache noch einmal reiflich zu überlegen. Für mich hat Deine Absicht auch eine traurige Seite. Ich hatte die stille Hoffnung, daß Du, nachdem Du Gasturi mit so vieler Freude, mit so vielem Eifer gebaut hast, wenigstens den größten Theil der Zeit, welche Du leider im Süden zubringst, ruhig in Deiner neuen Schöpfung bleiben würdest. Nun soll auch das wegfallen, und Du wirst nur mehr reisen und in der Welt herum irren . . .“

213

Damit hat der Kaiser vollkommen recht. Die Ruhelose hat sich mit ihrem ‚Achilleion' eine Kette angelegt, die sie schnell wieder abschütteln will. Sagte sie doch einmal: „Wo immer ich wäre, wenn man mir sagen würde, ich müsse immer dort bleiben, dann würde auch das Paradies für mich zur Hölle werden . . ."

Die guten Ratschläge des Kaisers scheinen die Gattin zusätzlich noch verärgert zu haben, denn sie schreibt selten, und er meldet seine Reklamation an mit Sätzen, wie: „. . . Jetzt habe ich wieder lange nichts von Dir gehört . . . Nur durch einen Bericht des Commandanten der ‚Miramar' aus Triest weiß ich, daß es nach Deiner Ausschiffung in Gasturi schneite . . . Durch Telegramme Nopcsas und des Schiffscommandanten weiß ich Deine gestrige Abreise bei ruhiger See, und nun begleiten Dich meine Gedanken nach Pola, wo Du noch kurzen Aufenthalt machen willst . . . Ich glaube fast, daß dieses mein letzter Brief vor unserem Wiedersehen sein wird, denn obwohl ich nicht weiß, wann Du Corfu verlassen willst, so denke ich doch, daß ein später abgesendetes Schreiben Dich kaum mehr dort antreffen würde. Unter der Hand habe ich erfahren, daß Du am 2. oder 3. Mai hier eintreffen würdest . . ."

Elisabeth kehrt nach Wien zurück, um bei der Verlobung der Tochter Gisela mit Erzherzog Joseph August dabei zu sein. Um den Gerüchten entgegenzuwirken, sie wäre geistesgestört, läßt sie sich auch einmal kurz bei einem Empfang bei Hofe sehen. Man hält sie im allgemeinen für nicht gut aussehend und sehr gealtert. Ihr Gesicht ist von Wind und Wetter gebräunt und faltig. Die Hohheit ihrer Erscheinung, die Schlankheit, der schwebende Gang sind geblieben.

Im Juli reist sie nach Gastein ab. Als Begleitung für ihre Bergtouren nimmt sie sich die Hofdame Janka Mikesch mit. Nach den Tagebuchaufzeichnungen ihrer Begleiterin ist die Stimmung sehr wechselhaft, von lieb, natürlich und fast heiter bis traurig und verschlossen, ernst und melancholisch.

Der Kaiser hält sich wie in jedem Jahr in Ischl auf und sendet seine liebevollen Briefe hinüber nach Gastein. Hätte er nicht seine detaillierten Berichte im oft kritisierten Kanzleistil verfaßt, würden wir weniger wissen, wie die kaiserliche Sommerfrische abrollte. Von der Kaiserin sind kaum noch Briefe zu erwarten, sie speist die Majestät mit kurzen Telegrammen ab, während er sich in ausführlichen Landschafts- und Jagdschilderungen ausschreibt:

„Innigsten Dank für Dein liebes Telegramm von vorgestern. Hoffentlich geht es Dir immer gut, hungerst Du nicht gar zu strenge und ist in Gastein die Luft frischer als hier und in Zell am See, wo es in diesen Tagen recht schwül war . . . Der Anblick der Gletscher, das Grün der Wiesen, die Pracht der Blumen, Alpenrosen in allen Nuancen, Enzian etc. — zu beschreiben bin ich nicht im Stande, und ich verzichte darauf, umsomehr, da Du ja hoffentlich selbst diesen herrlichen Anblick genießen wirst. Icn würde Dir empfehlen, von Kaprun an zu Fuß zu gehen und für Deine Begleitung und die Bagage Muli zu bestellen, die ganz vorzüglich sind, da der Fahrweg von Kaprun an entsetzlich schlecht ist und Du Dich zu sehr fürchten würdest . . . Die Freundin küßt vielmals Deine Hände und dankt innigst für die lieben Grüße. Sie ist in Folge der Kur etwas magerer und abgespannt, schläft daher schlecht . . . Innigsten Dank für Dein liebes Telegramm von gestern, welches ich natürlich gleich Valérie mitteilte. Ich bedaure für Dich unendlich, daß in Gastein das Wetter so schlecht ist, was aber nach den vielen schönen Tagen kaum anders zu erwarten war. Auch hier regnet es seit gestern früh fast unaufhörlich und mitunter sehr stark, echter Ischler Schnürlregen ohne Wind und mit guter, etwas abgekühlter Luft. Bereits Mittwoch abend, als ich schon im Bette lag, ging ein starkes Gewitter nieder, bei welchem, wie Dir Valérie gemeldet hat, der Blitz zweimal am Jaintzen einschlug und das Marienbild fast zerstörte. Es wird jetzt répariert . . .

Um 1/2 8 Uhr fuhren wir ins Theater, wo die Oper ‚Die Bajazzo‘ zum ersten Male gegeben wurde. Es war gar nicht schlecht und sehr voll. Gestern war ich um sieben Uhr mit Valérie zu Wagen in der Kirche und dann ritt ich in die Felicitas, wo die Freundin erst um 1/2 6 Uhr angekommen war, da sie vorgestern erst abends von Wien abkommen konnte. Sie küßt Deine Hände, dankt für Deinen Krakauer Kalender, den Du ihr geschickt hast, scheint wirklich etwas magerer geworden zu sein, hat bei der letzten Wägung in Hietzing ein Kilo abgenommen, glaubt aber jetzt bereits zwei Kilo leichter zu sein, konnte sich aber hier nicht wägen lassen, da die Waage noch nicht angekommen war. Die Schwitz- und Abmagerungskur hat sie nur mit Maß genommen, da ihr im Schwitzkasten schwindlig wurde und da sie wegen beständigen Spielen und Proben ihre Kräfte nicht zu sehr herabbringen wollte . . .
Verzeihe mir, daß ich Dir so lange nicht geschrieben habe, allein ich beruhigte mein Gewissen damit, daß Du in Deiner Güte mir selbst auftrugst, nicht zu oft zu schreiben und daß Du durch Valérie die frischesten und genauesten Nachrichten bekommen würdest . . .
Der Trieb dauerte zwei Stunden, trotz vieler Hirsche, gutem Winde und herrlichem Wetter wurden nur zwei Hirsche erlegt, einer von St. Quentin und einer von einem Forstverwalter. Ich sah nur einen jungen Fuchs, den ich passieren ließ . . . Der Morgen war schön, aber schwül, und während des Triebes erhob sich ein Sturm, der die Jagd verdarb. Ich schoß einen zehn Ender, St. Quentin einen sechser, Falkenhayn ein Thier und Paar schoß einen Hirsch an. Um 1/2 9 Uhr waren wir wieder hier. Den ganzen Tag blieb der Himmel umzogen und abends begann Regen, als ich in der Felicitas auf Besuch war. Vor dem Diner, das um vier Uhr war, badete ich in der Schwimmschule bei 16° . . .
Gestern erhielt ich die telegraphische Meldung, daß den Kriegsminister in Wien der Schlag getroffen hat und daß sein Ende jeden Augenblick erwartet wird. Wieder ein harter Schlag für mich, ein momentan unersetzlicher Verlust! So geht ein bewährter Mann

216

nach dem anderen, es wird immer leerer, öder, und bald wird es Zeit, den anderen zu folgen . . .

Sonntag bin ich um sieben Uhr wegen Regen in die Kirche gefahren und dann bin ich zur Freundin geritten . . .

Früh und Nachmittag war ich in der Felicitas, um zwei Uhr badete ich mit 16°, um drei Uhr war Diner, nach sieben Uhr nahm ich von den Kindern Abschied und um 1/2 9 Uhr reise ich ab. Gestern kam ich um sechs Uhr früh in Wien an. Der Wienerwald ist noch ganz frisch grün, ebenso die nähere Umgebung der Stadt . . .

Um 1/2 3 Uhr speiste ich allein und fuhr vor vier Uhr wieder ins Kriegsministerium, wo im großen Sitzungssaale die Einsegnung bei namenloser Hitze stattfand. Zum Glücke machte es der Feldbischof kurz. Die Zahl der Theilnehmer war sehr groß, das diplomatische Corps, viele Minister, fast alle Corps-Commandanten und auf dem Platze vor dem Kriegsgebäude eine Menge Generale und Offiziere. Fast ohne Mühe wurde der schwere Sarg über die zwei Stock hohe enge Treppe hinunter getragen und nachdem er auf den Leichenwagen geladen war, setzte sich der Zug in Bewegung...

Innigsten Dank für Dein liebes Telegramm von gestern, daß ich bei meiner Rückkehr von Offensee hier fand. Heute schreibe ich Dir wohl zum letzten Male vor dem ersehnten Wiedersehen, und heute werde ich die Freude haben, daß Valérie und Franz von ihrer Gebirgsreise hier eintreffen . . ."

Im September hält sich die Kaiserin in Venedig auf. Von ihrer Ankunft erfuhr Franz Joseph durch ein Telegramm Nopcsas. Er bittet sie, Marie Festetics auszurichten, sie solle ihm manchmal schreiben, daß er doch etwas von seiner Gattin erfährt. Unterdessen ist auch Katharina Schratt zur ,Absolventin von Gewalttouren' geworden. Natürlich berichtet er der Kaiserin ausführlich darüber:

,, . . . Die Freundin hat richtig ihre ganze projektierte Gletschertour durchgeführt. Sie war auf der Adlerruhe unter dem Glockner, auf dem Sonnblick, in Gastein, Wildalpen und ist heute in Maria Zell. Morgen nachmittag kommt sie vom Semmering-Hotel in die Gloriettegasse, wo ich sie besuchen werde. Ich bin schon sehr neugierig auf ihre Erzählungen und bin nur froh, daß die Geschichte glücklich überstanden ist . . .

Von 1/2 6 Uhr bis 7 Uhr war ich bei der Freundin gewesen, sie ist entzückt von ihrer kolossalen Gletschertour, bei welcher sie fast immer vom schönsten Wetter begünstigt war, behauptet nie müde gewesen zu sein, sieht gut aus, ist aber entsetzlich verbrannt, mit ausgezogener, theilweise gesprungener und wunder Haut, da sie keine Gesichtsmaske trug. Geschlafen hat sie wenig, marschiert ist sie täglich sechs bis sieben Stunden, meistens steil bergauf und bergab und nach dem, was man aus ihr herausbringt, scheinen einige Stellen doch so gewesen zu sein, daß man froh sein kann, daß sie glücklich wieder hier ist . . ."

Bei ihrer großen Winterreise tritt Baron Nopsca aus gesundheitlichen Gründen nicht mehr an. Generalmajor Adam von Berzeviczy tritt an seine Stelle. Er genießt einen guten Ruf als Reiter, besitzt einen trockenen Humor und redet mit der Kaiserin, wie ihm der Schnabel gewachsen ist.

Als er von ihr erfährt, daß die Reise auf der unbequemen ‚Greif' stattfinden soll, gibt er ihr zur Antwort:

„Auf dieser Hutschen (Schaukel) werd' ich immer krank . . ."

Die Reise geht von Miramar nach Algier. Elisabeth ist mit ihrem neuen Begleiter zufrieden, denn sie schreibt an Valérie:

„ . . . Jetzt herrscht bei uns militärische Ordnung, denn Berzeviczy ist sehr intelligent und nützlich."

Der Kaiser schreibt ihr melancholisch:

„ . . . Ich gewöhne mich nur langsam an die Einsamkeit, die Augenblicke bei Deinem Frühstücke und die gemeinsamen Abende gehen mir, trotz der in Deinen Zimmern herrschenden Kälte, sehr ab und schon zweimal war ich auf meinem Wege zur Bellaria in Deinen Zimmern, wo zwar alle Möbel verhängt sind, wo mich aber Alles so wehmütig an Dich erinnert . . ."

Ihre nächste Station ist Madeira, wo sie Weihnachten und Neujahr verbringt und an jene Zeit vor 33 Jahren zurückdenkt, als sie erstmals hier verweilte.

218

Ihre ausgedehnten Spaziergänge macht sie auf der Insel abwechselnd mit ihrer Hofdame Janka Mikesch und dem Griechen Christomanos. Dieser wird immer arroganter, er verträgt wohl die Huld der Kaiserin nicht ganz. Als es wegen seines Benehmens zu einem Streit mit den Schiffsoffizieren kommt, verspricht die Kaiserin, ihn nur noch bis März zu behalten. Während sie zusammen mit dem sonderbaren Griechen in der Welt der antiken Mythologie schwelgt, beschreibt ihr der Gatte die erzherzoglichen Familienidylle während der Festtage und bedankt sich natürlich für die Geschenke seiner Gattin, die genau so seltsam ausgefallen sind, wie die Geberin es ist:

„... Nachdem ich am 20. meinen Brief Nr. 5 nach Madeira expediert hatte, kam ein Paket aus Algier, welches Deine lieben Zeilen für mich und für Valérie vom 11., die zwei schwarzen Madonnen und ein Glasgefäß mit einer Art Syrup oder Honig enthielt. Innigsten Dank für Dein gutes Briefchen und für Deine Gebete in der Kirche Notre Dame de l'Afrique. Da ich nicht wußte, für wen das Glasgefäß bestimmt ist, öffnete ich auch den für Valérie bestimmten Brief in der Hoffnung, in demselben eine Aufklärung zu finden, was aber nicht der Fall war, so schickte ich das Gefäß nebst der einen Madonna nach Lichtenegg, während ich die andere Statuette, Deiner Weisung gemäß, der Freundin übergab, welche handküssend vielmals dankt. Leider kamen beide Statuetten, in Folge schlechter Verpackung und durch das Glasgefäß zerdrückt, gebrochen an. Die besser erhaltene wurde für Valérie recht gut zusammengeleimt, die andere will die Freundin selber zusammenleimen, was aber kaum gelingen dürfte ...

Lichtenegg den 26. Dezbr. 1893
Von hier will ich doch auch einige Zeilen an Dich richten, wo ich wieder so angenehmen, gemütliche und ruhige Tage zugebracht habe und Gott lob, die ganze Familie sehr wohl angetroffen habe. ... Ella ist diesmal besonders freundlich für mich und sagt mir bei jeder passenden Gelegenheit unaufgefordert: danke lieber Opapa. Die hübschen Weihnachts- und Neujahrskarten, welche Du von

219

Gibraltar geschickt hast und welche ich gestern früh hier erhielt, freuten sie sehr und sie erzählte beständig, daß sie von der Omama sind . . .

In der Kirche betete ich recht inbrünstig für Dich und ich war froh, wenigstens die Hälfte Deines Geburtstages mit der Familie hier zuzubringen und bei Tisch mit Valérie und Franz auf Dein Wohl anstoßen zu können. Ich bin auch so glücklich, daß Du am Heiligen Abend und an den Feiertagen schon in Funchal und nicht auf dem Ozean bist . . .

Die beiden Kinder spielen sehr nett zusammen. Um ein Uhr war das Diner mit den Suiten, dann ging ich mit Valérie und Franz im Garten spazieren und um fünf Uhr war der wirklich prachtvolle Christbaum in Franzens Schreibzimmer. Die Geschenke waren massenhaft, besonders die Deinen für Valérie und für die Kinder, Ella war anfangs etwas schüchtern, freute sich aber sehr, bewunderte alles und fing bald zu spielen an, der Kleine war erstaunt und ruhig, machte aber Valérie, auf deren Schoß er saß, so naß, daß sie sich ganz umziehen mußte . . .''

Elisabeth kreuzt mit der ,Greif' an der spanischen Küste entlang. Dem Kaiser behagt dies, wie so vieles, gar nicht:

,,Jetzt fährst Du an der spanischen Küste, näherst Dich immer mehr dem Ziele, das uns vereinen wird und entgehst hoffentlich allen Gefahren durch Räuberbanden, Anarchisten und Dynamit, die in Spanien nicht zu unterschätzen sind.''

Die Kaiserin entgeht zwar diesen Gefahren, aber das Schiff fährt auf eine Sandbank auf. Die Flut macht es wieder flott und man erreicht Alicante, wo sie der ,Bohemien' unter den Erzherzögen erwartet, Ludwig Salvator. So wie sie ihn vom ersten Zusammensein in Ischl her kennt, steht er am Strand, in einer Kleidung, die er seit Jahrzehnten trägt, das Haar in Strähnen, aber ein hochintelligenter Mensch, der für kurze Zeit Abwechslung zu bieten hat.

Das Schiff nimmt Kurs auf Marseille, aber im Golf von Lyon gerät es in einen Sturm. Eineinhalb Tage kämpft das wenig seetüchtige

220

Schiff gegen die Fluten und kehrt schließlich nach Alicante zurück.

Der Kaiser weiß von dieser erneuten Gefahr, in die sich die Kaiserin begeben hatte, noch nichts. Er ist noch mit dem Sandbankunfall beschäftigt und außerdem mit seinem Zusammentreffen mit Elisabeth in Cap Martin:

,, . . . Ich danke Gott, daß der Unfall mit der Sandbank so glücklich abgelaufen ist, bin sogar froh über denselben, da ich hoffe, daß dadurch das übliche Pech des Greif für diese Reise beschworen ist . . .

Ich werde, wenn nichts dazwischen kommt, am 1. März Nachmittag in Cap Martin eintreffen, weiß aber noch nicht, auf welchem Wege . . .

Valérie sieht gut und frisch aus, hat einen bedeutend größeren Bauch als um Weihnachten und ist sehr heiter, Ella ist frisch und lustig, läuft in einem fort herum und schwätzt beständig. Sie schickt der lieben Oma ein Bußi. Ich finde sie nicht gewachsen, desto mehr den Kleinen, der wirklich sehr groß und stark und sehr embelliert ist. Er kriecht sehr schnell herum und steht, wenn er sich an einem Gegenstande anhalten kann, allein auf und steht überhaupt sehr gerne. Sprechen kann er nicht ein Wort und scheint mir geistig nicht sehr entwickelt und sehr ruhig und gutmütig . . .''

Endlich trifft das Paar in Cap Martin wieder zusammen. Elisabeths Laune ist einigermaßenn erträglich, nur ihre Essensgewohnheiten legt sie nicht ab. Sie läßt den Kaiser alleine speisen und nimmt selbst nur ein Veilchengefrorenes mit Orangen zu sich.

Der bescheidene Kaiser dankt ihr trotzdem ,für ihre Liebe und Güte während des kurzen Zusammenseins' und beschreibt der Weitgereisten den Reiseverlauf San Remo-Salzburg:

,,Wien den 18. März 1894

Édes, szeretett lelkem,

Soeben, beim Erwachen, erhielt ich Dein Telegramm aus Cannes, für welches ich Dir innigst danke. Durch eine telegraphische Meldung des Commandanten wußte ich bereits Euere Abfahrt nach

221

Mentone. Ich wäre sehr neugierig zu erfahren, wie die verschiedenen Mitreisenden die etwas bewegte See vertragen haben. Ich danke Dir nochmals herzlichst für alle Deine Liebe und Güte während unseres kurzen Zusammenseins.
Der Aufenthalt an der schönen Riviera erscheint mir noch immer wie ein Traum, aber wie ein angenehmer Traum, und ich denke viel an Dich und an die vergangenen guten Tage. Meine Reise ging glücklich und pünktlich von statten, ich schlief die erste Nacht ziemlich gut, die zweite ganz ausgezeichnet, wir soupierten in Savona und frühstückten in Ala im Waggon und aßen in Innsbruck und Salzburg im Wartesalon. Alles hinreichend gut. Einige Punkte am Meere gefielen mir gut, auch San Remo und das Meer wurden immer ruhiger, je weiter wir kamen, endlich ganz ruhig. Leider war es schon finster, als wir von Savona ins Gebirge kamen, denn die Bahn muß nach dem, was man im Mondenscheine unterscheiden konnte, sehr schön und interessant sein. Die Tunnels sind zahllos und lang. Es wurde recht kalt und blieb auch sehr frisch, als wir beim schönsten Wetter durch Südtirol fuhren. Gegen den Brenner fing es an sich zu umziehen, und die Berge waren in Nebel gehüllt, der Schnee lag gleichmäßig und tief. In Innsbruck fanden wir Schneegestöber, auf den Straßen Koth. Der Schneefall und der Schnee dauerten bis Salzburg. Hier kamen wir bei Regen an, der gestern ziemlich den ganzen Tag anhielt bei drei bis vier° Wärme . . ."
Elisabeth muß in Cap Martin notgedrungen mit der Kaiserin Eugenie zusammentreffen. Sie ist für die Kaiserin keine anregende Gesprächspartnerin, klagt sie doch stets nur über ihr Schicksal.
Am 30. April erreicht sie ein Telegramm mit erfreulichem Inhalt, Valérie hat ihren zweiten Sohn bekommen und die Kaiserin fährt in die Heimat zurück. Im Mai hält sie sich in der Villa ‚Hermes' auf. Über Bayern, wo sie ihre Verwandten aufsucht, reist sie nach Madonna di Campiglio in Südtirol. Dort erreicht sie die Pressemeldung von der Ermordung des französischen Präsidenten Carnot, was der Kaiser zum Anlaß nimmt, sie zu ermahnen, sich nicht

222

zu unbesorgt auf ihren Reisen zu bewegen. Sie sorgt sich nur um den Kaiser.

Dieser besucht sie in Südtirol und unternimmt nach ihren Vorschlägen eine Fahrt durch das Land. In Uniform und mit Sporen besteigt er den Penale, was nach seinen Worten nicht sehr bequem war. Die Fahrt durch Südtirol wird für ihn zum Triumphzug.

Im September hält sich Elisabeth in ihrer Villa auf Korfu auf und reist anschließend nach Gödöllö. Am 2. Dezember tritt sie ihre große Winterreise an. Ihre vorläufige ‚provisorische' Hofdame ist die Gräfin Irma Sztáray. Die machte einen Ausflug in froher Gesellschaft in einem Wagen. Als dieser bergab fuhr, wurde ihr Kleid von einem Wagenrad erfaßt, zog sie auf die Erde und schleifte sie auf dem Boden entlang. Sie kam mit dem Schrecken davon, nur ihr Kleid war zerrissen.

Sie kommt nach Hause, da wird ihr ein Brief aus Ischl überreicht; die Kaiserin lädt sie ein, ihre Reisebegleiterin bei ihrer Winterreise zu sein. Die Gräfin reist sofort nach Ischl und scheidet mit dem besten Einvernehmen von der Kaiserin. Ihre Schilderung von der ersten Begegnung mit Elisabeth:

,, . . . Der große Augenblick war nun da. Pochenden Herzens stand ich mit meiner Gefährtin an der Ecke der Villa und gleich darauf erblickte ich Ihre Majestät; sie promenierte. Unter ihrem großen weißen Schirme ergoß sich das Licht auf das aufgelöst herabwallende Haar, das wie eine schimmernde Hülle ihre königliche Gestalt umfloß. Jetzt wandte sie sich, wir näherten uns und ich wurde vorgestellt.

Sie hatte etwas in ihrem Wesen, das faszinierte. Während ihr leuchtendes trauriges Auge zum ersten Male auf mir ruhte, stand ich wie im Banne eines überirdischen Wesens und meine Seele empfand gleichsam schmerzlich ihre eigene Minderwertigkeit und Alltäglichkeit. Ob sie es wahrnahm, weiß ich nicht, doch kam sie mir selbst zu Hilfe mit ihrem holdseligen Lächeln, das bezauberte und — befreite. Es war eine einzig unvergeßliche Audienz.

Durch Fragen, die sie an mich richtete und durch Antworten auf meine Fragen suchte mich die hohe Frau in entzückend freundlicher Unmittelbarkeit kennen zu lernen.

Meine Befangenheit schwand wie Nebeldünste im Sonnenschein. Ich fühlte die Nähe einer großen und guten Seele, die mich ermutigte, ja erhob.

Ich empfand, daß ich die Höhe ihres Fluges niemals erreichen würde, und doch fühlte ich mich durch ihre Güte wie mit emporgehoben.

Ich fühlte ihre sieghafte Macht, und schon hier, bei der ersten Begegnung, gab ich ihre meine ganze Seele zu eigen, kraft jener unwiderstehlichen Anziehungskraft der Seelen, die nach höheren Regionen streben.

Beim Abschied küßte mich die Kaiserin. Wie glücklich war ich!"

Elisabeth wird zur ‚Mater dolorosa‘
„Die Zivilisation ist der Feind der Kultur‘‘

In Miramar blühen noch die Rosen und unten in der kleinen Bucht
wiegt sich die Yacht gleichen Namens. Zwischen dem Spalier der
Offiziere besteigt die Kaiserin mit ihrer neuen Begleiterin das
Deck. Während der Fahrt durch die Adria wird die See immer bewegter. Das Schiff fährt in den Hafen von Pola ein und wartet
dort zwei Tage auf Wetterbesserung.
Der Sturm tobt immer stärker, so entschließt sich die Kaiserin, mit
dem Zug nach Marseille zu fahren. Sie liebt Fahrten mit der Eisenbahn überhaupt nicht, weil ihr unruhiger Geist dort eingeengt aus-
harren muß. Sie wird ungeduldig und läßt sich von ihrem Griechen
vorlesen.
In Marseille angekommen, zeigt sie ihrer Hofdame einen längeren
Nachmittagsspaziergang an, der eine Art Prüfung sein soll. Als erstes geht es hinauf zur ‚Notre Dame de la Garde‘. Ein Führer deu-
tet auf einen Lift, doch die Kaiserin will zu Fuß gehen. In der Kirche kauft sie zwei Kerzen und stellt sie vor das Muttergottesbild.
Vor der Kirche blickt sie in den Hafen hinab, und ihr größtes Interesse findet die Insel If, wo sie doch auch den Roman von Dumas
las und nun an den Grafen von Monte Christo denkt. Sie fragt den
Führer nach einem guten Frühstückslokal und dieser nennt ein
Etablissement namens ‚Zum Blutigen Beefsteak‘. Es ist eine echte
Matrosenkneipe. Das Lokal ist voll Rauch und Alkoholdunst, der-
be Reden erfüllen den Raum. Als die Kaiserin eintritt, verstummt
alles, man macht den beiden Damen höflich Platz, und sie früh-
stücken vorzüglich im ‚Au boeuf sanglant‘.
Die Reise geht weiter nach Algier. Der Golf von Lyon ist wieder
einmal sehr stürmisch und die Kaiserin läßt sich, wie schon öfters,

an einen Mast binden, um die Großartigkeit der Naturgewalten beobachten zu können.

Die Küste von Algerien verbirgt sich im Nebel, nur die am Berge liegende Altstadt von Algier schimmert durch den Dunst. Elisabeth steigt in dem auf dem Mustapha supérieur liegenden Hotel Splendide ab. Das schloßähnliche Hotel ist in einem Gemisch von arabischem und pseudomodernem Stil erbaut. Trotzdem gefällt es der Kaiserin, und sie teilt dies dem Kaiser mit, der ihr antwortet: ,, . . . Gott sei Dank, daß Deine mühsame Reise doch noch so gut gegangen ist und daß Du mit Deinem Etablissement in Mustapha supérieur zufrieden bist . . .''

Gräfin Sztáray nutzt einige dienstfreie Tage, um sich im Gehen zu üben! Der neue Obersthofmeister Berzeviczy wird ihr freundschaftlicher ,Trainer', und bald fühlt sie sich auf Höhen wie in Ebenen völlig marschfähig!

Bei ihrem ersten Marsch durch Algier besteht die Gräfin die Feuertaufe. Sie durchstreifen stundenlang die Altstadt und machen Einkäufe. Ihre einzige Erfrischung ist eine Portion Eis. Der Hofdame fällt sofort die exzentrische Ernährung der Kaiserin auf. Es gibt Tage, wo sie nur Milch zu sich nimmt, dann wieder nur Orangen, und an andern Tagen verspeist sie schon zum Frühstück Eier und kaltes Fleisch mit Tee oder Milch und zum Diner, gegen fünf Uhr, Braten und Gemüse und ihr geliebtes Eis.

In der Nähe des Hotels liegt der ,Bois de Boulogne' von Algier, den die Kaiserin gerne aufsucht. Ihr griechischer Vorleser muß sie dorthin begleiten und während der Spaziergänge aus griechischen, englischen und französischen Werken vortragen.

An einem regnerischen Tage trifft sie dort eine alte Frau, die Pilze sammelt. Die Hofdame hat in der Zeitung gelesen, daß man meint, Elisabeth würde hier täglich Schwämme suchen und diese meint ironisch:

,,Journalisten bleiben sich überall gleich, was die schon für — — Schwämme über mich in die Welt gesetzt haben! Soviel könnte die gute Frau gar nicht sammeln, selbst wenn sie hundert Jahre alt

226

würde. Sehen Sie nur, wie schwer der guten Alten das Bücken wird. Nein, dies wäre für mich, die ich mich weder zu bücken liebe, noch gerne still verweile, eine unerträgliche Beschäftigung. Und doch bin ich nicht ungelenk — sehen Sie nur!"

Die Kaiserin sieht sich erst nach ungebetenen Zuschauern um und führt dann ihrer Hofdame ein Turnerstückchen vor, das jedem Turnlehrer zur Ehre gereicht hätte . . .

Was niemand erwartet hatte, stellt sich in Algier ein, es regnet tagelang in Strömen. Die Kaiserin möchte einen Ausflug nach Biskra machen. Sie will das wahre Nordafrika am Rande der Sahara kennenlernen, denn Algier hat ihr schon einen zu europäischen Anstrich. Der Sonderzug ist bestellt, eine achttägige Unterkunft in Biskra und eine Zwischenübernachtung in Constantine. Der Sonderzug fährt jedoch nicht ab, denn im Atlasgebirge liegt der Schnee bis zu zwei Meter hoch. Die Kaiserin wird wieder einmal ungeduldig und befiehlt die Abreise in Richtung Riviera . . .

Vor dem Hafen von Marseille werden sie Augenzeugen einer Schiffskatastrophe. Ein Segelschiff schleudert gegen einen Felsen, doch die Passagiere werden von einem anderen Schiff gerettet.

Elisabeth steigt im ‚Hotel de la Paix' ab und lädt ihre Hofdame zu ihrem Leibgericht ein: Austern, Fische und Braten und zum Nachtisch Walderdbeeren (im Januar).

Sie ist mit ihrer neuen Begleiterin sehr zufrieden, nur mit ihrem Griechen nicht, über den sie an Valérie berichtet:

,, . . . Gestern war ich wieder mit Pali spazieren, ging aber früher nach Hause, weil er noch so schwach ist, diese Griechen sind so verweichlicht. Jetzt zittert er wegen der Reise und sagt, es wäre besser, hier abzuwarten, bis sich der Wind legt."

Auf dem Bahnhof hat sich am Tage der Abreise herumgesprochen, daß die Kaiserin dort erscheint. Eine riesige Menschenmenge hat sich versammelt, als die Kaiserin mit der Gräfin erscheint. Die Leute starren alle in eine einzige Richtung. Auf dem Bahnsteig läuft in würdevoller Haltung die Friseuse hin und her — und man hält sie für die Kaiserin. Unbemerkt besteigt diese den Zug.

Während der Abfahrt liest sie einen Brief ihres Gatten, der ihren Appetit, zu seiner Freude, größer hält, als er eigentlich war, denn er schreibt:

„... Ich freue mich so, daß Du fortgesetzt mit Deinem Algierer Aufenthalte zufrieden und im Ganzen vom Wetter begünstigt bist. Von Deiner Körperfülle und Deinem Gewichte will ich nicht sprechen, um Dich nicht aufzuregen ..."

Ihre nächste Station ist Cap Martin. Die Schwester der Kaiserin, Gräfin Trani, besucht sie, und der Kaiser hat sich angemeldet. Über Roquebrune, Monte Carlo, Villefranche und Beaulieu fahren sie nach Nizza. Die beiden Schwestern durchwandern die Stadt, und die Hofdame muß in dem berühmten Café Rumpelmayer das Lieblingseis Ihrer Majestät bestellen. Elisabeth zieht in ihre Besichtigungen auch einige Hotels mit ein. Sollte ihr unruhiger Geist Cap Martins überdrüssig werden, will sie gleich einen passenden Ersatz in Reserve wissen.

Sie ‚jagt' auch ihre Hofdame Gräfin Szátray in die Berge hinauf nach einem Dorfe namens Gorbio. Der Anlaß des mühevollen Weges: In dem Ort gibt es eine der Kaiserin besonders mundende Milch.

Gerne spaziert sie auch nach Monte Carlo. Führt auch ein Teil des Weges bis Poquebrune unter Bäumen am Meer entlang, muß doch zum Leidwesen der Begleiterin der 1 1/2 stündige Weg größtenteils auf einer staubigen Landstraße zurückgelegt werden.

Der Kaiser sendet ihr unterdessen erfreuliche Meldungen aus Familienkreisen:

„... Also wir können uns gegenseitig gratulieren, daß wir Großeltern geworden sind; eigentlich hauptsächlich ein Zeichen unseres vorgeschrittenen Alters. Wir hätten vor Zeiten kaum gedacht, daß unser erstes Urenkelkind eine Baronin Seefried sein würde ..."

Die älteste Tochter der Erzherzogin Gisela, Elisabeth, heiratete einen Baron von Seefried auf Buttenheim.

Sie tat dies gegen den Willen ihrer Eltern und ihr Auserwählter hatte auch noch nur geringes, respektive kein Vermögen. Der Hof

228

in Wien und auch der Kaiser waren entsetzt, nur die Kaiserin verteidigte das junge Paar, und sie beeinflußte ihren Gatten, für die beiden zu stimmen und so schrieb er bald resigniert:

,, . . . Du hast vielleicht recht, Elisabeths dummen Streich so leicht zu nehmen, denn ändern läßt es sich nicht und doch ein Skandal, auch undankbar den Eltern gegenüber. Ich werde nun den jungen Mann in die Armee nehmen und hoffe, daß sich Elisabeth in die für sie nicht ganz leichte Stellung einer einfachen Offiziersfrau finden wird . . .''

Das Kind stirbt schon vierzehn Tage nach seiner Geburt und der Kaiser schreibt:

,, . . . Wir sind jetzt auch wieder ohne Urenkelkind, bis nicht Auguste uns eines bringt . . .''

Elisabeth sieht man ihr Alter allmählich immer mehr an.

Immer stärker wird ihre beinahe krankhaft zu nennende Gewohnheit, ihr Gesicht, das heißt die Falten und Furchen hinter einem Schirm oder Fächer zu verbergen. Photographieren läßt sie sich nicht, ja sie verbietet dies, es sind immer noch die letzten ,amtlichen' Aufnahmen von der schönen Kaiserin der 70-er Jahre in Umlauf.

Sie meidet noch mehr die Gesellschaft von Menschen, nur in der Natur fühlt sie sich wohl und sie meint:

,,Ich fühle mich nur dort wohl, wo die Zivilisation das Natürliche noch nicht verdrängt und nicht verdorben hat. Selbst im größten Gewühl der Lastträger und der Esel von Kairo bin ich weniger beengt als auf einem Hofball und fast ebenso glücklich wie im Walde. Die Zivilisation ist der Feind der Kultur. Kultur findet sich auch in der arabischen Wüste, auf den Meeren und in den unberührten Gegenden . . .''

Im Februar 1895 besucht sie der Kaiser in Cap Martin.

Kaum ist der Zug zum Stehen gekommen, springt er schon auf den Bahnsteig, eilt auf die Gattin zu und umarmt sie. Dann begrüßt er ihre Schwester und die Gräfin Sztáray. Die Bewohner der Orte

Mentone und Cap Martin bilden Spalier und begrüßen den hohen Gast.

Die Majestäten sind gerne in Cap Martin zusammen, hier können sie ganz privat als Graf und Gräfin von Hohenembs fern der Etikette leben, sagt doch die Kaiserin:

„In Cap Martin ist er nur während der wenigen Stunden, die der Hofkurier hier verweilt, gezwungen, Herrscher zu sein. Sonst kann er nach Herzenslust ausruhen und sich zerstreuen."

So fahren sie nach Beaulieu in das Ausflugslokal ‚Reserve'.

Es ist auf einen mächtigen, ins Meer hinausragenden Felsen erbaut, und die Terrasse ist nach drei Seiten von den Wellen des Mittelmeeres umspült. Obwohl der Kaiser in Zivil geht, wird er erkannt, die Gäste achten jedoch sein Inkognito. Nach fünftägigem Aufenthalt muß Franz Joseph nach Wien zurückkehren, Erzherzog Albrecht ist gestorben.

Elisabeth führt ihre Hofdame in die Kapelle des Wallfahrtsortes Annonciade. Dort hat sie ein Bild der Yacht ‚Greif' aufhängen lassen, welches das Datum der Errettung vom Schiffbruch vor der spanischen Küste trägt.

Am 1. März verabschiedet sich die Kaiserin von ihrer Schwester Mathilde, der verheirateten Gräfin Trani. Die ‚Miramar' ist eingetroffen und bei wolkenlosem Himmel und ruhiger See geht die Reise weiter. Am nächsten Tage legen sie in Ajaccio auf Korsika an. Bei schlechtem Wetter besichtigen sie das Haus und das Mausoleum Napoleons. Während ihre Begleitung mit dem Wagen den beschwerlichen Weg fährt, besteigt Elisabeth mit ihrem griechischen Vorleser den Berg des Schlosses Napoleons III., Pozzo di Borgo. Es ist aus den Steinen der Pariser Tuilerien erbaut, und besonders die sechzehn Säulen der Frontansicht beeindrucken, vor allem, wenn man die Beschwerlichkeit des Transportes nach dem bizarren Felsennest bedenkt. Auf dem Rückweg erhebt sich ein so gewaltiger Sturm, daß sich die Kaiserin niederknien muß, um so den Windböen einigermaßen widerstehen zu können. Dem Regen folgt ein Schneesturm, und das Schiff verläßt eine verschneite Insel Korsika.

In Neapel sieht Elisabeth Schnee und friert. Die Stadt und die sie umgebenden Berge sind verschneit. Elisabeth treibt es in das bunte Getümmel des Ortes. Zu ihrer Hofdame sagt sie: „Sehen Sie nur, wieviele Müßiggänger es da gibt und lauter heitere Gesichter. Nur unter der südlichen Sonne kann es so glückliche Tagediebe geben; die kältere, feuchtere Luft des Nordens macht auch die Seelen düster, so daß in ihnen nur die Sorge gedeiht." Das Schiff kann nicht auslaufen, denn ein Sturm tobt im Golf von Neapel, daß das Schiff sogar im Hafen auf den Wogen tanzt und in allen Fugen kracht.

Am vierten Tage kann der Kapitän seinen Kommandoruf ertönen lassen: ‚Mit voller Kraft! Vorwärts!' und die ‚Miramar' nimmt Kurs auf Korfu.

Morgens gegen fünf Uhr erwacht jeweils die Gräfin Sztáray, weil das Schiff steht, und das bedeutet, die Kaiserin nimmt ihr Bad!

Schon der erste Anblick von Korfu begeistert die Gräfin und euphorisch schildert sie die Lieblingsinsel ihrer Kaiserin:

„Als ich am nächsten Tag das Deck bestieg, schwammen wir schon längst in griechischen Gewässern, und aus der Ferne, einem smaragdgrünen Streifen gleich, tauchte Corfu empor. Die Gebirge Albaniens waren mit Schnee bedeckt, also — auch hier kein Frühling. Es war 1/2 1 Uhr, als wir mit Ihrer Majestät das Schiff verließen.

Doch welche Täuschung, daß ich den Frühling nicht sah!

Jetzt erst sehe ich, daß die ganze Insel wie ein Blumenteppich vor mir liegt.

Ein wahrhaft rosenfarbener Lenz, unverfälschte ewige Jugend lacht uns von den Ufern entgegen, über denen auf hohem Berge das schneeweiße Achilleion steht.

Von diesem herrlichen Bau blicken die heitere Lebenslust der klassischen Vergangenheit und die in edlen Formen ausgedrückte Schwungkraft ihrer jungen Seele auf den Abkömmling herab.

So war ich einst, spricht der Geist der Menschheit zu mir, während mein Auge an den Säulenreihen des Achilleion dahingleitet; so bin ich jetzt!, sagt mir die lächelnde junge Natur.

Vom Schiffe bringt uns ein Motorboot in den Hafen des Achilleion, der sich bis dicht an den Garten hinzieht. Links vom Molo fällt mir ein reizender kleiner Bau auf, das Badehaus der Kaiserin, rechts ein zweiter für die elektrische Beleuchtung.

Am Ufer, vielmehr am Ende des Gartens, empfing Baron B., der Direktor des Achilleion, Ihre Majestät, worauf wir die Serpentinenwege des Gartens emporstiegen.

Unter Palmen und reich mit Früchten und Blüten behangenen Zitronen- und Orangenbäumen schritten wir hinan; wohin der Blick fällt, überall in Blüten prangende Rosenbäume und im Rasen verborgene Veilchen, die uns ihren berauschenden Duft als lieben Gruß entgegensenden.

Jetzt kommen wir an Heines Denkmal vorüber, weiter oben begrüßen wir Byrons durchgeistigtes Antlitz und, immer höher gelangend, erreichen wir die erste Terrasse, die sich im zweiten Drittel des stetig ansteigenden Gartens befindet.

Marmorne Treppen führen dahin, und von weißem Marmor erglänzen ringsum die Geländer.

Auf der Terrasse, dem Aufgang gegenüber, erblickte ich auf einem massigen Marmorblock, in halb liegender Stellung, den Helden der Kaiserin, den sterbenden Achill. Irdische Macht und Ruhm, — das Schicksal weiß immer eure Achillesferse zu treffen! — — — Und wie schmerzlich dieser Zusammenbruch ist, dachte ich mir, da ich am niedergebrochenen Heros vorüberschritt.

Unter Palmen und Rosen weiterwandelnd, gelangten wir an die zweite Terrasse. Auf der obersten Stufe der Treppe, auf halbhohem Postamente, standen vor heller Luft die beiden Ringkämpfer, in dem Augenblicke dargestellt, da sie aufeinander losgehen wollen. Die Originale sind Meisterwerke Canovas. Wir gehen zwischen ihnen durch und befinden uns auf der Terrasse, von wo wir auf die Gegend zurückblicken.

232

Dieser aus dem stahlblauen Meere hervorlächelnden Lenzesherrlichkeit verleiht nur das albanesische Gebirge einen etwas ernsten Ton. Welch ein entzückendes Bild! Und hier auf der zweiten Terrasse erhebt sich, wie ein in Marmor ausgedrückter klassischer Gedanke, das Achilleion. Dem Peristyl gegenüber stehen wir still, unser Blick ist für eine Weile festgebannt und scheint in stummer Huldigung die herrliche Wohnstätte zu begrüßen.

Hier verabschiedete sich die Kaiserin von uns, entfernte sich langsam und verschwand in den Säulengängen. Wir betraten den Palast durch den Haupteingang, an der anderen Front des Baues, und suchten eilig unsere Appartements auf. Meine Zimmer befanden sich im zweiten Stockwerk, nahe den Gemächern der Kaiserin, mit der Aussicht aufs Meer und auf das Innere der Insel. Ich sah mich um, fand alles wunderschön und eilte dann an mein weit geöffnetes Fenster.

Ach, was war das für eine freundliche, hell strahlende, glückliche junge Welt! Wie sehr verstand ich nun, warum die Kaiserin Corfu über alles liebt und warum sie ihr liebes Heim gerade hier erbaut hatte.

„Das ist mein Asyl, wo ich ganz mir angehören darf, hier beschränken mich keine weltlichen Rücksichten."

Mit diesen Worten stellte sie mir das Achilleion vor. Und weil der Wunsch der Zurückgezogenheit von der Welt dieses kleine Paradies gebar, entsprach ihm auch unsere dortige Lebensweise . . ."

„Eines Tages ließ mich Ihre Majestät zu sich bescheiden, um mir ihre Gemächer zu zeigen.

Strahlende Ausgeburten einer ungezügelten Phantasie! Dieser Saal samt seiner Einrichtung ist eine getreue Nachbildung pompejanischer Kunst. Von den reichen Fresken der Wände und Decken lachen Frohsinn, Heiterkeit der Seele und unerschöpflicher Reichtum der spielenden Phantasie uns entgegen.

Ich bin nicht kunstverständig und weiß den wirklichen Kunstwert dieser herrlichen Kopie nicht zu beurteilen, allein während ich sie betrachtete, stahl sich mir das Gefühl heiterer Freude ins Herz. Wir pflegen mit Bewußtsein das Schöne und widmen ihm einen fetischartigen Kultus, während er dazumal warm und unbewußt den Seelen entströmte wie der Frühlingshauch, von dem die Wiesen sich mit Blumen schmücken und alle Büsche von Vogelgesang erklingen.

Die Möbel und andere Einrichtungsgegenstände stehen ausnahmslos auf bronzenen Füßen; ihre Seiten und Flächen zeigen die herrlichste Mosaikarbeit; Polsterung und Bezug der Stühle und Lehnen sind wohl prunkvoll, aber, der vor zwei Jahrtausenden herrschenden Gewohnheit entsprechend, ohne Rücksicht auf Bequemlichkeit.

Aus dem Empfangssaal gelangten wir in das Schreibzimmer und von da in das Toilettenzimmer der Kaiserin. Hier ist alles blau, lächelnd wie der Himmel und durch die rosafarbenen Fenstervorhänge wie von einem leichten Morgenrot überhaucht. Von hier gelangt man in das Schlafzimmer, in dessen Mitte ein niedriges, römisches Bett steht, mit einem Eisbärenfell bedeckt. Von hier öffnet sich das Bade- und Turnzimmer, wo die Kaiserin täglich Übungen macht.

In all diese Räume blicken durch die Fenster die wechselvollen Bilder der Gegend und das Meer herein. Von dem Empfangssaale kann Ihre Majestät ohne Treppen auf das Peristyl treten.

Das Peristyl! Es ist der Stolz des Achilleion. Eine offene Säulenhalle, die sich in Gestalt eines großen L an zwei Fronten dahinzieht. Korinthische Säulen tragen die herrliche Stuccodecke, die Seitenwand schmücken Fresken aus dem Leben des Odysseus. Im Anstieg und hinter jeder Säule erblicken wir auf marmornen Halbsäulen ruhende Hermen der Großen aus der klassischen Zeit, außerhalb der Säulenreihe die neun Musen in Lebensgröße.

Das Peristyl ist der stumme Zeuge der einsamen Spaziergänge der Kaiserin. Hier stört sie niemand; hier wagt sich niemand her, ohne gerufen zu sein. —

234

Als ich alles gesehen hatte, führte mich die Kaiserin in die erste Etage und zeigte mir die Wohnräume des Kaisers. Ihre Einteilung ist im großen und ganzen die nämliche wie in den Gemächern der Majestät, doch ist hier die Einrichtung modern. „Der Kaiser liebt die griechischen Möbel nicht", erklärte die Kaiserin, „er hält sie für unbequem, was sie auch wirklich sind. Ich aber sehe sehr gern diese edel geformten Gegenstände um mich und da ich höchst selten sitze, ist es einerlei, ob sie bequem oder unbequem sind." Endlich gingen wir aus des Kaisers Empfangssaal hinaus auf den geräumigen Balkon, an dessen zwei Ecken die beiden berühmten Kentauren sich gegenüberstehen.

„Das sind Originale aus der Sammlung Borghese", bemerkte die Kaiserin, nachdem sie schon früher meine Aufmerksamkeit auf diese Figuren gelenkt hatte . . ."

Die Erzherzogin Gisela und ihr Gemahl, Prinz Leopold von Bayern, kommen auf Besuch. Die Kaiserin erzählt über die Frauen von Korfu! „Und die Frauen von Gasturi imponieren mir nicht nur durch ihre antike Schönheit, sondern auch durch ihre unermüdliche Arbeitsamkeit. Sie besorgen nicht bloß die häusliche Arbeit, sondern auch zum großem Teile die Garten- und Feldarbeiten. Haben Sie schon den Griechen auf dem Esel und das Weib neben ihm dahintrottend gesehen? Nun, dies charakterisiert das Verhältnis von Mann zu Weib hierzulande."

Nach einjähriger Dienstzeit scheidet der Grieche Pali aus. Er erhält das Ritterkreuz des Franz-Joseph-Ordens für seine sportliche Leistungen im Dauerlauf mit Ihrer Majestät. Der bayrische Besuch besichtigt die Villa des Königs von Griechenland. Von dort aus geht der Weg weiter nach Pontikonisi, eine düstere Felseninsel voller Zypressen, angeblich das Motiv für Böcklins ‚Toteninsel'.

Die ‚Miramar' fährt mit ihren Verwandten weiter. Elisabeth steht allein am Strand und denkt an ein neues Reiseziel. Am Tag vor der Abreise führt sie die Gräfin Sztáray in den Garten und zeigt ihr das Denkmal des Kronprinzen Rudolf, das soeben erst aufgestellt wurde. Das Monument kam aus Lugano.

Am nächsten Tag um sechs Uhr morgens wird die Fahrt fortgesetzt. Gegen Mittag taucht eine Schar Delphine auf und begleitet das Schiff. In Spalato kommen die Erzherzogin Valerie und ihr Gemahl an Bord.

Das Schiff wirft in Venedig an der Piazetta den Anker aus. Gegenüber liegt der königliche Palast, in dem die Kaiserin und Franz Joseph in jungen Jahren glückliche Zeiten verlebt haben. Am dritten Tag will die Kaiserin abreisen, der König und die Königin von Italien haben sich jedoch angemeldet. Mit dem Königspaar verlassen auch Valérie und ihr Gatte das Schiff, und die ‚Miramar' fährt zum Hafen des Schlosses Miramar. Am 1. Mai ist die Kaiserin in Hetzendorf, wo sie schon der Gatte erwartet.

Im August 1895 erhält die Gräfin einen Brief, mit der Bitte, die Kaiserin nach Aix-les-Bains zu begleiten. Die Damen finden den Badeort landschaftlich nicht erstklassig gelegen, sonst aber ziemlich hübsch. Die Berge sind kahl, dazwischen Bergwiesen im satten Grün und der schöne Bourget-See mit seinem blauen Wasser.

Der Kaiserin schmeckt die Milch der Gegend besonders, so beauftragt sie die Gräfin Sztáray und den Obersthofmeister, für ihre Schönbrunner Milchwirtschaft eine gute französische Kuh zu erwerben. Der Auftrag wird erfüllt und zur größten Zufriedenheit Ihrer Majestät ein schönes aschgraues Tier vorgeführt.

Als nächsten Auftrag sollen sie der Kaiserin Likör aus dem berühmten Kloster Chartreuse besorgen.

Von Aix-les-Bains geht die Reise nach Territet. Auch die Gräfin ist von diesem inmitten der Alpen gelegenen Ort entzückt, die Kaiserin äußert sich:

,,Es freut mich, daß mein begeistertes Lob dieses Ortes den Eindruck nicht beeinträchtigt hat. Man muß mit dem Lobe vorsichtig sein, weil wir die Erwartung aufs höchste spannen, und diese dann durch die schönste Wirklichkeit nicht befriedigt werden kann. Dies habe ich bei Menschen, die noch wenig gereist sind, oft erfahren.''

Am nächsten Tag fahren sie mit der Zahnradbahn zum Gipfel des über 2000 Meter hohen Rocher de Naye, von dem aus man im Tale den zartblauen Genfer See liegen sieht.

Der nächste Ausflug geht nach dem Bad Thonon, für das die französischen Blätter viel Reklame machen. Es gefällt den Damen aber nicht, und so geht die Fahrt wieder zurück, mit dem Schiff dann weiter nach Genf und Lausanne und mit dem Zug nach Zürich. Dort lobt man das Frühstück bei ‚Bauer au Lac‘. Die Kaiserin hat eine äußerst gute Laune. Der Kaiser fährt zu einem Manöver nach Preußen und freut sich, daß es seiner Gattin gutgeht. Er schildert seine Reise nach dem Norden:

,, . . . In Potsdam empfing mich die Kaiserin mit ihren charmanten Kindern sehr herzlich und gab mir ein sehr gutes Déjeuner. Von Berlin aus fuhr ich mit Albert von Sachsen, der besonders gut aussieht. Kaiser Wilhelm war der charmanteste Hausherr und bester Laune. Stettin ist eine schöne, saubere Stadt mit schönen Gebäuden, vielen gut erhaltenen Gartenanlagen und belebt durch die vielen großen Seeschiffe auf der Oder. Das Publikum war die ganze Zeit für mich von einer Herzlichkeit, man kann sagen von einem Enthusiasmus, wie es bei uns nicht mehr sein könnte. Ich war besonders gut bewohnt, die Diners beim Kaiser im Schlosse waren gut und ich trank viel. Am Abende nach unserer Ankunft fuhren wir im Dampfschiffe auf der Oder. Beleuchtung und Feuerwerke waren bezaubernd und dazu schien der liebe Mond so schön vom klaren Himmel. Es war empfindlich kalt. Die Manöver waren sehr interessant und gut und da ich nur unbetheiligter Zuschauer war, so strengte ich mich nicht stark an und ritt recht bequem auf dem vorzüglichen Reitboden . . . Albert von Sachsen kommt am 30. hierher und am selben Tage Nachmittag wird nach Mürzsteg gefahren, wo die Jagden bis 5. Oktober dauern. Ich denke, daß uns Albert am 6. verlassen wird, und dann werde ich trachten, baldmöglichst nach Gödöllö zu kommen, wo wir uns endlich nach langer Trennung wiedersehen werden . . .‘‘

Von der Schweiz aus will Elisabeth plötzlich ihre Tochter Valérie besuchen, und die Reise führt nach Wels. Vom Bahnhofe läuft sie mit der Hofdame zu Fuß nach Schloß Lichtenegg, wo man die beiden Frühankömmlinge zuerst gar nicht erkennt. Zwei Tage ver-

237

bringt die Kaiserin im engsten Familienkreise; hier ist sie nur die Mutter ihrer Tochter und die Großmutter ihrer Enkel, die liebe Omama. Ihre Begleiterin entdeckt eine neue Kaiserin:

„ . . . Und ich entdeckte in der ‚Omama' wieder neue, glänzende Eigenschaften ihrer bewunderungswürdigen Persönlichkeit. Hier fiel von ihrer Seele auch die letzte Hülle jenes Geheimnisvollen, von dem der Welt gegenüber ihre erhabene Gestalt so treu begleitet war wie der Mond von seinem Lichtkreise.

In dieser kleinen Welt trat sie gleichsam aus diesem schimmernden Nebelschleier heraus, und vor mir stand in herzergreifender neuer Schönheit und edler Einfachheit die ‚Omama'.

In diesem Augenblick verschwand vor meinen Blicken die Kaiserin, und ich sah nur die mildlächelnde, liebesstrahlende Seele; ich sah nicht die Erzherzogin, bloß die Tochter, die ihre Mutter anbetete; und sah nicht Erzherzöge und Erzherzoginnen, sondern eine blühende, reizende Kinderschar, die die ‚Omama' umschwärmte, während diese wieder die Kleinen herzte, küßte und belehrte. Dies Haus war vom Geiste der Kaiserin erfüllt. Hier spiegelte sich das Innerste ihrer Seele . . .“

Im Oktober trifft sich die Kaiserin mit dem Kaiser in Gödöllö. Die Gräfin Sztáray fährt auf ihre Besitzungen und erhält bald darauf aus Wien ein Schreiben, sie möchte dort am 17. November eintreffen. In der Hofburg wird ihr vom Obersthofmeister die offizielle Ernennung zur Hofdame der Kaiserin überreicht. Am nächsten Tag wird sie im Toilettenzimmer von der Kaiserin empfangen. Sie teilt ihr die Winterreisepläne mit.

Im Dezember sind sie erneut in Cap Martin. Die Witterung ist sehr günstig und Elisabeth trinkt Karlsbader Wasser. Auch ihre Schwester, die Gräfin Trani, ist wieder hier, und sie besucht die Exkaiserin Eugenie.

Am 24. Dezember, dem Geburtstag der Majestät, hören sie in der Hauskapelle eine Messe. Mündliche Gratulationen sind seit dem Tode des Kronprinzen nicht mehr gestattet. Die Hofdame überreicht ihr stumm einen Veilchenstrauß. Die Kaiserin dankt mit den

238

Zeitgenössische Photomontage der Kaiserlichen Familie aus dem Jahre 1869

Kaiser Franz Joseph, Erzherzog Ludwig Viktor, Kronprinz Rudolf, Kaiserin Elisabeth mit Tochter Marie Valerie, Erzherzog Franz Karl, Schwiegermutter Sophie, Erzherzog Karl Ludwig, Erzherzogin Annunziata mit den Erzherzogen Franz Ferdinand und Otto

Worten: „Das ist lieb und warm, wie alles, was von Ihnen kommt. Wenn ich die Glückwünsche nicht liebe, so ist es deshalb, weil nach so vielem Unglück, das mich getroffen, jeder Glückwunsch mir als Hohn erscheint."

So gibt es auch keinen Heiligen Abend, und die Kaiserin verbringt den Tag in gänzlicher Zurückgezogenheit.

Sie übertreibt wie immer ihre Kur und hält ihr Gewicht von 50 Kilo und 36 Dekagramm (!) für viel zu hoch. Der Kaiser schreibt:

„ . . . Ich bin glücklich, daß Deine unberufen so ausgezeichnete Natur noch immer allen Abmagerungsmitteln und den übertriebenen Rennpartien so gut widersteht . . ."

Ferner ängstigen ihn Nachrichten über den Aufenthalt diverser Majestäten an der Riviera, gerade zu dem Zeitpunkt, da er dort mit seiner Gattin allein sein möchte. Auch kritisiert er die ,delphischen Orakelsprüche' in den Briefen der Gattin, die sie um den Versand zweier Flaschen Champagner macht. Bei Wilhelm Kienzl's rührseliger Oper ,Der Evangelimann' scheint er sich wohler zu fühlen:

„ . . . Weniger erfreulich ist die Aussicht auf die höchsten Herrschaften, die sich an der Riviera sammeln wollen . . . Aber ohne der Königin von England werden wir wohl nicht auskommen . . . Es wäre überhaupt erwünscht, wenn Du in Deinen lieben Briefen nicht so häufig ganz unverständliche delphische Orakel-Sprüche anwenden würdest. Ich bedauere sehr für Dich die Kälte samt Sturm an der Riviera . . . Valérie und Franz kamen vorgestern um sechs Uhr mit einer Stunde Verspätung mit dem Ostende-Zug von Linz an. Ich erwartete sie auf der Bellaria und fuhr um sieben Uhr ins Opernhaus, wohin sie mir folgten. Es wurde eine neue recht hübsche Oper, ,Der Evangeli Mann', zum zweiten Male gegeben, mit sehr vollem Hause und vielem Beifalle. Ich blieb bis neun Uhr nach dem zweiten Akte, Franz und Valérie blieben aber bis zum Ende . . . Fräulein Marianne v. Meißl hat an Frau von Ferenczy geschrieben, daß zwei Flaschen Champagner kommen werden, die bei einem Déjeuner, welches ich mit der Freundin haben soll, ein-

240

gekühlt getrunken werden sollen. Da die beiden Flaschen mit dem letzten Luxuszuge nicht gekommen sind, so wurde von Marianne über telegraphische Anfrage angezeigt, daß dieselben erst mit dem nächsten Luxuszuge am 23. eintreffen werden. Innigsten Dank, daß Du wieder an mich gedacht hast und nun glaube ich, daß der unverständliche Schlußsatz Deines letzten Briefes sich auf diese Flaschen bezogen haben könnte, was ein Amerikaner mit der Sache zu thun haben kann, verstehe ich aber immer noch nicht . . ." Im Frühjahr 1896 fühlt sich die Kaiserin besonders unwohl und schreibt dies ihrem Gewicht zu, wie sie ihrer Tochter Valérie mitteilt:

,, . . . Wenn ich mich nicht wohl fühle, habe ich Gewichtszunahmen, und das ist von allen Übeln jenes, das mich am meisten kränkt . . ." Jede Art von Kur nimmt die Kaiserin sofort auf, und als sie in einem Buche des Arztes Dr. Kuhne über eine Sandkur gegen das Dickwerden liest, will sie dies versuchen. Katharina Schratt, die gerne die Kuren der Kaiserin nachahmt, will sich ebenfalls diesem Experiment aussetzen, und der Kaiser meint ironisch: ,, . . . Es ist merkwürdig, wie Ihr beide immer dieselben medizinischen Experimente unternehmt, gottlob ohne dabei besonderen Schaden genommen zu haben . . ."

Trotz der Furcht vor den vielen gemeldeten Majestäten erscheint der Kaiser in Cap Martin. Jeden zweiten Tag macht er einen größeren Ausflug, und dazwischen sitzt er auch an der Riviera an seinem Schreibtisch und bearbeitet die Akten, die ihn sein Kurier bringt. Im benachbarten Mentone erscheint der französische Ministerpräsident anläßlich einer Denkmalsenthüllung. Der Kaiser besucht Faure in seiner Wohnung. Die Ovationen der Bevölkerung sind groß, wenn der Kaiser in seinem Wagen durch die Straßen fährt. Eines Nachmittags besucht er auch die Spielbank in Monte Carlo. Er möchte den Ort kennenlernen, an dem sich die ,Freundin' Schratt so gerne aufhält. Ein Besucher erkennt ihn und lenkt die allgemeine Aufmerksamkeit auf seine Person, worauf sich Franz Joseph sofort entfernt.

Die ‚Miramar‘ ist im Hafen eingelaufen, was wieder einmal eine Reise bedeutet. Ihre Majestäten laden die Exkaiserin Eugenie und den Prinzen von Wales zu einem Abschiedsdiner auf das Schiff ein. Nach dem Diner werden auf dem Deck schwarzer Kaffee serviert. Ein Offizier fotographiert die illustre Gesellschaft, nachdem sich Elisabeth eiligst entfernt hatte.

Außerdem besucht das Kaiserpaar noch die greise Königin Victoria, die ihre Besucher auf einem von vier indischen Dienern gehobenen Tragsessel empfängt.

Am 15. März verläßt der Kaiser Cap Martin, und das Schiff segelt über Cannes und Neapel nach Korfu.

Die Kaiserin besichtigt am nächsten Tag mit der Gräfin Stzáray den Garten, wo sie den Stand der Vegetation begutachten.

Die Kaiserin ist mit nichts zufrieden und hält den Baumwuchs für zu gering. Sie spricht von allem in einem kühlen Ton der erkaltenden Sympathie. Sogar die fast hundert Meter lange Rosenlaube kann sie nicht mehr begeistern. Das Achilleion ist ihr egal geworden!

Die Eintönigkeit des Lebens auf Korfu wird durch eine Prozession unterbrochen, die in der Villa erscheint. Elisabeth hat der Kirche von Gasturi eine gestickte Fahne gestiftet, die der Pope der Kirche mit seiner Gemeinde in Empfang nehmen will. Eine Deputation aus dem Dorfe bittet die Kaiserin um Erlaubnis, den Cressidabrunnen in ‚Vasilissa Elisabetha‘ umzubenennen.

Ihr griechischer Vorleser übersetzt die Worte der Kaiserin und unter begeisterten Zivio- und Evivarufen und dem Singen des Kyrie eleison zieht die Prozession ins Dorf zurück.

Der Erzherzog Karl Ludwig, der Bruder des Kaisers, mit seiner Gattin Maria Theresia und zwei Töchtern besucht die Kaiserin. Der Besuch ist sehr kurz, da der Erzherzog während der Reise erkrankt ist.

Bei der Abreise von Korfu sagt Elisabeth:

„Ein Heidengeld steckt im Achilleion, es wäre besser, es zu verkaufen, dann würden doch nach meinem Tode meine Kinder aus

242

dem Erlös mehr Nutzen ziehen als aus dem fernliegenden Schlosse."
Ihre Zeit auf Korfu hatte sie größtenteils mit der Übersetzung Shakespeare'scher Dramen ins Griechische verbracht. Die Anwesenheit ihres Vorlesers ging ihr dabei sehr auf die Nerven, da er sich täglich mehrmals mit Parfüm bestäubte. Am 30. April 1896 trifft sie in Budapest ein. Die Ungarn feiern das Millenniumsfest, den tausendjährigen Bestand ihres Landes. Der Kaiser fährt mit ihr vom Bahnhof in offener Equipage zum Schloß. Hunderttausende sind auf der Straße, um hauptsächlich ihre Königin zu sehen, und Elisabeth verdeckt ihr Gesicht mit dem Fächer. Auch bei der Eröffnung der Millenniumsausstellung erscheint sie in schwarzer Seidentoilette und hält sich einen schwarzen Fächer vor das Gesicht. Bei den Galavorstellungen und den Bällen fehlt sie, nicht einmal an der Hoftafel nimmt sie ihren Platz ein, die Witwe des Kronprinzen vertritt sie.
Nur zur Festmesse geht sie in einem schwarzen, ungarischen Prunkgewande, einen schwarzen Schleier vor dem Gesicht, und wie aus weiter Ferne hört sie die Worte des Priesters, der über sie sagt, ‚daß ihre mütterlich zarte Hand einst das goldene Band wob, mit dem nun die Nation und ihr heißgeliebter König unzertrennlich verbunden sind'.
Der Tod des Erzherzogs Karl Ludwig läßt sie die Feierlichkeiten unterbrechen. Elisabeth reist nach Wien zurück und hält sich in Lainz auf.
Im Juni ist Elisabeth wieder in Budapest. Anlaß ist der Millenniumsempfang des ungarischen Parlamentes. Die Augenzeugin Gräfin Irma Sztáray schildert die Kaiserin bei den Feierlichkeiten:
,, . . . Vor dem hohen Throne des königlichen Paares sprach Desider Szilághyi seine Huldigungsrede; eine schönere wird in diesem glänzenden Saale wohl niemals erklingen. Ich wandte keinen Blick von der Kaiserin. Als der Redner von dem gottgesegnetem Einflusse des Schutzengels der Nation sprach, entfesselte dies in ihrer Seele einen Sturm, der mich erbeben machte. Ich sah, wie sie leichen-

Das Kaiserpaar mit der französischen Exkaiserin Eugenie in Cap Martin (Zeichnung: Halmi)

blaß wurde und gleich darauf alles Blut in ihr Antlitz stieg; und ich fühlte, daß in diesem Augenblicke der Seelenschmerz die Selbstbeherrschung niederringen werde. Und er rang ihn nieder, doch schön, mit königlicher Würde. Die Kraft, die sonst die Gefühle des Herzens zurückzudämmen wußte, versagte einen Augenblick; die umflorten Augen feuchteten sich und zwei große, glänzende Tränentropfen rollten über ihre bleichen Wangen herab . . .''
Ein meisterhaftes Porträt der Kaiserin erscheint am 10. Juni im ‚Pesti Hirlap'. Kálmán Mikszáth, der die Kaiserin so heiß verehrt, schildert unübertrefflich mit seiner ungarischen Mentalität die ‚Mater dolorosa' Elisabeth:
,,Dort sitzt sie im Thronsaal der königlichen Burg in ihrem schwarzen, mit Spitzen durchwirkten ungarischen Gewand. Alles, alles an ihr ist düster. Von dem dunklen Haar wallt ein schwarzer Schleier herab. Haarnadeln schwarz, Perlen schwarz, alles schwarz, nur das Antlitz marmorweiß und unsagbar traurig . . . Eine Mater dolorosa. Es ist noch dasselbe Antlitz von einst, das man von den bezaubernden Bildern her kennt: Die freien, edlen Züge mit dem vorne kurzgeschnittenen Haar, das seidenen Fransen gleich ihre Stirn umweht, und darüber das üppige Haargeflecht, das schönste aller Kronen. Sie ist es noch, doch der Kummer hat seine Spuren in dieses Antlitz eingegraben. Es ist noch dasselbe Bild, aber wie in einen Nebel gehüllt. Die Wimpern verdecken ihre lebhaften, lieben Augen. Still und unempfindlich sitzt sie da, als sähe und höre sie nichts. Nur die Seele scheint weit in die Ferne zu schweifen. Keine einzige Bewegung, kein einziger Blick verrät Interesse. Einer marmorblassen Statue gleicht sie. Da beginnt der Präsident des Reichstages, Desider Szilágyi, zu sprechen. Langsam, bedächtig, voll Ehrfurcht angesichts des Thrones. Der König horcht auf. Ein Wort, ein Gedanke fesselt ihn, und seine Blicke heften sich an die Lippen des großen Redners der ungarischen Nation. Im Antlitz Elisabeths aber ist noch immer nichts zu lesen. Es bleibt blaß und unbeweglich. Da nennt der Redner auch den Namen der Königin. Sie zuckt mit keiner Wimper, doch mit ei-

nem Male braust ein Eljen auf, wie es die Ofener Königsburg noch nie gehört, als bräche ein Gefühlssturm aus aller Herzen hervor. Ein wunderbar hehrer Klang liegt darinnen, den man weder beschreiben noch erklären kann. In diesem Eljen liegt Gebet, Glockengeläute, Meeresrauschen, Zärtlichkeit, Gefühl, vielleicht auch Blumenduft. Und da bewegt sich das bisher unempflindliche majestätische Haupt. Leise, kaum sichtbar, nickt es Dank. Eine wunderbare Anmut liegt darin. Noch stärker erdröhnt das Eljen und will minutenlang nicht aufhören. Es tost immer wieder empor, daß die Gewölbe erzittern. Die Großen des Reiches schwingen den Kalpak. Das Eljen will nicht verstummen, der Redner muß innehalten, die Königin beugt das Haupt. Das schneeweiße Antlitz beginnt sich zu färben. Leicht rosa wird das Weiß, von der Farbe der frischen Milch mit rosigem Schimmer darüber, dann wird es rot, über und über rot, rot wie das Leben. Wie zauberhaft! An der Seite des Königs sitzt nun eine Königin in der Farbe des Lebens. Ihre Augen öffnen sich weit, der alte Glanz schimmert hervor. Sie, die einst so berückend zu lächeln wußten, daß sie ein trauriges Land trösteten, füllen sich mit Tränen. Die Fühlung ist hergestellt. Ein glückliches Land hat die Königin zu trösten verstanden, aber es dauert bloß einen Augenblick. Die hohe Frau führt das Spitzentuch an die Augen, trocknet die Tränen, und der Redner spricht weiter. Aus dem Antlitz der Königin weicht langsam die Röte des Lebens, und bald sitzt an der Seite des Königs wieder die in Trauer gehüllte Frau, die Mater dolorosa."
Am Abend promeniert sie mit der Gräfin Sztáray auf der Kastanienallee, die sich am Schloß entlangzieht. Lange betrachten sie das herrliche Panorama von Budapest. Die Gräfin verabschiedet sich von ihrer Kaiserin mit den Worten: ,Also, auf Wiedersehen am 15. Juli in Ischl.'
Ihr Bruder wird am 12. Juli meuchlings ermordet, sie kann ihre tiefgebeugte Mutter nicht verlassen. Die Kaiserin sendet eine Depesche mit den Worten: ,,Erhalte soeben erschütternde Nachricht.

246

Empfangen Sie meine wärmste Teilnahme. Verdolmetschen sie sie Ihrer Mutter und Schwägerin. Natürlich verlängert Ihren Urlaub Elisabeth."

Elisabeth verkriecht sich in ihrer Lainzer Villa und beschäftigt sich mit der Neufassung ihres Testamentes. Nicht nur ihre Kinder, auch alle Getreuen werden bedacht. Sie verfügt über die Veröffentlichung ihrer Gedichte nach ihrem Tode. Im Sommer hält sie sich eine Zeitlang in Ischl auf, sie ernährt sich nur noch von Eiern und Milch. Ihr Gewicht beträgt noch 46 Kilo. Im Dezember setzt sie ihre ‚Kur' in Biarritz fort und nimmt Dampfbäder und gleich danach ein kaltes Vollbad. Aus rohen Beefsteaks läßt sie das Blut zu einer Suppe pressen. Sie schreibt:

,, . . . Wie großartig das hiesige Meer ist, davon hat kein Mensch einen Begriff, doch kann man bei diesem Sturmwind kaum vorwärts kommen . . . Tag und Nacht brüllen Wind und Meer derartig, daß man im Kopf davon ganz wirr wird . . ."

Der Kaiser hört von allen Seiten nur schlechte Nachrichten über seine Gattin und sendet seinen Leibarzt Dr. Kerzl zu ihr. Er setzt sofort ihre freiwillige Karlsbader Wasserkur ab und nötigt sie, mehr zu essen und zu trinken. Er bittet ferner den Kaiser, auf seine Gattin einzuwirken und dieser schreibt:

,, . . . Das Telegramm Berzeviczys, welches Kerzl ruft, erschreckte mich auch und ich hoffe nur, daß Dein Unwohl nicht bedeutend ist und daß Du Kerzls Rathschläge endlich befolgen wirst. Das viele Fasten, das fortgesetzte Maltraitiren Deines Körpers und nun die leichtsinnige Carlsbader Kur rächt sich. Valérie ängstigt sich natürlich auch und wir sehen weiteren Nachrichten und besonders der Rückkehr Kerzls mit Sehnsucht entgegen . . ."

Am 19. Januar 1897 trifft sie in Cap Martin ein. Sie möchte dort wieder mit dem Kaiser zusammentreffen und schreibt ihm:

,, . . . Könntest Du nicht heuer auf vier Wochen hieherkommen, da es für meine Gesundheit und Gemütsstimmung so gut wäre? Wie lange bleiben andere Potentanten aus . . . Hoffentlich erhielt die Freundin mein Neujahrstelegramm ohne Hausnummer? Bitte

schicke mir die der Nibelungengasse, Gloriettengasse und der ‚Felizitas'. Ich werde sie im Kasino setzen . . ."
Sie macht schon wieder neue Kuren und nimmt Schwefel- und Eisenpillen. Ihr neuer griechischer Vorleser ist mehr im Kasino, um dort Geld zu verspielen, als bei ihr beim Vorlesen, und so entläßt sie ihn.
Der Kaiser sendet seinen Leibarzt Dr. Kerzl und das Ehepaar Erzherzog Franz Salvator zu ihr. Außerdem versucht er sie mit Berichten über Hofbälle und Theaterbesuche zu trösten, verweist jedoch auch auf seine Pflichten, und daß er nicht länger als drei Wochen von seinem Amte wegbleiben könne:
„. . . um acht Uhr begann der Hofball mit dem Diplomaten Cercle, den Marie Josepha sehr gut und viel schneller wie Marie Therese machte. Die Redouten Säle waren sehr voll und doch nicht heiß, tanzende Paare waren nicht viele, Valérie tanzte nur Quadrillen, Franz auch Rundtänze, die Cotillon mit der Erbgräfin Fugger . . .
Um zwölf Uhr nach Hause gekommen, trank ich noch zwei Gläser Champagner . . . Um fünf Uhr speiste ich allein und dann war ich in der zweiten Vorstellung der ‚Wildente' von ‚Y'bsen, ein kurioses, mühsames, modernes Stück, das aber ausgezeichnet gegeben wird. Eine neue sechzehnjährige Schauspielerin, Frl. Medelski, die ein vierzehnjähriges Mädchen vorstellte, scheint ein bedeutendes Talent zu sein und spielte sehr gut . . .
Leider kann ich aber nur, so wie voriges Jahr, drei Wochen von hier wegbleiben und das nur unter der Voraussetzung, daß in der Welt alles ruhig bleibt und daß auch bei uns keine Schwierigkeiten und Complicationen eintreten, die meine Anwesenheit erheischen . . . Gestern eröffnete ich im Künstlerhause eine recht gelungene Ausstellung, die zum Andenken an den berühmten Compositeur Schubert, von dem jetzt irgend ein Jubiläum (100. Geburtstag) gefeiert wird, arrangiert wurde . . ."
Als der Kaiser in Cap Martin erscheint, ist er von dem Aussehen und der Niedergeschlagenheit seiner Gattin ganz bestürzt. Mit ih-

248

rer Tochter unterhält sie sich fast nur noch über den Tod und Gott und meint:

„Ich sehne mich so sehr, dort zu liegen in einem großen Sarg, und nur Ruhe zu finden, nur Ruhe. Mehr erwarte und wünsche ich nicht. Weißt Du, Valérie, dort, wo gerade oberhalb das Fenster liegt, doch ein wenig Licht und Grün in die Gruft hereinblickt und man die Spatzen zwitschern hört . . ."

Mit dem Ort meint sie die Kapuzinergruft, wo ihr Sohn begraben liegt.

Der Botschafter Fürst Eulenburg teilt in einem Schreiben dem Reichskanzler von Hohenlohe mit, was der Kaiser ihm über Elisabeth berichtete:

„ . . . Mir ist die Sorge um die Gesundheit der Kaiserin der ganze Aufenthalt in Cap Martin verdorben worden. Meine Frau war so nervös, daß unser Zusammensein ernstlich gestört war . . ." Elisabeth ist Cap Martin zu stark besucht, sie schleicht sich unbemerkt durch die Kellerräume des Hotels, um ungesehen im Park zu entkommen und reist schließlich nach Territet am Genfer See ab. Dort trifft Erzherzog Franz Ferdinand mit seinem Leibarzt ein. Dieser untersucht sie auf Wunsch des Kaisers und stellt die typischen Zeichen von Hungerödemen fest und daß ihre Gewichtszunahme nichts als Wasser ist, das sich infolge der Unterernährung in den Geweben ansammelt. Sie verspricht darauf hin, ein paar Gläser Schafsmilch mehr zu trinken.

Am 12. April 1897 erwähnt der Kaiser erstmals wieder in einem Brief den Kurort, den Elisabeth als 25-jährige erstmals gesehen hatte, Kissingen.

„ . . . Beiliegend Briefe unserer Töchter. Ich bin neugierig, wann Gisela nach Schönbrunn kommen wird. Ich habe ihr geschrieben, daß Du wahrscheinlich am 10. Mai nach Kissingen und dann in ein Stahlbad gehen und daher ziemlich spät im Juni in die Villa Hermes zurückkehren wirst und daß ich vom 16. bis Ende Mai in Preßburg und Ofen sein werde . . ."

Die Tage in Territet und ihre vernünftigere Ernährung tun Elisabeth gut, und sie fährt im Mai nach Lainz.
Da trifft sie ein neuer Schicksalsschlag. In Paris veranstalten die Damen der Aristokratie einen Wohltätigkeitsbasar, an dem auch ihre Schwester, die Herzogin von Alençon, beteiligt ist. In einem Saale hat man Holz- und Leinwandbuden errichtet und über das Ganze als Dekoration ein riesiges Segel gespannt.
In einer der Buden wird ein Kinematograph vorgeführt, der mit einem Gasapparat bedient wird. Am Nachmittag gegen halb fünf Uhr, etwa 1 500 Personen befinden sich in dem Saal, sieht man plötzlich von dem Kinematographen her einen Flammenstrahl zu dem an der Decke hängenden Segel hochzischen. Im Nu breitet sich das Feuer aus. Wer zu den Türen eilt und hinausströmen will, prallt zurück, man weiß in der Panik nicht, daß sich die Türen nur nach innen öffnen lassen. Als das Feuer gelöscht ist, findet man eine einzige Trümmerstätte vor, und der Boden des Saales ist mit verkohlten Leichen bedeckt. Im benachbarten Palais der Industrie werden die Toten aufgebahrt. Der Herzog von Alençon kann seine Frau nicht finden. Der Zahnarzt der Herzogin identifiziert an Hand ihrer Gebißkarte eine völlig verkohlte Leiche, der eine Hand und ein Bein fehlt, als die der Herzogin.
Die Kaiserin schließt sich in ihren Gemächern in der Villa Hermes ein, nur den Kaiser läßt sie zu sich.
In Penzing, von wo die Gräfin Sztáray mit Elisbeth nach Kissingen reisen soll, steht die Kaiserin seit langer Zeit wieder vor ihr. Kurz vor der Abreise kommt sie ihr mit dem Kaiser am Arm entgegen. Sie sieht leidend und traurig aus.

250

,,Nein, eins will ich nicht: Den Kaiser überleben.''
Ein Omen in Kissingen: Kaulbachs Bild
,Deine Seele wird ein Schwert durchdringen'

Am 10. Mai 1897 trifft Elisabeth in Kissingen ein und steigt im Königlichen Kurhaus gegenüber den Kuranlagen ab. Die Kurliste trägt sie als Gräfin Hohenembs ein, als Begleiter sind Graf Bellegarde, Gräfin Sztáray, der Sekretär Petrowsky, der Vorleser Barker und Dienerschaft aus Wien aufgeführt.

Ihr Inkognito ist nur noch eine Formsache, und man erkennt die Kaiserin sofort, als sie dank der musikliebenden Gräfin nachmittags um fünf Uhr das Konzert der Kurkapelle besucht. Bei einem längeren Potpourri horcht sie auf, die Musik erinnert sie an Richard Wagner und sie sendet die Gräfin auf Erkundung nach der Komposition aus. Man erhält die Auskunft, daß es sich um die Erstaufführung einer Phantasie aus der Oper ,Kunihild' von Cyrill Kistler handelte, eines mit Wagner befreundet gewesenen Komponisten, der sich in Kissingen angesiedelt hat. Zum Jubeljahre des Hauses Wittelsbach hatte er auch einen Festmarsch komponiert. Die Kissinger ,Saale-Zeitung' weiß schon am 10. Mai zu berichten: ,,Kaiserin Elisabeth von Österreich in Bad Kissingen.

Am heutigen Montag, präcis 12 Uhr 26 Min. lief der Zug ein, mit welchem Ihre Majestät, die Kaiserin und Königin Elisabeth von Österreich-Ungarn, in unserem Kurorte zu mehrwöchigem Kuraufenthalte eintraf. Der Zug, in den zwei Salonwagen eingestellt waren, führte der königl. Betriebsmaschineningenieur Herr Kuffer von Schweinfurt. Ihre Majestät entstieg raschen Schrittes dem Salonwagen und nahm huldvoll die Vorstellung des k. Bad-Commissärs, Herrn Regierungsraths Baron Bechtolsheim entgegen. Ihre Majestät trug ein schwarzes Capothütchen ohne Schleier

251

und fußfreien schwarzen Rock. Herr Bahnverwalter Uhl geleitete Ihre Majestät durch den Königssalon zu den offenen Equipagen, deren erste Ihre Majestät mit der Hofdame bestieg. Im zweiten Wagen folgte Obersthofmeister Herr Graf v. Bellegarde mit dem k. Bad-Commissär. Das zahlreiche anwesende Publikum grüßte Ihre Majestät ehrfurchtsvollst. In langsamen Trab ging es durch die Prinzregentenstraße, Theaterstraße nach dem königl. Kurhause, dessen gartenartig angelegte Einfahrt prächtig mit Blattpflanzen, Lorbeerbäumen u.s.w. geschmückt ist. Auch hier hatte sich eine große Menschenmenge eingefunden. Am Portale wurde die Kaiserin von Herrn Hofrath Streit und dem Kurdirektor Schraepler empfangen, welche Ihre Majestät nach ihren Gemächern geleiteten. Das Gefolge zählt insgesamt zwölf Personen, welche in vierzehn Salons und Zimmern untergebracht sind. Die Salons der Kaiserin, die auf die Theaterstraße führen, wurden gänzlich neu und auf das Allervornehmste eingerichtet. Ihre Majestät wird in der Kurliste als Gräfin Hohenembs eingetragen werden. Vor drei Jahrzehnten hat Ihre Majestät an Kissingens Heilquellen ihre Gesundheit wiedergefunden. Mögen auch diesmal unsere wunderthätigen Quellen von reichem Segen für Ihre Majestät die Kaiserin sein . . .''
Die Hofdame legt am nächsten Tage der Kaiserin die neueste Ausgabe der ‚Saale-Zeitung' vor, in der berichtet wird, daß ‚Seine Hoheit der Prinz-Regent wegen des höchstbetrüblichen Ablebens Ihrer Kgl. Hoheit der Herzogin Sophie von Alençon, geborene Herzogin in Bayern, eine Hoftrauer von vier Wochen anzuordnen geruht. Außerdem weist sie auf einen Bericht über die Uraufführung einer Oper ‚Ingwelde' von Max Schillings im Münchener Hoftheater hin, deren Librettist Ferdinand Graf Sporck auch das Textbuch zu Kistlers Oper ‚Kunihild' verfaßt hat. Weniger erfreut nimmt sie den Bericht mit der Wiedergabe der Daten ihres ersten Badetages zur Kenntnis, wo sie doch ihre Kissinger Tage so ungestört als nur möglich verbringen möchte: ,,Kurz nach Ihrer Ankunft empfing gestern Nachmittag Ihre Majestät die Kaiserin von Österreich den

behandelnden Arzt Herrn Medicinalrath Dr. Sotier in erster Audienz. Abends gegen sechs Uhr unternahm die Kaiserin in dessen Begleitung einen Spaziergang nach der Saline, von welchem sie um sieben Uhr zurückkehrte. Heute früh erschien ihre Majestät bereits am Brunnen, um ihre Trinkkur zu beginnen und kaufte später persönlich ihr Frühstücks-Gebäck in der Hofconditorei in der Kurhausstraße. Mittags zwischen zwölf und ein Uhr begibt sich die Kaiserin in das königl. Kurhausbad, nachmittags fünf Uhr wird das Diner eingenommen. — Es muß leider constatiert werden, daß das Publikum Ihre Majestät gestern Nachmittag bei ihrem Spaziergang durch allzunahes Herandrängen und Nachgehen stark belästigte. Das Recht eines jeden Kurgastes, Ruhe und Erholung im Badeort zu suchen, sollte doch unserem hohen Kurgast um so bereitwilliger eingeräumt werden, als Ihre Majestät sich von den furchtbaren Schicksalschlägen, die sie in jüngster Zeit betroffen, nur schwer erholen wird. Heute früh erschien die Kaiserin ohne jedes Gefolge am Brunnen und ging auch allein in den Anlagen spazieren; es ist demnach anzunehmen, daß Ihre Majestät sich ganz zwanglos zu bewegen wünscht und hoffen wir deshalb, daß fernere Belästigungen unterbleiben, wie auch heute früh das Kurpublikum sich durchaus in angemessenen Grenzen hielt . . ."
Trotz dieser deutlichen Zeilen bildet die Kaiserin täglich am Brunnen das größte Interesse des gesamten Kurpublikums. Sie promeniert nur in den äußeren Kuranlagen, wo sie weniger belästigt wird. Sie macht ihre täglichen Spaziergänge auf die umliegenden Berge. Oft verweilt sie wieder auf dem Altenberge und erinnert sich mit Wehmut an ihren ersten Aufenthalt auf seiner wallumgebenen Anhöhe. Auch das Café Sinnberg besucht sie und ‚unterhält sich leutselig mit Herrn Bömmel und seinen Angehörigen'.
Der Kaiser schreibt aus Schönbrunn:
„ . . . Meine Stimmung ist immer sehr trübe und Deine wird auch nicht anders sein. Hoffentlich bist Du wenigstens mit der Unterkunft und mit der Kost, so wie mit der Bewegungsfreiheit in Kis-

253

singen zufrieden und vielleicht ist auch das Wetter besser und wärmer, wie hier, wo es immer gleich schlecht bleibt . . ."

Aus Budapest schreibt er ihr am 18., 20., 23., 25., 27., und 29. Mai:

,, . . . Ich bin froh, daß die Temperatur in Kissingen wärmer geworden ist, wenn es auch noch immer viel zu regnen scheint. . . . Der Freundin habe ich gestern geschrieben, daß Du die Kissinger Kur für sie wegen der Gewichtszunahme nicht geeignet findest. Bei Dir finde ich dieselbe aber hocherfreulich als Zeichen der fortschreitenden Genesung. In meinem letzten Briefe vergaß ich zu schreiben, daß die Freundin mir beim Abschiede in Schönbrunn Handküsse für Dich aufgetragen hatte . . .

. . . Du scheinst wirklich zufrieden mit Deiner Cur und ich bin sehr neugierig, wie lange Du noch in Kissingen bleiben und wann Du nach Schwalbach übersiedeln wirst. Deine Stimmung scheint auch eine gute zu sein, jedenfalls besser als meine, die durch die großen Schwierigkeiten unserer inneren Verhältnisse eine recht trübe und traurige ist . . .

Vor Allem innigsten Dank für die vortrefflichen Lebkuchen, welche ich bei meinem Déjeuner mit Entzücken esse. Du bist gut, immer an mich zu denken und solche Attentionen tun mir wohl. Gestern erhielt ich durch einen Brief Bellegardes vom 25. wieder Nachrichten von Dir. Ich bin erstaunt, daß Du im Gegensatze mit der früheren Absicht, länger in Kissingen und kürzer in Schwalbach bleiben willst und eigentlich recht traurig, daß Du erst am ersten Juli zurückkommst; das ist noch eine lange Zeit, aber Deine Gesundheit ist die Hauptsache und so schweige ich in Geduld . . ."

Die Kaiserin setzt ihre Kur ununterbrochen nach der ärztlichen Vorschrift fort und verlängert den bis zum 31. Mai festgesetzten Aufenthalt bis zum neunten Juni, denn der Erfolg der Kur ist ein überraschend guter. Schöne Witterung läßt ihre Ausflüge in größere Entfernungen ausdehnen. So besucht sie gerne das Forsthaus Klaushof. Die Zurückhaltung des Badepublikums ist groß, und das macht ihr den Aufenthalt lieb. Die ,Saale-Zeitung' unterstreicht diese kaiserliche Zufriedenheit mit den Worten: ‚Möge man sich nach wie vor danach richten.‘ Auch die Gräfin Sztáray weiß nur Gutes über die Kissinger Kur zu berichten:

,,In Kissingen nahm Professor Sotier die Kaiserin in Behandlung. Anfänglich fühlte sie sich etwas fremd, doch gewöhnte sie sich rasch, weil sie eine gute Wirkung zu verspüren vermeinte. Frühmorgens war sie schon am Brunnen, trank das Wasser und promenierte am Ufer der Saale, wohin sich nur selten ein Kurgast verirrte.

Wir spazierten auch oft auf den zum Bade gehörigen, hundert Kilometer umfassenden, schön gepflegten Promenadewegen; immerhin weniger als die Kaiserin gewünscht hätte, weil die Kur größeren Ausflügen Grenzen zog. Auch ihr Gemüt erheiterte sich. Sie kämpfte gegen die Traurigkeit und Gedrücktheit an und nahm es dankbar auf, wenn ich ihr darin zu Hilfe kam. Die letztverflossenen traurigen Ereignisse wurden so selten als möglich besprochen. Wir vermieden es, die schmerzenden Wunden zu erregen; mochten sie doch, so weit es eben ging, verharschen, statt immer neu aufzubrechen.

Wenn ich sie etwas heiterer sah, war ich glückselig.

Die Königin von Hannover und Prinzessin Mary dienten der Kaiserin zu einiger Zerstreuung.

Beide liebe, gute Seelen. Die Prinzessin war eine ebenso begeisterte Musikfreundin wie ich und wir besuchten zusammen einige Konzerte.‘‘

Nach vierwöchigem Aufenthalt reist die Kaiserin ab, um ihre Nachkur in Langenschwalbach anzutreten. Sie langt nach fast eintägiger Reise dort bei Regenwetter ein. Der erste Eindruck ist nicht der beste, doch das Hotel und die Verpflegung sind tadellos. Der Tagesablauf ist der gleiche wie in Kissingen.

In der zweiten Woche ihres Aufenthaltes entdeckt die Kaiserin mit der Gräfin Sztáray eine herrliche Waldgegend, in der sie lange spazieren gehen. Zum ersten Male erzählt sie von ihren Mädchenjahren und kommt dann auf die Religion zu sprechen. Sie sagt: ,,Ich

255

bin gläubig und bin ich vielleicht noch nicht so religiös, wie Sie es gerne möchten, so findet dies, von anderem abgesehen, seinen Grund darin, daß meine erste religiöse Erziehung einem ungewöhnlich einfachen, simplen Manne anvertraut war.''

Besonders wohl fühlen sie sich im ,Nassauer Hof' in Rauenthal, bei Mutter Winter, die durch ihren Humor und ihre besondere Art, ihre Gäste anzureden als Original berühmt ist. Sie spricht die Damen mit ,Gnädige Frau' an und bringt sogar die Kaiserin zum Lachen.

Bei einem Spaziergang erfragt die Kaiserin bei einem alten Mann die Namen der im Umkreis liegenden Dörfer. In dem weiteren Gespräch erfährt sie, daß er in jungen Jahren Kunstreiter beim Zirkus Renz gewesen war, was sie besonders interessiert. Er muß ihr erzählen, welche Kunststücke er dort vorgeführt hat und ist erstaunt, daß seine Gesprächspartnerin alle seine Fachausdrücke kennt, und er führt ihr einige Sprünge vor.

Auch in Langenschwalbach wird ihr Inkognito nicht lange gewahrt und ,Mutter Winter' erscheint eines Tages in ihrem Hotel mit einem mächtigen Gugelhupf. Die Kaiserin erfährt von dem berühmten Weinkeller der Wirtin und entsendet den Grafen Bellegarde und die Gräfin Sztáray zu einer Weinprobe. Die gute Frau hält die beiden für ein Ehepaar und reicht ihnen ein Glas Wein mit der Bemerkung: ,Das ist der Wein, von dem die Weiberln zutunlich werden.'

Den ersten Brief des Kaisers erhält sie aus Schönbrunn, datiert mit dem achten Juni 1897:

,, . . . Morgen reisest Du wieder um ein Stück weiter von uns weg und dieser Brief soll Dich schon in Schwalbach erreichen, wo Du hoffentlich auch mit Kur, Kost und Unterkunft zufrieden sein wirst. Noch vier Wochen bis zum ersehnten Wiedersehen und dann hoffentlich eine gute, verhältnismäßig ruhige Zeit. Beiliegend ein Brief Valéries der den letzten, langen Bericht Barkers und ein Schreiben der Gräfin Sztáray mit der Beschreibung Deines Ausfluges nach Bo(c)klet einbegleitete. Beide sehr interessant und befrie-

256

Bad Ischl um 1878

digend. Sehr amüsant sind wieder die ganz neuen französischen Worte, die poetischen und auch gar nicht poetischen Schilderungen Barkers . . .“

Am zweiten Juli schreibt er ihr aus Ischl:

„ . . . Ich bedauere, daß Du mit Deiner Wohnung in Schwalbach in der Mitte der Stadt nicht zufrieden bist, bin aber ganz erstaunt, daß Dir die dortige Gegend gefällt und daß Bellegarde von Brückenau entzückt ist, während sich Barker in seinen Briefen über beides sehr abfällig äußert . . . Schon vorgestern war die Hitze in und um Wien sehr arg, die Luft drückend und schwül, aber gestern war es noch ärger, besonders im Waggon. Hier waren 39° in der Sonne und 25° im Schatten und man schwitzte fast beständig . . .“

Die Kaiserin bespricht schon wieder mit ihrer Hofdame die Reisepläne für das nächste Jahr. Bis zum 15. Juli hält sie sich in Lainz auf und siedelt dann nach Ischl über. Der Kaiser begleitet sie und, von Valerie und den größeren Kindern am Bahnhof erwartet, fahren sie unter den lebhaften Ovationen der Ischler in die Kaiservilla. Das Wetter ist nicht schön, es regnet in Strömen, die Kaiserin leidet an Ischiasschmerzen und wird von Tag zu Tag ungeduldiger. Ein Unwetter läßt die Traun über die Ufer treten und setzt einen Teil der Stadt und den Garten der kaiserlichen Villa unter Wasser. Am 29. August geht die Reise nach dem Karer See und Meran, wo sie sich eine Traubenkur verschreiben läßt.

Die Kaiserin ist hingerissen von der Schönheit des Eggenbachtales und der Bergwelt der Dolomiten. Ihr Hotel liegt in einer Höhe von 1 700 Metern. Ihre Hofdame schildert die kaiserlichen Impressionen der Bergwelt Südtirols:

„ . . . Es ist mir nicht möglich, die Wirkung zu schildern, die es auf die Seele der Kaiserin übte, wenn ihre Blicke an der ‚Roten Wand‘ des Rosengartens hingen, während der Dolomit allmählich sich mit Rosenröte überzog und dann, wie von einem inneren Feuer erwärmt, zu glühen begann.

258

Wenn die Stunde dieses Schauspieles nahte, begab sie sich auf den Hügel hinter dem Hotel, wo sie wie festgewurzelt, in stummer Bewunderung dieses herrlichen Naturschauspieles verweilte, bis es langsam verblaßt war.

Die Zeit am Karer See verflog und um so verfrühter erschien uns dies, als damit Ende August auch der Sommer Abschied nahm. Die empfindliche Konstitution der Kaiserin empfand auch nur zu bald die jähe Abkühlung und wir mußten den schönen Ort verlassen.

Ein teueres Andenken an den Karer See ist unter meinen Reliquien ein Sträußchen Alpenblumen, die mich an die schönen Tage in der Nähe der Dolomiten erinnern.

Die Kaiserin hat sie für mich gepflückt, auf Spaziergängen, wo ich sie nicht begleitete. Die Blumen sagten mir, daß sie meiner auch gedachte, wenn sie nicht mit mir war.

Von ihnen erfuhr ich es, daß ich ein Plätzchen in ihrem Herzen hatte . . ."

Der Kaiser in Ischl war nach seinen Worten unterdessen faul und schlief während und nach Carl Zellers weniger erfolgreichen zweiten Operette nach dem ,Vogelhändler':

,,Gestern habe ich Dir leider nicht schreiben können, da ich länger als gewöhnlich geschlafen habe. Ich war nämlich vorgestern Abend mit den Töchtern und Leopold im Theater, wo die Operette ,Der Obersteiger' gegeben wurde und obwohl ich bereits während der Vorstellung viel und nicht schlecht geschlafen habe, so war ich, als wir nach dem zweiten Akt, dem noch ein dritter folgen sollte, gegen zehn Uhr nach Hause kamen, so müde und schläfrig, daß ich mich entschloß, später aufzustehen.

Da Du übrigens immer wünschest, daß ich genug schlafe, so wirst Du mir meine Faulheit verzeihen . . ."

In der Innen- wie in der Außenpolitik hat der Kaiser keine Zeit zum Schlafen, es drücken ihn da schwere Sorgen. In der Donaumonarchie gärt es. Der neue Ministerpräsident, der polnische Graf Badeni schlägt einen mehr slawenfreundlichen, antideutsch zu nennenden Kurs ein. Der Kaiser läßt eine Wahlreform zu und statt zwei Millionen haben fünf Millionen Bürger das Wahlrecht. Die neuen Reichsratswahlen ergeben ein Anwachsen der nationalistischen Opposition in den verschiedensten Lagern. Nicht nur die Christlich-Sozialen, Deutschnationalen und Jungtschechen sind daraus verstärkt hervorgetreten, sondern erstmals ziehen Sozialdemokraten, Slowenen, Kroaten, Italiener und Ruthenen ins Parlament ein.

Um die Zustimmung der jungtschechischen Partei zur Erneuerung des ungarischen Zoll- und Handelsbündnisses zu ‚erkaufen‘, erläßt Badeni ohne Mitwirkung des Reichsrates eine neue Sprachenverordnung für die Sudetenländer. Die deutsche und die tschechische Sprache wird im Dienstverkehr völlig gleichgestellt. Dies wirkt sich in der Praxis so aus, daß in rein deutschen Bezirken auf Antrag eines Tschechen in seiner Sprache amtiert werden muß: Alle Beamten in Böhmen sollen ihre Zweisprachigkeit nachweisen, wodurch nur Deutschsprachige aus allen Ämtern ausgeschaltet werden.

Bei der nächsten Versammlung des Reichsrates im November kommt es zu den schwersten Zusammenstößen, zu Pfeifkonzerten und regelrechten Saalschlachten. Der polnische Vizepräsident wird tätlich angegriffen und schließlich läßt sein tschechischer Kollege Kramrasch die ‚Aufrührer‘ durch die Polizei aus dem Sitzungssaal entfernen. Der Aufruhr gelangt auf die Straße und Demonstrationen in Wien und besonders in Graz lassen eine Revolution befürchten. Man spricht bereits von einem nahen Ende der Monarchie, da läßt der Kaiser unter diesem Druck Badeni fallen und versucht durch ‚neutrale‘ Beamtenkabinette die Ordnung wieder herzustellen. Das parlamentarische System der Donaumonarchie steuert dem völligen Bankrott entgegen: Acht Ministerpräsidenten in sieben Jahren, ein völliges Stocken der Gesetzgebung, darunter auch das Scheitern des ungarischen Zoll- und Handelsbündnisses, Regieren durch ‚Notverordnungen mit provisorischer Gesetzkraft‘ sind die Bilanz einer Politik des ‚Fortwurstelns‘.

260

Der Kaiser steht so da, wie ihn Egon Friedell in seiner universellen Weltbetrachtung ‚Kulturgeschichte der Neuzeit' schildert. Mit seinem untrüglichen Zeitgefühl schildert er ihn und alle Habsburger in einer Person:

,,Alle Habsburger sind da und nicht da, zugleich stärker als das Wirkliche und schwächer als das Wirkliche, wie ein Albdruck, wie ein böser Traum. Sie sind diaphan, zweidimensional, nicht zu fassen. Sie haben keine Brücken zu den Menschen und die Menschen keine zu ihnen. Sie sind Inseln. ‚Die Wirklichkeit soll sich nach ihnen richten, nicht sie nach der Wirklichkeit': Aber das wäre ja die Definition des Genies; denn was ist das Genie anders als ein höchstgespannter Wille, der die Welt, die Zeit gebieterisch nach seinem Ebenbild modelt? Aber sie waren leider keine Genies. Ohne diese Voraussetzung jedoch ist, wer eine solche Veranlagung besitzt, ein gefährlicher Phantast, ein Feind des Menschengeschlechts. Sie haben aus einer selbstgeschaffenen Scheinwelt heraus, die sie nie verließen, jahrhundertelang die wirkliche Welt beherrscht: Ein sehr sonderbarer Vorgang.

Nur die Kehrseite dieser seltsamen Verstiegenheit ist die große Nüchternheit, der Mangel an Begeisterung, Schwung, Hingabe, wodurch alle Habsburger charakterisiert sind. Und im Zusammenhang damit steht ihre völlige Unbelehrbarkeit, der berühmte habsburgische Eigensinn, der es verschmäht, an Menschen, Dingen, Ereignissen etwas zu erlernen, am Leben zu wachsen und sich zu wandeln: Sie haben alle keine Entwicklung.

Ob sie papistische Fanatiker waren wie Ferdinand der Zweite oder liberale Weltverbesserer wie Joseph der Zweite, starre Legitimisten wie Franz der Zweite oder halbe Anarchisten wie der Kronprinz Rudolf: Immer nehmen sie die Materalien zu dem Weltbild, das sie der übrigen Menschheit aufzwingen wollen, ganz aus sich selbst, wie die Spinne die Fäden zu ihrem Gewebe aus ihrem eigenen Leib zieht. Für all diese Eigenschaften kann Franz Joseph der Erste als klassisches Beispiel dienen: In einem fast neunzigjährigen Leben ist ihm nie irgendein Mensch, irgendein Erlebnis nahe gekommen,

261

in einer fast siebzigjährigen Regierung hat er nie einen Ratgeber oder dem Wandel der Zeiten Einfluß auf seine Entschließungen eingeräumt, nie ist ein farbiges oder auch nur ein warmes Wort, eine starke Geste, eine besonders hohe oder besonders niedrige Handlung, die ihn als Bruder der übrigen Menschen enthüllt hätte, von ihm ausgegangen: Es war, als ob die Geschichte alle Wesenszüge des Geschlechts in dem letzten habsburgischen Herrscher noch einmal hätte zusammenfassen wollen. In dem letzten: Denn — dies ist der tragisch-ironische Epilog dieses sechshundertjährigen Schicksals, — die große Reise endet mit einer Null. Karl der Erste war nur noch ein Linienoffizier. Die Zeit des Geschlechts der Habsburger war erfüllt."

Anfang September fährt sie nach Meran. Heiter und mild ist der Ort und hiermit der Kaiserin zuträglicher.

Barker hat Urlaub erhalten, und so fällt der Hofdame auch noch das Amt des Vorlesens zu. ‚Das ist ein schwerer Dienst und paßt nicht für Sie‘, sagt Elisabeth und gestattet ihr nicht einmal das Vorlesen der Tageszeitungen. Doch erlaubt sie, daß sie die Gräfin zuvor durchblättert und ihr dann daraus referiert. Bei schönem Wetter besichtigen sie das Schloß Tirol von außen und pflücken auf ihren Wanderungen die dunklen Trauben von den Rebstöcken. Diese Traubenkur hätte ihnen besser gemundet, wenn sie erst nach den Trauben hätten suchen müssen und ihnen das Pflücken verboten gewesen wäre.

In Nals kehren sie in der Hütte einer alten Bäuerin ein und erbitten sich Milch. Sie werden in eine Kammer geführt, wo die Gebirgsmilch in großen Schüsseln verwahrt ist. Die alte Frau fordert die Damen dazu auf, so viel zu trinken, wie sie wollen und entfernt sich, um zum Melken zu gehen.

Dieses Vertrauen rührt die Kaiserin sehr und sie überreicht der Alten bei ihrer Rückkehr in die Hütte einen Dukaten.

Am 22. Dezember besucht der deutsche Kaiser Wilhelm II. Franz Joseph in der Budapester Burg. Er spricht dort einen Toast auf die ungarische Nation aus. Gräfin Sztáray liest der Kaiserin die Pressemeldungen darüber aus den Zeitungen vor, und Elisabeth sendet folgendes Telegramm an den deutschen Kaiser:

,,Seiner Majestät dem deutschen Kaiser!

Soeben las ich Eurer Majestät hinreißend schönen Toast. Die in demselben für unseren geliebten König und unser teueres Vaterland ausgedrückten Gefühle tun einem ungarisch fühlenden Herzen unendlich wohl.

Elisabeth"

Dies ist wohl einer der wenigen Momente, wo sich die Kaiserin in Politik einmischt, ohne die Politik zu meinen, es geht ihr um eine Sache, die ihr schon immer am Herzen lag, um die ungarische Nation. Sonst ist Elisabeth eine völlig unpolitische Frau, und sie wird wohl auch mit ziemlichem Befremden die Schilderungen des Kaisers über die politischen Unruhen gelesen haben. Auch hier ist der Kaiser ein Schilderer, der holzschnitthaft ausmalt, obwohl die geschilderten Zustände für seine apostolische Majestät eher plamabel zu nennen wären:

,, . . . habe hier eine sehr schwierige Situation gefunden, entsetzliche Skandale im Abgeordnetenhause und die Unmöglichkeit mit demselben weiter zu arbeiten. Demonstrationen und Excesse von Studenten und Arbeitern nebst Pöbel beim Parlamentsgebäude und vor der Universität, aber nicht sehr arg und von der Sicherheitswache bewältigt, zunehmende Aufregung in der Bevölkerung. Ich hatte Goluchowski und Badeni bereits zu mir bestellt, mit denen ich die Situation eingehend besprach und ich kam zur Überzeugung, daß ein Wechsel im Ministerium nothwendig sei. Gestern forderte ich das Ministerium auf, seine Demission zu geben und betraute den Unterrichts Minister Gautsch mit der Bildung eines neuen Ministeriums, dessen Zusammensetzung und Ernennung wohl heute erfolgen wird. Gestern, also am Sonntage, sammelten sich Vormittag einige tausende Arbeiter und einige Haufen Studenten am Ringe beim Parlamente und Burgtheater und lärmten. Da die Polizei nicht im Stande war, sie zu zerstreuen, so räumte das Husaren Regiment sehr rasch die Straßen, worauf Ruhe eintrat . . .

263

Hier ist es schon ruhiger geworden, die neuen Minister sind ernannt und werden heute den Eid leisten. Es sind lauter Beamte, der momentanen Lage angemessen. Wie es weiter gehen wird, ist schwer vorherzusagen, besonders ob es doch noch gelingen wird, das Ausgleichsprovisorium im Reichsrathe durchzubringen. Vorgestern abend versuchten noch Studenten und andere Leute eine Illumination der Stadt zu Stande zu bringen, was aber glänzend mißlang, denn nur einzelne wenige Häuser in anderen nur einzelne Fenster waren beleuchtet und Arbeiter Züge mit Lampions, welche sich auf die Ringstraße begeben wollten, wurden von der Polizei schon in den Vororten aufgehalten und zerstreut, so daß der Abend ruhig vorüber ging und hier dürfte überhaupt Ruhe eingetreten sein. Ich habe aber doch die Freundin telephonisch gebeten, nicht zu mir zu kommen, da ich fürchtete, daß vielleicht größere Menschenmassen in der Nähe der Burg versammelt sein könnten und die Fahrt ins Theater gehindert sein könnte. Meine Vorsicht war jedoch ganz unnöthig und ich habe es dann bedauert . . ."

Am 25. November fährt Elisabeth mit dem Orient-Expreß nach Biarritz. In Paris erwartet sie Gräfin Trani auf dem Bahnhof, der Anschlußzug fährt erst zwei Stunden später. Auch Präsident Faure macht ihr seine Aufwartung. In Biarritz regnet es unablässig. Die Kaiserin hat gichtiges Gliederreißen und läuft trotzdem bei Temperaturen um den Gefrierpunkt am Meer entlang. Im größten Sturm läuft sie zum Rocher de la Vierge und kehrt durchnäßt nach Hause zurück.

Da sich die Kaiserin selbst zu schwach fühlt, sendet sie ihre Hofdame nach Lourdes, daß sie für sie dort bete. Die bringt ihr eine geweihte Medaille mit, die sie sich an ihre silberne Uhr hängt.

Und die Kaiserin läuft und läuft am Meer entlang, weil sie meint, der Wind, die Kälte und der feuchte Salzhauch würde ihren erschlafften Nerven guttun. Schließlich muß sie sich in ärztliche Behandlung begeben, und ihr wird ein milderes Klima empfohlen. Eigentlich will sie mit der ‚Miramar' zu den Kanarischen Inseln fahren. Wegen ihrer unerträglich werdenden Schmerzen entschließt

264

sie sich jedoch zu einer Massagekur in Paris. Am 18. Dezember kommt sie in Paris an, will von einem Arzt nichts wissen und ruft den Masseur Mezger zu sich.

Außerdem verbietet sie, daß man dem Kaiser und Valérie über ihren Zustand berichtet. Als die Gräfin Sztáray auf sie einredet und meint, dies wäre ihre Gewissenspflicht, entgegnet sie: „Ich will es nicht! Wozu soll ich ihnen Leid bereiten? Es ist genug, wenn ich leide. — Einen großen Schmerz werden sie ja ohnehin noch erleiden müssen, wenn ich sterbe. Nein, eines will ich nicht: Den Kaiser überleben. — Jeden Schicksalsschlag habe ich ertragen, doch dies will ich nicht, dies könnt' ich nicht ertragen! — Auch will ich nicht, daß sie bei meinem Tode anwesend seien; ich will allein sterben!"

Und wie sollten sich diese traurigen Wünsche der Kaiserin alle erfüllen, man könnte meinen, sie habe die Gabe, in die Zukunft zu sehen.

Nicht in die Zukunft sehen kann gewiß die Hofkamarilla, sie verfügt jedoch über einen ausgezeichneten Nachrichtendienst, was auch der Kaiser weiß, denn er meldet ihr am 17. Dezember nach Biarritz:

„... Die erste frappante Nachricht bekam ich durch die Meldung des Kapitäns Sachs aus Gibraltar, daß die ‚Miramar' über Allerhöchsten Befehl dort zu bleiben habe, bald darauf erfuhr ich zu meinem Erstaunen durch den *unterirdischen Hoftratsch,* daß Du nach Paris reisen würdest. Auf die Meldung der ‚Miramar' ließ ich an Berzeviczy um Aufklärung telegraphieren und erhielt die Antwort, daß es sich um eine Massagekur in Paris handle . . .'

Der Arzt erklärt der Kaiserin jedoch, er werde die Behandlung nur übernehmen, wenn sie mindestens ein halbes Jahr in Paris bleiben würde. Das war selbst ihr für eine Kur zuviel, und so reist sie nach Marseille, wo die ‚Miramar' vor Anker liegt. Sie bleibt drei Tage lang auf dem Schiff, wagt sich aber nicht aufs Meer, weil die See unruhig ist. Am vierten Tag geht es bis San Remo. Per Zufall ist

265

auch Dr. Nothnagel anwesend. Er nimmt sofort die Behandlung auf und stellt eine partielle Nervenentzündung fest.
Die Kaiserin erholt sich sehr schnell und kann schon wieder kleinere Spaziergänge machen, muß sich aber noch am Arm ihrer Hofdame stützen und läßt sich mit Cognacbonbons stärken. Sie will sich sogar am Ort eine sehr große Villa kaufen, was ihr die Gräfin jedoch ausredet. ,,Wozu braucht ein Wandervogel unterwegs ein Nest . . .'', meint sie.
Auf einem der Wanderwege treffen sie eine Ziegenherde an, und die Kaiserin verlangt vom Hirten frische Milch. Dieser eilt daraufhin davon und läßt lange auf sich warten. Er kommt mit einem silbernen Becher zurück und melkt diesen für die hohe Frau mit frischer Milch voll.
Kurz zuvor wollte sie noch die Villa kaufen, vielleicht war ihr der Kaufpreis von zwei Millionen Gulden doch zu hoch, nun muß sie schon wieder den Ort wechseln, und es geht nach Turin. Sie wandern auf die Superga, wo man einen schönen Blick auf den Monte Rosa und die schneebedeckten Alpen werfen kann. Einen großen Eindruck macht auf sie das Mausoleum des Hauses Savoyen.
Es ist im Gegensatz zur Wiener Kapuzinergruft eine lichte Halle. Ihr Kommentar:
,,Diese ist nicht so finster wie die unsere in Wien. Hier dringt der Sonnenstrahl ein und der lachende Himmel. Hier wird man nicht ergriffen von den Schauern des Todes.''
Sie bittet wieder ihren Gemahl, sie zu besuchen, und meint, sie fühle sich wie achtzig Jahre. Er schreibt ihr:
,, . . . Deine Stimmung scheint leider noch immer recht melancholisch zu sein, trotz der Besserung in Deinem Befinden, welches von allen Seiten bestätigt wird . . . Daß Du Dich wie 80-jährig fühlst, ist übertrieben, aber alt, immer schwächer und blöder wird man allerdings und die Nerven lassen immer mehr nach. Das Alles fühle ich auch und der Fortschritt in meinem Verfalle ist in diesem Jahre besonders groß. Dabei ist meine Stimmung eine besonders traurige

und gedrückte, wie es wohl kaum anders sein kann bei den Sorgen, die von allen Seiten heranwachsen . . ."
Es geht weiter nach Territet, und sie findet dort noch Schnee und kalte Zimmer. Die Nervenschmerzen kehren wieder und beim Bergsteigen ermüdet sie schnell und atmet merklich schwerer. Der Grieche Barker meldet dem Kaiser, ‚er solle die Kaiserin innig bitten, das beständige Beanspruchen des geschwächten Körpers aufzugeben, und sich nicht systematisch zugrunde zu richten . . .'"
Der Kaiser, von ihren weiteren Reiseplänen unterrichtet, antwortet ihr auf die Bitte, sie zu besuchen:
„ . . . Deinem Wunsche, Dich in Kissingen zu besuchen, werde ich, wenn ich nur halbwegs von hier abkommen kann, sehr gerne entsprechen, denn nach so langer Trennung sehne ich mich natürlich unendlich nach dem Wiedersehen und ich werde jede Gelegenheit ergreifen, welche dasselbe ermöglicht . . ."
Das Wetter in der Schweiz bessert sich nicht, und so reist sie neun Tage vor der festgesetzten Zeit nach Kissingen. Dort ist das Wetter sonnig und warm.
Der Kaiser ist schon über das neue Quartier in Kissingen unterrichtet, vom Obersthofmeister bekam er eine Ansicht und einen Plan der Villa am Altenberg vorgelegt und meldet sich für den 25. April an. Rakoczy wird er nicht trinken, denn er meint, man muß von der Ansicht ausgehen, daß es immer sicherer ist, eine Kur zu unterlassen, wenn man ihrer nicht bedarf.
Die ‚Saale-Zeitung' widmet der Kaiserin am 18. April 1898, dem Tage ihrer Ankunft, zwei Drittel der Titelseite und beginnt mit einem Gedicht, das ihr besonders gut gefällt:
„Kaiserin Elisabeth in Bad Kissingen.
Warum erklingt der Vögel Lied so freudig
Am Altenberg, im frischen grünen Hain?
Warum erblühten über Nacht die Blumen,
Und strahlt so hell der Sonne goldner Schein?

Den Willkommgruß bringt die Natur Dir, Fürstin!
Die heute Du beglücktest unser Thal,
Und alle Herzen jubeln Dir entgegen,
O sei willkommen uns, viel tausendmal!

Ein neues Leben auf ergrünten Fluren,
Hat wieder uns der junge Lenz beschieden;
Wie schön ist's jetzt auf unsrer Berge Höhn,
Wenn uns umfängt der stille Waldesfrieden.

O möcht sich unsrer Quellen Kraft bewähren,
Aufs Neu Dir bringen der Gesundheit Glück,
Dann denkst Du freundlich noch in weiter Ferne
An unser liebes Kissingen zurück.   A. Sch.

Bad Kissingen, 18. April. In der am Fuße des Altenberges im schönen ‚Rosenviertel' gelegenen Villa Monbijou hat heute *Ihre Maje-*
stät Kaiserin von Österreich, Königin von Ungarn, ihren Einzug
gehalten um vier Wochen in Bayerns Bajä, dem waldbekränzten
Kissingen, zu weilen und Gesundheit aus den heilkräftigen Quellen
zu trinken, den Körper zu baden in der wunderthätigen Soole und
der würzigen ozonreichen Luft unseres Saalethales.
32 Jahre waren im letzten Sommer verflossen, seitdem Kaiserin
Elisabeth zum letzten Male Kissingens Heilschätze aufgesucht hatte; wie in den 60er Jahren unsere Quellen an Ihrer Majestät ihre
ganze Wunderkraft bewiesen, so konnte auch im vorigen Jahre
schon nach kurzem Aufenthalt der hohen Frau ein ausgezeichneter
Kur-Erfolg constatiert werden und als Ihre Majestät nach vierwö-
chentlichem Aufenthalt unsern Badeort verließ, waren wir sicher,
daß Kaiserin Elisabeth fortan zu den hohen Stammgästen des Bades zu zählen sein werde.
Ihre Majestät hat nicht bis zum Wonnemonat gewartet, sondern
ist schon im wetterwendischen April aus dem sonnigen Süden zu
uns gekommen; sie findet noch keinen üppigen Wiesengrund, keine dichtbelaubten Waldeshöhen, aber das Werden der Natur

268

merkt man überall, zarte Knospen und die ersten Blumen erfreuen bereits des Menschen Herz. Auch in den Promenaden und Anlagen ist noch nicht alles gethan, obgleich sich seit Wochen Hunderte fleißiger Hände regen, um Kissingen in das prächtige Gewand zu kleiden, das von jeher sein Ruhmestheil war. Möge Ihre Majestät auch zur jetzigen Vorsaison an unserer Bäderstadt gleiches Gefallen finden wie bisher, möge die Kur von den wohlthätigsten Folgen für Kaiserin Elisabeth begleitet sein, das ist unser aller Wunsch mit dem wir Ihre Majestät in unserem Badeorte hochwillkommen heißen.

Vom Altenberge grüßt heute die österreichische Flagge herüber und auf den Bergeshöhen ringsum wehen lustig bayerische Fahnen im Winde. Am Bahnhofe hatte sich schon frühzeitig ein ziemlich zahlreiches Publikum eingefunden, das sich vor dem Königssalon und innerhalb des Perrons aufstellte. Gestern Nachmittag ein Uhr 25 Min. hatte Kaiserin Elisabeth per Extrazug Territet am Genfersee verlassen, um in ununterbrochener Fahrt hieher zu eilen. In Würzburg bestieg der kgl. Oberbahnamtsleiter Eickemayer den Zug, in Schweinfurt begab sich der kgl. Bezirksmaschinen-Ingenieur Kuffer auf die Lokomotive, um den Train hereinzuleiten. Sechs Uhr 35 Min. traf der Sonderzug, der zwei österreichische und einen schweizerischen Salonwagen, sowie einen Personenwagen erster Klasse mit sich führte, dahier ein. Raschen und elastischen Schrittes entstieg Kaiserin Elisabeth in eleganter Trauerkleidung mit fußfreiem Rock dem Salonwagen und begrüßte mit huldreichem Lächeln den kgl. Bad-Commissär Herrn Baron *Bechtolsheim*, den rechtskr. Bürgermeister und Landtagsabgeordneten Herrn Theob. *Fuchs*, den behandelnden Arzt Herrn Medizinalrath Hofrath Dr. *Sotier* und Herrn Bahnverwalter *Uhl*, die sie zum Handkuß zuließ. Dann durchschritt Ihre Majestät den Königssalon und begab sich nach der harrenden Equipage, die Ihre Majestät mit der Hofdame Gräfin *Sztáray* nach Villa Monbijou brachte, woselbst der Besitzer Herr Heinrich *Schmitt* und Herr Hotelbesitzer *Steinbach* die Kaiserin empfingen. Im zweiten Wagen folgte

269

Se. Exzellenz General Berzeviczy, in den weiteren vier Equipagen das übrige Gefolge. Recht vorteilhaft machten sich die hiesigen prächtigen Wagen mit dem vorzüglichen Pferde-Material bemerkbar. Das Gefolge der Kaiserin besteht außer den schon genannten Persönlichkeiten aus Herrn Intendantur-Rath Dr. *Kroner* (Kromar) und Herrn M. *Barka* (Barker). Dazu kommen sieben Personen Dienerschaft. Ihre Majestät bewohnt die erste Etage der Villa, während die untere Etage das Gefolge inne hat. Die Kaiserin empfing kurz nach ihrer Ankunft den Besuch des behandelnden Arztes Herrn Medizinal-Raths Dr. *Sotier,* unternahm mit demselben einen Spaziergang und besuchte hiebei das medico-mechanische Institut des Herrn Dr. O. Sander im Hotel Victoria. Der Kaiser von Österreich trifft mit großem Gefolge am Montag, den 25. April per Sonderzug von Dresden hier ein. Am gleichen Tag kommt Prinz Albrecht von Preußen und wohnt im Hotel&Villa Diana.'' Die Kaiserin beginnt sofort mit ihrer Kur. Das schöne Frühlingswetter ,erquickt Leib und Seele'. Auch die Hofdame wird vom Arzt behandelt, sie berichtet darüber:

,, . . . So sehr mich dies ärgerte, auch ich geriet in die Gewalt des Arztes. Die Aufregungen der letzten Monate schienen es mir angetan zu haben. Doch ich vertraue auf Dr. Sotier, der ein großer Meister war und selbst der Kaiserin imponierte.''

Die Anwesenheit der Kaiserin gibt der Kissinger Vorsaison mächtigen Auftrieb. Schon meldet die ,Saale-Zeitung' für den achten Mai den Besuch der Tochter Valérie mit ihrem Gatten, und Seine Hoheit Herzog Ernst von Sachsen Altenburg meldet sich zum ersten Juni zum Kurgebrauche in der Villa Sotier an. ,En detail' wird über den Kurgebrauch Elisabeths berichtet:

,,*Ihre Majestät Kaiserin Elisabeth* hat heute bereits mit ihrer Kur begonnen. Um 1/2 acht Uhr erschien die hohe Frau am Brunnen und trank in der Zeit bis 1/4 neun Uhr drei Glas Rakoczy. Vorher fuhr die Kaiserin mittelst Handchaise in das Aktienbad-Etablissement, auf dessen östlichem Pavillon die österreichische Flagge aufgezogen ist, um ihr erstes Bad zu nehmen. Ihre Majestät

270

wurde am Portal von Herrn Commerzienrath *Heilmann* und Herrn Inspektor *Streit* empfangen.

Die frohe Kinderschar der hiesigen Erstcommunicanten, welche am gestrigen Nachmittag mit ihrem Seelsorger einen Spaziergang über die grünen Auen nach ‚Bellevue' ausführten und daselbst mit ihren Eltern und Lehrern einige Stunden vergnügt verweilten, wurden auch durch einen Besuch Ihrer Majestät der Kaiserin Elisabeth beehrt, hochwelche die geschehene Begrüßung freundlichst erwiderte und sich einige Zeit unter der Kinderschar bewegte, um dann ihren Spaziergang des ersten Aufenthaltstages fortzusetzen."

Elisabeth liebt diesen fränkischen Badeort sehr und schreibt an Valérie:

„... Er ist nicht großartig schön, aber so liebenswert, so gut und ruhig. Ganz wie am Land, und die Luft ist wie Balsam ..."

Ihre Tochter Gisela gratuliert sie von Kissingen aus zu ihrer silbernen Hochzeit und schreibt:

„... Schmerzlich werdet Ihr an diesem Tage unseren unvergeßlichen Rudolf vermissen, der vor fünfundzwanzig Jahren noch so lebensfroh Eure Hochzeit mitmachte und Dich dann so schweren Herzens scheiden sah. Uns geht er ab, ihn beneide ich um seine Ruhe ..."

Am 25. April trifft der Kaiser mit einem Sonderzug aus Dresden ein. Er hat sich jeden offiziellen Empfang verbeten, und so treten keine Honoratioren am Bahnsteig an. Neben dem Bahnverwalter empfangen ihn Graf Bellegarde, der Reise-Intendant Dr. Kromar und die Gräfin Sztáray.

Der Vertreter der Kissinger Zeitung beobachtet:

„... Dem zweiten höchst luxuriös ausgestatteten Salonwagen entstieg alsbald der greise Monarch, dessen frisches Aussehen und wahrhaft jugendliche Elastizität (der Kaiser ist 68 Jahre alt) allgemein freudig bemerkt wurde, und begrüßte huldvoll die Erschienenen, indem er ihnen die Hand reichte und dieselben in kurzes Gespräch zog ... Auf der Fahrt durch die Stadt wurde seine Majestät

271

überall ehrfurchtsvollst begrüßt; der Kaiser erwiderte durch fortwährendes Hutabnehmen und freundliches Verneigen . . ."

Man bereitet Franz Joseph schon auf dem Bahnhof auf das leidende Aussehen der Gattin vor. Gleich nach dem ersten Wiedersehen berichtet er ihr, er habe von einem englischen Lord herrliche Kühe für ihre Privatmeierei erworben. Er mußte dafür zwei Lippizaner hergeben.

Der Kaiser begleitete sie nun jeden Morgen zum Badehaus, bearbeitet danach seine Kurierpost und macht mit ihr kleine Spaziergänge. Ihn überrascht es, daß sie nicht mehr die rasche Läuferin ist, sondern einen langsamen und sehr müden Gang hat. Obwohl sie sich ihm gegenüber zusammennimmt, sieht er ihre schlechte Verfassung und setzt auf den Einfluß der bald eintreffenden Tochter Valérie, sie zu einer vernünftigeren Lebensweise zu überreden. Die acht Tage, die der Kaiser ganz privat mit Elisabeth verlebt, auch in der Kurliste war er als ,Herr Graf von Hohenembs' eingetragen, vergehen schnell, jedoch voller Harmonie.

Am neunten Mai trifft Valérie mit Franz Salvator ein. Sie bleibt acht Tage, während der Gatte gleich am nächsten Tag abreist. Sie machen verschiedene Ausflüge zusammen, und besonders der Spaziergang zum Klaushof wird zu einem heiteren Tag. Auch der Tochter fällt das langsame Tempo der Mutter auf. Zeigt die Kaiserin auch heitere Momente, gleich folgt wieder die melancholische Stimmung.

Der Kaiser schreibt ihr dann aus Schönbrunn, wehmütige Erinnerungen an Kissingen sind dominierend:

,, . . . Ich denke viel an Dich und an Kissingen und hoffe, daß das Wasser, welches Dir so schmeckt, Dir fortgesetzt gut thut, daß Dein Appetit glänzend geblieben ist, daß Du bei günstigem Wetter schöne und nicht zu anstrengende Promenaden machst und daß der baldige Besuch Valéries Dich erheitern wird. Sehr danken muß ich Dir auch für die vielen guten Sachen, mit welchen Du uns für die Reise versehen hast. Wir haben dieselben gleich hinter Nürnberg verzehrt und sie fanden allgemeinen Anwerth, besonders bei

Liechtenstein (Erster Obersthofmeister), der wieder sehr gefräßig war. Die Erdbeeren waren magnifique und beide Weine sehr gut, ich trank aber nur Bocksbeutel. Während der Fahrt hatten wir mehrmals heftige, gewitterartige Strichregen, besonders bei Bamberg, denen wieder Sonnenschein folgte, die Nacht schlief ich besonders gut und erwachte in St. Pölten bei Regen und sehr nassem Boden. Dieser Regen dauerte, bald als Gußregen, bald schwächer, den ganzen vorgestrigen Tag.

Ich war erstaunt, wie sich während meiner Abwesenheit hier die Vegetation entwickelt hat und welcher Unterschied in dieser Beziehung mit Kissingen und mit den von mir durchfahrenen Gegenden Bayerns besteht. Hier sind die Blätter vollkommen entwickelt, sogar die Eichen sind schon belaubt, die Kastanien, der Flieder, der Goldregen sind in voller Blüthe. Der Wienerwald ist jetzt im frischen Grün der Buchen wunderschön und auch der hiesige Garten ist fast so dicht und undurchdringlich belaubt, wie voriges Jahr... vor sechs Uhr bin ich zur Freundin zum Essen gefahren . . . Das Essen war gut, aber lange nicht so gut, wie in Kissingen . . .

Durch Valérie, von welcher ich einen Brief beilege und die in wenigen Stunden in Kissingen sein wird, hoffe ich bald Nachricht von Dir zu erhalten, nach der ich mich so sehne. Es ist schon so lang, daß ich nichts mehr von Dir weiß und ich möchte so gerne erfahren, wie es Dir geht, ob Du noch so guten Appetit hast, wie zur Zeit unseres Beisammenseins, ob die Eintheilung Deiner Kur noch dieselbe ist und ob Du hübsche Promenaden machst. Hoffentlich ist das Wetter in Kissingen besser wie hier, denn wir haben jetzt recht kalte Tage mit fast beständig umzogenem Himmel und öfterem Regen. Ich vergaß Dir in meinem letzten Brief zu melden, daß die Freundin Mitte Juni vielleicht doch nach Kissingen gehen wird. Es ist noch nicht entschieden, ob sie die dortige oder die Karlsbader Kur gebrauchen soll . . ."

Der Kaiser hat sich also in den fränkischen Bocksbeutel-Wein verliebt und findet das Kissinger Essen besser als das Wiener der so verehrten Katharina Schratt. Kein Wunder, daß dies in Hofkreisen

Katharina Schratt

Aufsehen erregt, und ‚die Freundin' liebäugelt schon mit einer Kur in Kissingen.

Die Kaiserin ist von Kissingen so begeistert, daß sie von nun an die Wahl ihres Badeortes nicht mehr wechseln will. Sie ist voll des Lobes über Kissingen, ‚‚über den Erfolg der Badekur, die Wohnung, die landschaftliche Schönheit, die unvergleichliche Luft, die Sauberkeit des Badeortes und die Haltung der Einwohnerschaft''.

Seit Kissingen im Jahre 1883 amtlich zum ‚Bad Kissingen' erhoben wurde, hatten sich einige Neuerungen eingestellt, die diese Badestadt beispielhaft machten.

1886-1889 wurde eine mustergültige Kanalisation hergestellt, die erste in einer bayerischen Stadt. Der bayerische Staat ließ ein neues Postamt, Bau- und Finanzamt erbauen, die Alleen im Kurgarten wurden 1895 erneuert. Im Jahre 1892 gibt es im Ort bereits 17 Telefonanschlüsse, und ein Hotel führt die Auer'sche Gasglühlichtbeleuchtung ein. 1897-1898 werden sämtliche Kurmittelhäuser mit elektrischem Licht versehen. Zusätzlich geben private Unternehmer viele Millionen Goldmark für Neu- und Umbauten von Sanatorien, Gasthöfen, Kurhäusern, Villen und Restaurants aus. Das biedermeierliche Bad aus den Tagen des ersten Besuches der Kaiserin hat sich zum Weltbad entwickelt.

Der Kaiser erhält von der Tochter lebhafte Schilderungen der verschiedenen Ausflüge und bedauert nur, daß auch in Franken das Wetter nun kühl, regnerisch und stürmisch geworden ist. Doch auch der achttägige Aufenthalt von Valérie geht vorüber, und die Kaiserin ist wieder alleine. Der Kaiser weiß, wie sehr dies die Gattin schmerzt und sendet aus Gödöllö tröstende Worte:

‚‚ . . . Recht lebhaft denke ich daran, wie schmerzlich Dir heute der Abschied von Valérie sein wird und ich bedaure unendlich, daß Du jetzt wieder ganz allein sein und in eine recht trübe Stimmung verfallen wirst. Hoffentlich siedelst Du bald nach Brückenau, wo die neue, schöne Gegend Dein Interesse erregen und das Stahlwasser die Erfolge des Rákoczy ergänzen werden. Wenn nur auch unsere Wiedervereinigung in nicht gar zu ferner Zeit stattfinden könnte! Seit vorgestern abend bin ich hier, wo die Wälder und Felder grün und sehr entwickelt sind . . . Heute ist ein wunderschöner Morgen mit nur 3° Wärme. Hoffentlich ist es an anderen Orten nicht kälter, denn der Schaden wäre bei der prachtvoll entwickelten Vegetation enorm. Die Eismänner haben ihren Ruf bewährt . . . Durch beiliegende Briefe Valéries erhielt ich wieder Nachricht von Euch und von Eueren Kissinger Promenaden, deren Beschreibung mich natürlich sehr interessierte. Ich bedauere es nur, daß das so schlechte Wetter es Dir sehr erschwerte, Valérie die Gegend so zu zeigen, wie Du es wünschtest, aber das Diner im Klaushof hat doch stattgefunden. Ich bin Valérie so dankbar, daß sie mir so fleißig geschrieben hat und ich fürchte sehr, daß ich jetzt nur selten etwas von Dir erfahren werde. In der Zeitung las ich, daß Du heute nach Brückenau übersiedeln würdest, aber ich glaube es nicht und adressierte diesen Brief noch nach Kissingen . . .'"

Elisabeth ist nun ohne Gatten und ohne Tochter, und sie muß wieder den Ort wechseln. Ihre Nachkur nimmt sie in dem nahegelegenen Bad Brückenau.

In einer Kissinger Kunsthandlung findet sie ein Gemälde des Münchener Malers Kaulbach, das eine vor dem Jesuskind betende Madonna darstellt und die Inschrift trägt: ,Deine Seele wird ein Schwert durchdringen'. Sie kauft es und will es am Tage vor der Abreise noch einmal sehen. Es ist jedoch schon versandbereit verpackt . . .

Die ,Saale-Zeitung' meldet die Abreise der Kaiserin:

Bad Kissingen, 20. Mai. Nach fast *fünfwöchentlichem* Kuraufenthalte dahier wird *Ihre Majestät Kaiserin Elisabeth von Österreich* morgen Samstag in den Mittagsstunden unseren Badeort verlassen, um sich zur Nachkur nach *Bad Brückenau* zu begeben. Die Fahrt dorthin erfolgt in Equipagen und ist bei schönem Wetter eine durchaus angenehme, da der Weg meistens durch unsere herrlichen Buchenwälder führt. Wie im vorigen Jahre, so ist die Kaiserin auch diesmal hoch befriedigt von ihrem hiesigen Aufenthalt und zwar sowohl von den Erfolgen der Trink- und Badekur, als auch von der Wohnung, von der landschaftlichen Schönheit, der unvergleichlichen Luft, der Propretät des Badeorts und auch von der Einwohnerschaft, welche Ihrer Majestät zwar mit der höchsten Ehrerbietung begegnete, aber ihr auch das Recht jeden Badegastes, ganz sich und der Kur zu leben, nicht durch irgend welche Belästigung verkümmerte."

Nicht nur die von der Natur gesegneten Quellen, sondern hauptsächlich die gewissenhafte Behandlung der Kissinger Ärzte machten das Bad zu *dem* Treffpunkt heilungssuchender Gäste. Fast ‚preußisch' streng ging die Überwachung durch die Ärzte vonstatten, denn es ging ja um das Wohl ihrer Patienten. Die Kur begann damit, daß sich die Gäste am frühen Morgen mit nüchternem Magen im Kurgarten zur Einnahme des Brunnens einzufinden hatten. Die jeweiligen Ärzte überwachten die Anwesenheit ihrer Patienten. Dr. Sotier war bereits 64 Jahre alt, als er die schwierige Aufgabe gestellt bekam, der Badearzt der Kaiserin zu werden. Er duldete die üblichen Kapriolen Elisabeths nicht und erbat sich eine gewissenhafte Befolgung seiner Anweisungen. Er setzte sich schnell bei ihr durch und gewann ihr Vertrauen. Als Elisabeth von Kissingen abreiste, ließ sie stets den Rat des Dr. Sotier erfragen und bestand auf seiner Verschreibung und Anfertigung von Medikamenten.

Der Briefwechsel der Kammerfrau der Kaiserin, Marianne von Meissl, mit dem Arzt gibt einigen Aufschluß darüber.

Aus Schwalbach schreibt sie am 26. 6. 1897 an Dr. Sotier vom Wunsch der Kaiserin nach Eisenpillen, die ein Freund des Arztes, ein Professor der Chemie, zusammenstellte:

,,Sehr geehrter Herr Doctor.

Ihre Majestät läßt Sie grüßen und Ihnen sagen, daß sie recht mit Ihrer Prophezeiung hatten, Ihre Majestät ist jetzt furchtbar ‚constibirt', ja aber was kann man tun, Eisen muß Ihre Majestät nehmen, so heißt es eben ertragen, nun läßt Sie, hoch geehrter Herr Doctor, Ihre Majestät bitten, Sie möchten nachdenken und für Ihre Majestät Eisenpillen mit Salz zusammenstellen, da Sie sagten, für Ihre Majestät sei es von großer Wichtigkeit, gewisse Salze zu bekommen und sagte Ihre Majestät: ,Doctor Sortier könnte mir mit seinem Freund, ich glaube, Sie sprachen mit I. M. von einem Professor der Chemie, welcher Ihr Freund ist, solche Pillen zusammenstellen und dann Ihrer Majestät das Rezept durch mich schicken und diese würde Ihre Majestät dann sofort nehmen, wenn I. M. von hier nach Hause geht.

Im ganzen geht es Ihrer Majestät Gott sei Dank unberufen gut. Mit den besten Grüßen, hochachtungsvoll

v. Meissl"

Eine Woche darauf bedankt sich die Kammerfrau im Namen der Kaiserin für die Tropfen aus Kissingen, die sie ganz nach Vorschrift nimmt. Sie erbittet auch dafür das Rezept, weil sie diese Medizin stets haben möchte, wenn sie ihr guttut. Am 1. August erreicht Doktor Sotier ein Brief der Kammerfrau aus Ischl. Diesmal bittet sie um die Versendung der Kissinger Eisenpillen per Nachnahme in die Kaiservilla:

,,Sehr geehrter Herr Hofrath!

Ihre Majestät läßt Sie bitten, noch eine Schachtel von Ihren Eisenpillen, wovon Sie das Rezept schickten, machen zu lassen und per Postnachnahme hieher, Ischl, Nr. Villa zu senden, wenn es das Wetter erlaubt, so reist Ihre Majestät den 9. von hier ab, also bitte die Pillen gleich machen zu lassen . . ."

Während der Traubenkur in Meran denkt die Kaiserin wieder an die Tropfen des Dr. Sotier und läßt erneut die Kammerfrau zur Feder greifen:

,,Hoch geehrter Herr Medicinalrath!

Ihre Majestät läßt Sie ersuchen, die Güte zu haben, wieder ein Fläschchen von Ihren *Tropfen* zu schicken, Sie werden schon wissen welche, nämlich diese, welche Sie Ihrer Majestät zur besseren Verdauung gaben.

Ihrer Majestät geht es so ziemlich, manchmal besser, manchmal weniger, leider, die Beine und Augen sind noch immer angeschwollen, es will sich leider nicht geben trotz Bäder und Höhenaufenthalt. Jetzt sind wir in Meran und I. M. nimmt eine ganz

278

schwache Traubenkur. Wir bleiben bis 28. hier, dann nach Budapest. Bitte die Tropfen wieder per Postnachnahme sobald als möglich zu schicken, ich finde, sie tun Ihrer Majestät sehr gut. — Dagegen konnte I. M. die gesandten Eisenpillen nicht nehmen, vielleicht ist es die Magnesia, diese verträgt I. M. nicht oder das Casskara. Was meinen hoch verehrter Herr Doctor, wenn Sie eine Zusammenstellung mit Weglassung dieser beiden Sachen machen würden; jetzt nimmt Ihre Majestät gar kein Eisen, aber ich glaube, wenn Ihre Majestät in eine weniger gute Luft kommt, wird es doch nötig sein, bitte einstweilen darüber nachdenken . . .''

Am 23. Januar 1898 schreibt Fräulein von Meissl an Dr. Sotier von San Remo aus. Die Kaiserin läßt nachfragen, ob es in Kissingen eine Anstalt für Mechanotherapie oder eine Anstalt für Schwedische Heilgymnastik gibt. Sie würde es bedauern, wenn keine dort sein würde. — Die Kammerfrau berichtete von einer Gürtelrose der Kaiserin am Arm und an der linken Schulter. Durch das fürchterliche Brennen und Jucken kann sie ganze Nächte lang nicht schlafen.

Der behandelnde Arzt in Territet in der Schweiz setzt sich vor dem Eintreffen der Kaiserin in Kissingen mit Sotier im Auftrag von ihr in Verbindung, um ihm deren Krankheitssymptome näher mitzuteilen. Er spricht von Veränderungen der Haut und des linken Unterarmes sowie der Muskeln. Er empfiehlt, die Zanderische Heilgymnastik anzuwenden. ,,Um die Muskeln des Unterarmes zu kräftigen, dürften die Widerstandsapparate die zweckmäßigsten sein.'' Der Arzt empfiehlt die Apparaturen ebenfalls zum Einsatz gegen die Folgeerscheinungen der Anämie, dem mangelhaften Appetit und dem etwas trägen Stuhlgang. Moorbäder und bereits erwähnte Duschen dürften ebenfalls ein sehr guter Heilfaktor sein.

Besonderen Wert legt die Kaiserin auf die Zubereitung ihres Frühstücks, das ihr nicht nur gut gemundet hat, sondern auch ausgezeichnet bekommen ist, ließ sie doch im vergangenen Jahr einen ,Spion' auf die Kaffeebereitung in Kissingen ansetzen, weil ihr dieser dort besser mundete als an anderen Orten. Das ,Geheimnis'

Besuch der Kaiserin in einer Volksküche (1873)

war einfach zu durchleuchten. Man ließ für jedes Frühstück nur soviel Bohnen rösten und danach mahlen, wie man für den Morgenkaffee brauchte und wiederholte dies am nächsten Tage.

Das Frühstück ‚à la Sotier' wird schriftlich bestellt. Die Kaiserin wünscht es bereits am Tage ihrer Ankunft in Kissingen zu sich zu nehmen. Die Anweisungen der Kammerfrau wirken pedantisch, schmeicheln jedoch dem Arzt Dr. Sotier:

„Territet, 14. 4. 1898

Hoch geehrter Herr Doctor!

Ihre Majestät läßt Sie ersuchen, zur Ankunft das Frühstück zu bestellen, aus dem Hotel guten schwarzen Kaffee von *Metzner*, 1/2 Liter Milch und 1/4 Liter sehr guten, dicken, *sehr* frischen Rahm, beides *unabgekocht* und auf sechs Grad eingekühlt, von Widmaier die Schachtel gemischter Bäckerei, so wie sie selbe voriges Jahr Ihrer Majestät täglich geschickt hat, richtig vom Hotel eine Portion von diesem Fleischgeleee, wie Sie, sehr geehrter Herr Sanitätsrat, selbes Ihrer Majestät verordnet haben und zwei ganz frische Eier, selbe müssen aber gewiß vom Nachmittag des vergangenen Tages sein, ja nicht älter, also bitte das Frühstück soll gleich nach der Ankunft Ihrer Majestät bereitet sein, und Sie, Herr Doctor, möchten die Güte haben, eine Stunde später zu Ihrer Majestät zu kommen . . .“

Mit größter Akribie hat der Arzt die Trinkkur für die Kaiserin verordnet:

„Wollen Ihre Majestät vor allem zu berücksichtigen geruhen, daß größere Quantitäten als 600 Gramm Flüssigkeit durchaus nicht assimiliert werden können, und daß größere Quantitäten von Eisenwasser nur Magenbeschwerden und Unverdaulichkeiten hervorbringen müssen, daß das Eisen in größerer Menge unverdaut stuhlfärbend abgehen wird. Die Verdaulichkeit des Eisenwassers ist ganz individuell, weshalb der Genuß auf ganz kleine Dosen beschränkt wird, weil größere Dosen von Eisen nicht assimiliert werden können.

Unter dieser Berücksichtigung habe ich erlaubt, Ihrer Majestät die leichte Stahlquelle von Brückenau zur allerhöchsten Genehmigung vorzuschlagen. Es ist nicht nötig, daß diese Brückenauer Stahlquelle in größeren Quantitäten hintereinander genossen wird, im Gegenteil würde ich unter den mir bekannten Verhältnissen, um jeden der obengenannten Zufälle beim Eisen zu vermeiden, folgende Trinkmethode zur allerhöchsten Genehmigung unterbreiten. Majestät geruhen des Morgens in langsamer Weise Portionen zu je 100 Gramm Stahlwasser und zwar zwei Mal in Pausen von 20 Minuten auf nüchternem Magen frisch von der Quelle nehmen zu wollen. Dies für die ersten Tage unter Berücksichtigung, wie das Wasser vertragen wird, später dann 300 Gramm. Das Frühstück so bald als möglich nach dem letzten Glas zu nehmen.
Milchkaffee mit entsprechenden Broten, eventuell Fleischgenuß, wie kaltes Fleisch, Fleischgelee nach bekannter Ordination. Kurz vor dem Diner weitere 100 Gramm Stahlwasser, gegen Abend nach dem Spaziergang nochmals 100 Gramm. Sollte sich nach dem Gebrauch des Stahlwassers — weil Rakoczygebrauch aufgehoben — träger Stuhl oder sogar Verstopfung eintreten, so bitte ich, daß Majestät eventuell zu einem Mittel greifen. Somit während höchstens des Tags über 500 Gramm Stahlwasser zu trinken. Hiezu kommen ausgerahmte Milch — 500 Gramm — ferner bei ausgesprochenem Durstgefühl 150 — 200 Gramm Wernarzer Wasser mit gutem Wein. Mit Wernarzer Wasser kann gegurgelt werden.''
Dr. Sotier weiß von den Übertreibungen der Kaiserin, wenn es um Kuren geht, weshalb er ihr die genaue Dosierung des Stahlwassergebrauches anzeigt. Besonders bei der Nachkur in Brückenau ist dies wichtig, weil er ja dort nicht zugegen ist. Außerdem wurde er bereits durch ein Schreiben des Wiener Hofarztes Dr. Kerzl genauestens über den Zustand der Kaiserin unterrichtet:
,,Hochgeehrter Herr College!
Trotzdem für Ihre Majestät die Kaiserin eher ein Eisenbad indigiert ist, kommt Allerhöchstdieselbe doch zuerst nach Kissingen aus folgendem Grund. Neben der bedeutenden Anämie bestehen

282

einzelne Erscheinungen im Verdauungssystem, so eine sehr langsame, mit viel Gasentwicklung einhergehende Verdauung, eine Verminderung der peristaltischen (wellenförmig fortschreitenden) Bewegung der Eingeweide und infolgedessen Obstipationen (Verstopfungen) und ein beständiges Gefühl von Geblähtsein. Lauter Erscheinungen, deren Beseitigung man nach Gebrauch von Kissingen erhofft. Zur Wahl von Kissingen trug noch die persönliche Sympathie Ihrer Majestät bei, da Ihre Majestät schon einmal vor Jahren in einer ähnlichen Erkrankung daselbst Heilung gefunden hat. Neben diesen erwähnten Beschwerden im Verdauungstrakte besteht noch eine große Anämie bei Ihrer Majestät, die sich zwar schon etwas gehoben hat, deren Besserung aber erst durch die Regelung der Verdauung in Kissingen und durch die darauffolgende Cur in Schwalbach gänzlich erhofft wird. Es ist nicht nötig, daß ich Herrn Collegen den ganzen Verlauf der Krankheit erzähle, nur das werde ich erwähnen, was Ihnen zur Dosierung der Flüssigkeitsmenge, die Ihre Majestät in Kissingen nehmen soll, zu wissen nötig ist. Außer den allgemeinen Erscheinungen einer hochgradigen Anämie oder besser gesagt Hydrämie (erhöhter Wassergehalt des Blutes) fand man bei Ihrer Majestät im Dezember verflossenen Jahres Ödeme der beiden unteren Extremitäten und eine Vergrößerung des linken Herzventrikels (Herzkammer), ein den ersten Herzton begleitendes systolisches (Systole = Zusammenziehung der Herzmuskeln) — sogenanntes Blutgeräusch und eine sehr schwache Herztätigkeit. Puls früh 42, Abends 48, fadenförmig, kaum fühlbar. Durch das veränderte Regime und durch Wechsel des Aufenthaltes hat sich vieles gebessert, doch die Vergrößerung des linken Herzens, die Schlaffheit der Herzmuskulatur ist noch größtenteils geblieben; man darf also dem ohnehin geschwächten Muskel nicht zuviel zumuten, was durch Zufuhr von großen Flüssigkeitsmengen auf einmal herbeigeführt würde. Da Ihre Majestät ohnehin schon einen großen Teil der Nahrung als Milch flüssig nimmt, so könnte, wenn auch noch viel Wasser genommen würde, diese Befürchtung eintreten. Würde man aber, um das tägliche Quantum von Flüssig-

283

Der Salonwagen der Kaiserin

keit nicht zu erhöhen, weniger Milch gestatten, so könnte wieder die Ernährung leiden. Ich wende mich daher an Sie, hochgeehrter Herr College, da Sie ja Ihre Wässer gut kennen, Ihrer Majestät nur so viel Wasser anzuraten, als Sie zur Beseitigung der eben genannten Übel als unbedingt nötig erachten, damit nicht zu viel Flüssigkeit eingeführt werde, andererseits aber auch die Ernährung nicht leide.

Hochachtungsvoll ergebenst Dr. Kerzl"

Der Würzburger Journalist und Schriftsteller Anton Memminger schreibt in seiner Geschichte der Stadt und des Bades Kissingen über Dr. Sotier:

,,Ein vielgenannter Arzt, dessen Sohn noch heute auf dem ‚Fürstenhof' zu Kissingen ärztliche Praxis ausübt, war der Hofrat Dr. Sotier, ein deutscher Mann von aufrechter Gesinnung auch vor Königen und Kaisern. Die Kaiserin Elisabeth von Österreich suchte ihn wegen ihres von den Wiener medizinischen Autoritäten konstatierten Herzleidens wiederholt auf. Sotier stellte seine Diagnose und erklärte ihr, daß seine Wiener Kollegen sie vollständig falsch belehrt hätten. Sie habe im Gegenteil ein sehr kräftiges, kerngesundes und widerstandsfähiges Herz. Als sie 1898 wieder nach Kissingen kam und ihm abermals von ihrem Herzleiden sprach, meinte der alte Doktor, sie leide an der Einbildung der Ärzte. Trotzdem ging sie mit dieser Einbildung von Kissingen weg nach Bad Nauheim, wo der dortige Spezialarzt die Angabe der Wiener Ärzte bestätigte . . ."

Die erhaltengebliebenen Briefentwürfe des Dr. Sotier an die Kaiserin und an die Kammerfrau von Meissl lassen nur blaß erkennen, welchen Angriffen der Kissinger Arzt von Seiten der Fachpresse und der Kollegen ausgesetzt war, weil er sich gegen die Diagnosen der Wiener Ärzte ausgesprochen hatte. Briefentwurf an die Kaiserin:

,,Mit alleruntertänigsttiefstem Schmerze habe ich von dem Unwohlsein und Schwächezustand Eur. Majestät durch die Zeitungen gehört. Wollen Majestät sich wohl erinnern, daß nach dem Gebrauch von Kuren alter Erfahrung gemäß stets ein Schwächezustand eintreten kann und dies umso mehr nach dem schweren Winter und der starken Kompensationsstörung des Herzens während desselben mit darniederliegender Verdauung und geringer Assimilation begreiflich. Eur. Majestät kam mit sehr bemerkbarer Systole (Zusammenziehung des Herzmuskels) und einer Pulsfrequenz von 58, 60 und 62 hier an und verließen nach dem Kurgebrauch Kissingen mit einem kräftigeren Puls — 68/72 per Minute — mit gehobenem Appetit, besseren Verdauungsverhältnissen und Gewichtszunahmen unser Bad, was sicher ein Beweis dafür ist, daß Kissingen wenigstens nicht geschadet hat. Ausführliche Berichte über den Kurgebrauch Eur. Majestät habe ich pflichtschuldigst nach Wien gesandt und ich glaube, berechtigt zu sein, zu behaupten, daß von einem Teil der Ärzte Eur. Majestät kein Verdammungsurteil über die Kur in Kissingen gefällt wurde. Meine frömmsten Gedanken schweben zum Himmel mit der innigsten Bitte, daß der Gebrauch von Nauheims Quellen für Eur. Majestät Besserung und Herstellung allerhöchster Gesundheit den günstigsten Erfolg haben möchten.

In allertiefster Ehrfurcht"
Briefentwurf an die Kammerfrau von Meissl:
,,Vergleich der verschiedenen Untersuchungen hier hat aber unzweifelhaft einen günstigen Erfolg der Kissinger Kur dargetan. Es ist voreilig und unklug, ja ich möchte sogar sagen ungerecht zu behaupten, daß die Kissinger Kur nachteilig auf das allerhöchste Befinden eingewirkt habe. Ich kann mich für meine hier aufgestellten Behauptungen auf die von mir nach Wien abgesandten Briefe berufen, die beweisen, daß ich mir über den Herzzustand Ihrer Majestät völlig klar war. Diese Berichte werden auch beweisen, daß durch die Untersuchung mit Röntgenstrahlen eine neue Feststellung im Zustande Ihrer Majestät nicht stattgefunden hat. Ich begrüße ja jede Neuerung auf dem medizinischen Gebiete, sei es in medikamentöser oder physikalischer Beziehung, aber ich glaube, solche Neuerungen erst in Anwendung bringen zu können, wenn

286

Untersuchungen über dieselben zu einer endgültigen, befriedigenden Abschluß gekommen sind, was ich von dem Röntgenapparate in Übereinstimmung mit einer Reihe von Autoritäten bestreite. So bleibt mir deshalb nur der einzige Wunsch, daß Nauheims Quellen eine Besserung im Befinden Ihrer Majestät erzielen . . ."
Im zweiten Briefentwurf an Fräulein von Meissl wird Dr. Sotier schon etwas deutlicher:
,, . . . Zu was sollte eigentlich diese Röntgenbeleuchtung?
. . . hat ja nur insofern eine Bedeutung,, als man nach der Nauheimer Kur in dem Bild lesen könnte, daß der Zustand besser sei als vor der Nauheimer Kur. Die Röntgenstrahlen werden kein besseres Resultat geschaffen haben als ein sicheres Gehör und eingehende Untersuchung des verlässigen Arztes. Wenn man nun diese geradezu unerklärliche und durch nichts bewiesene Behauptung über den Gebrauch der Kissinger Kur aufstellt, so ist das geradezu — gelinde gesagt — voreilig und unklug und ich befinde mich für diese meine Behauptung in Übereinstimmung mit großen Autoritäten. Wenn dieser Vorfall nicht so ernster Angelegenheit, die Person Ihrer Majestät die Kaiserin beträfe, so würde sich damit der systematisch geißelnde Humor der Fachblätter schon beschäftigt haben oder sich noch damit beschäftigen.
Meine liebe gnädige Frau, bei solchen Vorfällen und Ereignissen im menschlichen Leben muß ein Sündenkind sein oder die See ihr Opfer haben. In diesem Fall ist es interessant für meine Person. Mir steht es nicht zu, mich in medizinischen Blättern auszusprechen und so muß ich mit bewundernder Milde jedem voreiligen Kritiker zusehen. Doch all dies würde ich gerne ertragen, wenn ich die Gewißheit hätte, daß Nauheims Quellen für Ihre Majestät den überraschenden Erfolg und höchste Besserung andauernd befestigen. Dies ist mein sehnlichster, einziger Wunsch und Sie, liebe gute Frau Meissl, haben gewiß trübe Tage. Wollen Sie Ihre Majestät aufheitern und ihr die Versicherung geben, daß in den meisten Fällen sich Trugschlüsse vorfinden. Selbst bei einer akuten Gefahr kann bei den gesunden . . . Majestät mit Berücksichtigung der Diät

1896: Elisabeth bei einem Galadiner mit dem Zarenpaar in der Hofburg

sicherlich noch eine Reihe von Jahren in möglichst guter Gesundheit durchleben . . ."

Dr. Sotier sollte durch ein höchst grauenvolles Ereignis von einem Schweizer Kollegen über den Zustand des Herzens der Kaiserin erfahren, wie recht er hatte, daß von einer Herzerweiterung der Kaiserin nicht die Rede sein konnte. Die ärztliche Korrespondenz hat dem praktischen Verlauf der Brückenauer Nachkur und der danachfolgenden Nauheimer Kur vorgegriffen.

Die von dem Fuldaer Fürstabt Amand von Buseck verwirklichte, streng geometrisch gegliederte Anlage des Bades Brückenau aus dem Jahre 1747 ist im Jahre 1898 noch völlig erhalten. König Ludwig I. von Bayern war von Bad und Landschaft so begeistert, daß er rund 26 mal Bad Brückenau besuchte. Seine baulichen Neuerungen, besonders der klassizistische große Kursaal, prägen bis heute das Gesicht des Bades.

Der Märchensammler Jakob Grimm schrieb 1838 an seinen Bruder, ,,daß die Kissinger Gegend sich nicht mit der Brückenauer messen kann und nur mittelmäßig ist".

Elisabeths Hofdame Gräfin Sztáray schildert den Ort folgendermaßen: ,,Die ausgedehnten Buchenwälder dieses stillen Talkessels prangten im saftigsten Grün. Der Ort selbst ist klein und anspruchslos, doch recht nett gehalten. Die um diese Zeit hier herrschende Stille und Ruhe, im Vereine mit der uns umgebenden, frisch emporkeimenden Vegetation, übte eine sehr gute Wirkung auf die Kaiserin. Wir führten in Brückenau ein Leben voll stiller Innerlichkeit. Im sprießenden Walde spazierend, empfanden wir sehr bald die belebende Kraft des Frühlings. Es wurde großer Wert auf die Diners gelegt. Auch saßen wir oft zwei bis drei Stunden im Freien am gedeckten Tische, von allem Möglichen plaudernd und unseren Seelen freien Flug gewährend."

Dr. Sotier gibt seine kaiserliche Patientin an den Brückenauer Kollegen Dr. Felix Schlagintweit weiter, respektive, er glaubt, daß sich die Kaiserin schon an ihn wenden würde. Schließlich ist Schlagintweit trotz seines fast noch jugendlichen Alters bereits eine Kapazität. Urologen, also Spezialisten für Erkrankungen der Harnwege, gab es bis zu seiner Zeit in Deutschland noch gar nicht. Dieser Arzt hatte sich dieses Fachgebiet erwählt und übte seine Praxis im Winter in München und seit 1895 im Sommer in Bad Brückenau aus. Dr. Schlagintweit kannte die seltsamen Gerüchte über Elisabeths Krankheit aus den Zeitungen und vom Hörensagen.

Seine Diagnose war da etwas knapper gehalten und traf die Angelegenheit bestimmt auf den Kopf: Blutarm, menschenscheu und gemütskrank!

Er hält ihr tägliches, stundenlanges ‚Spazierenrennen' für unsinnig und erkennt sofort die zwei Ticks, die sie fast zu beherrschen scheinen: Die tägliche, peinliche Kontrolle ihres Gewichtes und die alle vier Wochen fällige Waschung ihres Haares. Diese Prozedur kennen wir von anderen Zeugen her. Auch, oder gerade das langsam von Silberfäden durchzogene Haar benötigte diese aufwendige Prozedur, die die halbe Rhön rebellisch machen sollte:

Die Kurverwaltung gab einen ‚Tagesbefehl' an die Dörfer der näheren Umgebung, mindestens einhundert frische Eier zu liefern.

Aber nicht nur hundert Eigelb waren für das Haupthaar Ihrer Majestät vonnöten, sondern ein Eimer reinsten Wassers. So hatte der Apotheker im nahegelegenen Städtchen Brückenau die hoheitsvolle Aufgabe, Tag und Nacht Wasser zu destillieren, bis es die Klarheit hatte, um für die Benetzung des majestätischen Haares geeignet und überhaupt zulässig zu sein.

Im Gegensatz zu diesem barocken Aufwand in puncto Haarpflege wundert sich der Nachkurarzt über die nahezu bescheidene Ernährungsweise der hohen Frau. Die Speisenfolge, kleines Beefsteak, Forelle, Poularde wechselten sich pro Tag ab, um sich in den nächstfolgenden Tagen zu wiederholen. Sollte die Waage einige Gramm mehr anzeigen, folgten die entsprechenden Fastentage.

Poularden gab es in der Rhön nicht, so wurde ein Würzburger Händler dazu beauftragt, dieses Geflügel nach Brückenau zu liefern. Eines Tages kam es zur Ohnmacht der Köche der Kaiserin: Die Lieferung war ausgeblieben! Der Chefkoch persönlich zieht

290

von Dorf zu Dorf, um einen ‚Rhöngöker' zu finden, der vielleicht eine Poularde hätte werden können.

Gerade an dem Tag, als Dr. Schlagintweit zur ersten Audienz vorgelassen wurde, bringt man diesen ärmlichen Poulardenersatz an den Mittagstisch der Kaiserin. Die Augen des Arztes entdecken das bescheidene Geflügel, auf einer Kommode stehend, unberührt, weil sie es nach der Aussage Elisabeths an ‚ein unzerbrechliches Kinderspielzeug' erinnert.

Die Kaiserin schreitet ihm entgegen, in ein schwarzes Seidenkleid gehüllt. Er erinnert sich noch, daß sie stets einen Fächer bei sich trug und zusätzlich einen weißen Schirm, der innen schwarz gefüttert war.

Charmant und sympathisch findet der Arzt nur die Gräfin Irma von Sztáray, deren Erinnerungen an ihre Herrin, im edelsten Hofdamenstil verfaßt (wir kennen einige Auszüge), der Arzt später in seine Handbibliothek einreihen wird, und den ‚Vorleser' Barker.

General Berzeviczy, der Hofmarschall, kommt bereits nicht mehr so gut weg. Er ist Schlagintweit zu jovial-altösterreichisch, läßt er sich doch einen Zahn ziehen, ohne sich zu bedanken, vonwegen zu bezahlen (Vielseitig war dazumal die Tätigkeit der Ärzte. Schlagintweit war nicht nur Urologe und Badearzt der Kaiserin, sondern führte auch noch eine gutgehende Zahnarztpraxis).

Am wenigsten freundlich erinnert sich der Arzt an die Kammerfrau Marianne von Meissl, die er zwar für klug und originell hält, aber auch für unverschämt, was die kostenlose Behandlung betrifft, die sie sich als die Kammerfrau Ihrer Majestät ausbedingt. Am meisten ärgert ihn, daß er sich zu einem entzündeten Hühnerauge der Dame herabbücken muß, weil sie es nicht einmal für nötig hält, ihr kammerfrauliches Bein aus dem Bette zu strecken!

Dr. Kromar, der Reisemarschall, bleibt Dr. Schlagintweit ebenfalls in schlechter Erinnerung, zahlt er ihm doch am Schluß der kaiserlichen Nachkur ein selbst festgelegtes Honorar von vierhundertfünfzig Mark aus. Er wäre ja damit zufrieden gewesen, hätte ihn nicht das gesamte Personal so häufig konsultiert; mit der Kaiserin hatte er am wenigsten zu tun. Der eigentliche Grund ist, die Kaiserin hält ihn für zu jung. Am Tag der Vorstellung, der Bürgermeister, der Bezirksamtmann, der Hotelpächter und Dr. Sotier aus Kissingen sind anwesend, hält sie den Pächter für den Arzt, weil dieser der Älteste der Herren ist.

Acht Tage lang läßt die Kaiserin gar nichts von sich hören. Da reißt dem Arzt die Geduld, und er läßt durch die Hofdame ausrichten, daß er es satt habe, immer nur aus zweiter Hand über ihr Befinden etwas zu erfahren.

Der Arzt will sie sprechen und wenigstens einmal ihren Puls fühlen!

Elisabeth, die seltsame Frau, reagiert auf ihre Weise, sie trifft sich mit dem Arzt auf der Brückenauer Kurpromenade. Sie schreitet neben ihm daher, zieht den Handschuh ihrer rechten Hand aus und läßt sich den Puls fühlen. Er findet ihn gut und regelmäßig. Neugierig mustert er so unauffällig als möglich die Kaiserin aus nächster Nähe. Die Derbheit (!) der Hand und deren Größe führt er auf das lange Zügelführen zu Zeiten ihrer Reitleidenschaft zurück. Er schaut auf ihre Füße hinab und findet diese auch nicht gerade zierlich. Das Gesicht ist das einer alten, abgehärmten Frau, aber Taille und Haltung sind wunderbar.

Noch einige Male hielt der Arzt seine Praxis auf der Promenade ab, näher kommen sich Arzt und Patientin dabei nicht.

Der Kaiser ist unterdessen in Gödöllö seiner Gattin nicht etwa böse, daß sie kaum schreibt und er sich an die Zeitungsberichte über sie oder die dritter Personen halten muß, um von ihrem Reiseverlauf etwas in Erfahrung zu bringen. Als sie ihm doch einmal ein kurzes Schreiben sendet, wehrt er ab und meint, dies sollten die Gräfin Sztáray oder der Grieche Barker ausrichten, ,die sollen aber fleißig und ausführlich sein'. Besonders interessiert ihn die Speisenfolge eines Diners auf dem Jagdhaus Klaushof, und er verlangt nach der Speisekarte, die ihm Valérie noch nicht zugeschickt hat. Er ist erstaunt, sie noch nicht in Brückenau zu wissen, begreift aber, daß sie sich nur schwer von ihrem geliebten ,Rakoczy' (Kis-

292

singer Heilwasser) trennt, meint aber, das Brückenauer Wasser wäre ihr besonders zuträglich. Schließlich beschwert er sich darüber, daß weder Hofdame noch Vorleser schreiben, hat aber von Valérie den Speisezettel vom Klaushof erhalten und ist erstaunt über die Menge der Speisen.

Elisabeth philosophiert im Sinntal mit ihrer Hofdame darüber, welchen Einfluß der Hofdienst auf die Menschen ausübt. Sie finden heraus, daß er sich in Wirklichkeit auf die meisten Damen und Herren einigermaßen ungünstig auswirkt . . .

Ihrer Tochter Valérie schreibt sie:

,, . . . Wir haben übertrieben gute Tage zusammen verlebt, wie in der alten, alten Zeit. Es tut nicht gut, sich für so kurze Zeit wieder daran zu gewöhnen . . .''

Sogar auf ihre alte Leidenschaft, das Reiten, gelangt die Rede, und sie erzählt der Gräfin, weshalb sie diesen Sport aufgegeben hat: ,,Plötzlich und ohne jeden Grund hatte ich den Mut verloren und ich, die ich noch gestern jeder Gefahr spottete, erblickte heute eine solche in jedem Busche und konnte mich von ihrem Schreckensbilde nicht mehr befreien. Dies der Grund, warum ich auch Valérie niemals erlaubte, ein Pferd zu besteigen; ich wäre nicht fähig gewesen, die ewige Unruhe zu ertragen.''

In Brückenau bessert sich die Gesundheit der Kaiserin, was allein schon an ihrem Aussehen ersichtlich ist.

Die Reise geht nach Wien, Elisabeth hält sich in Lainz auf und ihre Hofdame fährt weiter nach Ungarn, wo sie an der Hochzeit ihres Bruders teilnimmt.

Elisabeth läßt an Hand der Briefe Franz Josephs noch einmal ihren Aufenthalt in Brückenau Revue passieren. Sie lächelt darüber, daß sich Franz Joseph, der kaiserliche Feldherr, in fremdem Gelände recht unsicher fühlen muß, schrieb er ihr doch, ,, . . . und kann mir vorstellen, daß der Weg durch die Wälder sehr hübsch gewesen sein muß, aber daß derselbe über den Klaushof führte, hat mich erstaunt, denn ich dachte mir Brückenau in der entgegengesetzten Richtung, wie ich mich ja überhaupt in Kissingen nie

Die Kaiserin und der Kaiser beim Spaziergang im Bad Kissinger Luitpoldpark (1898)

recht orientieren konnte . . ." Er hat jedoch sogleich Verständnis für ihre Sehnsucht nach Kissingen und gesteht ihr seine Liebe zu diesem Ort: „. . . und bin so froh, daß Du in Brückenau zufrieden bist. Die Gegend muß wunderhübsch sein und die Luft ist gewiß excellent, und doch begreife ich, daß Du Heimweh nach Kissingen und besonders nach dem dortigen Walde hast. Warum Du schreibst, daß ich über Kissingen geschimpft hätte, ist mir nicht klar und ist ein unverdienter Vorwurf, denn Du solltest Dich erinnern, wie oft ich Dich bei unseren Promenaden auf schöne Punkte, auf bereits grüne Bäume und Wald-Theile aufmerksam gemacht habe . . ."

Katharina Schratt hat sich doch für eine Kur in Kissingen entschlossen und findet nur das Wetter sehr schlecht. Sie hält sich für länger als sonst leidend und der Arzt Dr. Sotier schreibt ihre große Ermüdung durch die Kur zu. Die ‚Freundin' des Kaisers steigt also in die Fußstapfen der Kaiserin und läßt sich sogar vom gleichen Arzt behandeln.

Unterdessen beraten in Ischl der Kaiser und Dr. Widerhofer den weiteren Verlauf des ‚Reise- und Kurprogrammes' der Kaiserin und die offizielle Seite, das heißt, wie man die Lebensweise der Kaiserin der Öffentlichkeit erklären soll. Franz Joseph feiert in Kürze sein fünfzigjähriges Regierungsjubiläum, und die Kaiserin wird nicht anwesend sein. In einer amtlichen Mitteilung wird am 3. Juli 1898 bekanntgegeben, bei der Kaiserin sei eine Anämie eingetreten, eine Nervenentzündung, Schlaflosigkeit und in mäßigem Grad eine Herzerweiterung, was zwar zu ernsten Besorgnissen keinen Anlaß gibt, aber eine methodische Behandlung in Bad Nauheim erfordert.

Die Gräfin Sztáray tritt am 12. Juli in Ischl wieder ihren Dienst an. Die Kaiserin sieht schlecht aus und ist sehr niedergeschlagen, weil sie der Arzt nach Nauheim schickt. Ihr gefällt dieses Bad schon von vorneherein nicht, weil sie nicht von sich aus nach dort fährt. Am 15. Juli reist Elisabeth von Ischler Bahnhof nach München ab. Einwohner und Kurgäste sind zahlreich erschienen, um von ihr

Abschied zu nehmen. Außerdem sind anwesend die Töchter Gisela und Valérie, die Erzherzöge, Vertreter des Hofes und der Behörden. Als sie sich vom Kaiser verabschiedet, werden ihre Augen feucht. Die Hofdame Irma von Sztáray erinnert sich: ,,Zum ersten Male habe ich ihre Augen naß werden sehen, als sie, auf dem Throne sitzend, die Huldigung der Ungarn entgegennahm, zum zweiten und letzten Male hier an diesem Orte. — Wie gnädig ist doch die Vorsehung, die jener ängstlich sich regenden, umflorten Stimme nicht das verständliche Wort leiht und ihren Aufschrei in der Seele ersterben läßt.''

Im München steigt sie im ‚Hotel Continental‘ ab. Der Gang durch die Stadt gerät nicht zum üblichen Eilmarsch. Die Hauptstadt ihrer Heimat durchschreitet, ja durchlebt sie. Es ist ein Wandeln durch Erinnerungen, ein Aufspüren verlorener Stimmungen und vielleicht ein ahnendes Abschiednehmen. Ihrer Begleiterin fällt dies besonders auf, und sie schreibt die von ihr aufgefangene Stimmung nieder:

,,Langsam dahinschreitend, jeden Augenblick innehaltend, gingen wir durch die Stadt; wir wollten nichts Neues, nichts Überraschendes sehen; dieser Besuch galt ganz der Vergangenheit, den Erinnerungen. Wir blieben bald vor einem altertümlichen Palaste, bald vor einem alten Gebäude stehen, bei einer Baumgruppe, deren Äste sich seither ausgebreitet hatten, bei einem Blumenbeete, das schon damals geblüht. Die Kaiserin hatte für jedes ein freundliches Wort. Sie lobte dies und jenes, sagte, wie gut es sich erhalte, sie wußte von jedem etwas zu erzählen, etwas Liebes aus alten, guten Zeiten. Weißt Du noch? — Erinnerst Du Dich? — Damals waren wir jung ! . . . Damals war alles besser, schöner! — Und endlich, wie dies schon unter alten Bekannten üblich, lobte sie so lange die entschwundenen Zeiten, bis sich in die Rede immer häufiger die Seufzer mengten und die Freude des Wiedersehens in einer leisen Klage wider die eilende Zeit ausklang.

Dann gingen wir vor das Palais, in dem die Kaiserin ihre Kinder- und Mädchenjahre verlebt hatte. An diesem schönen, guten alten

Hause, obschon sein Geschick inzwischen eine große Wandlung erfahren, hatte sich nichts verändert, nur waren seine Räume von anderen bewohnt, von ganz anderen. Jetzt wies sie auf zwei Fenster hin, vor denen wir stehen bleiben.

„Das sind die Fenster meines Mädchenzimmers." Welch eine Feenwelt mochte einst da drinnen gewoben haben! — Die beiden verhängten Fenster blickten wie zwei umflorte Augen auf uns herab. Vielleicht klagten auch sie wie jenes schöne, traurige Augenpaar, das jetzt an ihnen hing.

Wir sind ausgestorben, sprachen die traurigen Blicke. Und wie wir so hin und her durch die bevölkerte Stadt wanderten, die Gegenwart vergessend, in die Vergangenheit zurücksinnend, erschien mir die Kaiserin wie jemand, der in den ersten Seiten seines Tagebuches blättert. Bloß in den ersten; in den übrigen, selbst den glänzendsten, ist zu viel des Wehs. Du mein Gott, wie hätte ich damals ahnen können, das dies schöne, traurige Buch so bald beendet sein würde, und daß die, die es niederschrieb, schon auf der letzten Seite hielt!

„Wie anders war ich damals!" Mit diesem Seufzer nahm die Kaiserin Abschied von ihren Erinnerungen und wir verließen dann rasch die Umgebung des Palais.

Ich sah ihr an, daß sie sich nun den melancholischen Erinnerungen der Vergangenheit entreißen wollte und als wir einige Straßen durchschritten hatten, wußte ich nach der Richtung, welchem Ziele sie zustrebte.

„Ich verlasse niemals München, ohne hier einzukehren", sprach sie, als wir zum Hofbräuhaus gelangten.

„Treten wir also ein und benehmen wir uns fein bürgerlich." Hineingelangt, verlangten wir zwei Krügel, worauf der Schenk mir zwei buntgemusterte, mit Deckeln versehene Steingefäße in die Hand gab, die je einen Liter faßten.

„Spülen Sie sie aus", wies mich die Kaiserin an. Ich schwenkte die Krügel aus, der Schenk füllte sie mit Bier und dann nahm sie sowohl wie ich das schaumüberflossene Gefäß in die Hand.

297

,,Fangen Sie nur an'', ermutigte sie mich, ihr Krügel an die Lippen führend.

Doch all mein Bemühen war vergeblich, mein Krügel wollte nicht leer werden, obschon ich mehrfache Anläufe dazu nahm. Als sie sah, daß ich dem bitteren Tranke nicht beikommen konnte, sagte sie lachend: ,,Mein Lieblingsgetränk ist diese braune Flüssigkeit auch nicht, doch es gehört schon zu meinen Traditionen, in München dem bayerischen Biere die Ehre meines Besuches anzutun.'' Unser Gespräch wurde plötzlich gestört; jemand begrüßte die Kaiserin mit großer Reverenz. Man erkannte sie, und wir suchten rasch hinauszukommen.''

In Nauheim findet die Kaiserin nur Dinge vor, die sie nicht leiden kann: ,große Hitze, furchtbaren Staub, neugierige Menschen und einen strengen Arzt'.

Der sie behandelnde Arzt will von ihrem Herzen eine Röntgenaufnahme machen, was sie sofort ablehnt. ,Sie läßt sich nicht bei lebendigem Leibe sezieren'.

Ihre Kur hält sie jedoch ein. Sie nimmt artesische Bäder, macht Muskelübungen zur Anregung der Herztätigkeit, strenge Diät, lange Ruhepausen und wenig Bewegung!

Hier kann sich die Kaiserin nicht wohlfühlen und sie schreibt an Valérie:

,, . . . Sag dem Widerhofer, ich hätte nie gedacht, daß es hier so entsetzlich ist. Ganz gemütskrank bin ich. Selbst Barker findet, daß kein großer Unterschied ist mit dem Sommer in Alexandria. Von einem Tag zum andern vegetiere ich, schleppe mich zu den seltenen schattigen Plätzen hin, selten Wagenfahrt mit Irma, doch quälen mich der Staub und die Fliegen . . .''

Elisabeth wahrt zwar das strengste Inkognito, empfängt aber den Großherzog von Hessen mit Gattin, die Kaiserin Friedrich und den Kaiser Wilhelm II. Er sagt ihr, daß nicht nur seine Grauschimmel ungarischer Rasse wären, sondern auch sein Kutscher ein Magyar sei, den er nur für den Zweck nach Nauheim mitgenommen hatte, daß er seine Königin sehen könne. Franz Josephs Sorgen haben

298

sich unterdessen vermehrt, er hat nun zwei Patientinnen zu betreuen, auch Katharina Schratt kränkelt und kurt. Elisabeth erfreuen jedoch die Zeilen des Gatten, schreibt er doch über die Kur der Freundin in Kissingen:

„ . . . Die Freundin, welche Dir die Hände küßt und für den Thee dankt, fand ich gut aussehend, mit guten Farben, magerer geworden und heiter, nur klagt sie über die Nerven und über schlechten Schlaf. Die Kissinger Cur scheint ihr gut gethan zu haben, obwohl sie Sotiers Weisungen nicht genau befolgte, viel zu viel Bewegungen machte, zu viele Besuche hatte und zu wenig aß. Auch machte ihr Sotier in dieser Beziehung viel Vorwürfe, fand, daß sie ebenso wenig folgsam sei, wie Du und sagte, daß sie eine Kaiserin Nro. 2 sei. Die ersten acht Tage ihres Kissinger Aufenthaltes war die Freundin in so désperater Stimmung und fand den Ort und die Gegend so entsetzlich, daß sie durchgehen wollte, später gewöhnte sie sich an den Aufenthalt, war nur sehr nervös und sehr leidend. Sie hat die ganze Gegend durchwandert, war sehr oft im Klaushofe und badete immer in der Saline . . . Du wirst befriedigt sein zu hören, daß die Freundin die Absicht hat, ein anderes Mal wieder nach Kissingen zu gehen, denn so wenig ihr die dortige Gegend und Existenz gefallen hat, so entzückt ist sie vom Wasser und besonders von den Bädern in der Saline und von der vortrefflichen, die Nerven beruhigenden Luft, auch glaubt sie, daß ihr die Cur trotz aller Unregelmäßigkeiten, welche sie sich erlaubte, gut gethan hat . . .“

Doktor Widerhofer kommt von Wien angereist und untersucht im Auftrag des Kaisers die Kaiserin. Er ist mit dem Ergebnis sehr zufrieden, was besagt, daß die Kaiserin Nauheim erfolgreich absolviert hat und wieder nach ihrem Gusto auf Reisen gehen kann.

In Frankfurt promeniert sie mit ihrer Hofdame im Palmengarten und denkt voller Amusement an den kurzen Aufenthalt in Bad Homburg zurück, wo ihnen ein Kellner im Parkhotel unbedingt den Verzehr einer ganzen Poularde ausgeredet hatte und ihnen ‚nur‘ Portionen servierte. Außerdem entging sie einer kurzen ‚Gefangennahme' in der Wachtstube des Schlosses, wo man ihr nicht glaubte, daß sie die Kaiserin von Österreich sei und sie die Kaiserin Friedrich persönlich aus dem Gewahrsam ihrer Wache befreien mußte. Sie besuchen das Frankfurter ‚Löwenbräu' und trinken ein Bier. Sie erreichen zu Fuß den Bahnsteig, wo der Sonderzug in die Schweiz wartet. Sie steigt unerkannt in den Zug, und das Frankfurter Publikum wundert sich, daß dieser ohne die Kaiserin abfährt.

„Jenseits ist Friede und Glückseligkeit"
Der Tod der Kaiserin

Am 30. August kommt sie in Caux an. Am nächsten Tag stellt sie einen Plan für die Ausflüge auf. Der erste Weg führt nach Aix-les-Bains. Der Dreitausender ‚Dent du midi' erinnerte sie an den heimatlichen Dachstein.

Die Kaiserin weiß nicht, daß die schöne Schweiz, ‚beau pays enchanteur de la Suisse', wie sie Barker in einem Brief an die Erzherzogin Valérie nennt, als Republik die Zuflucht vieler mit den Monarchien Unzufriedener darstellt. Besonders unter den Gastarbeitern lebt der anarchistische Gedanke auf und wird von Wirrköpfen verschiedener Nationalitäten genährt.

Am Nachmittag bespricht die Kaiserin mit ihrer Hofdame den geplanten Ausflug nach Genf. Die Gräfin Sztáray bemerkt, daß der Obersthofmeister dieser Fahrt mit einigen Sorgen entgegensieht.

„Warum?", fragt Elisabeth und die Gräfin entgegnet:

„Weil es in Genf viel Gesindel gibt und er deshalb lieber sähe, wenn Euere Majestät wo immer hin gingen, nur nicht nach Genf."

„Sagen Sie Berzeviczy, seine Besorgnisse seien einfach lächerlich. Was könnte mir Genf schaden?", ist ihre Antwort.

In Caux genießt sie einen besonders schönen Sonnenuntergang. Auf dem Weg zum Bahnhof folgen ihr viele Neugierige, und sie steigt schnell die Stiege zur Station hinauf, und es stellt sich wieder das Herzklopfen ein wie vor ihrer Kur in Nauheim.

Für den Bau des neuen Postamtes in Lausanne hat man meistens italienische Bauarbeiter engagiert, da diese in ihrem Fach einen besonders guten Ruf genießen. Eines Tages wird einer der Arbeiter mit einer Fußverletzung im Krankenhaus eingeliefert. Er ist 26 Jahre alt und heißt Luigi Lucheni. Man findet bei ihm ein Notizbuch mit anarchistischen Liedern. Auf einem Blatt ist ein Totschläger abgebildet, auf dem gekritzelt ist: ,Anarchia per Umberto I.'. Man meldet dies zwar der Polizei, diese findet darin jedoch kein Motiv, den Mann zu verhaften.

Elisabeth reist nach Rochers de Nay und Evian. Bis Territet fährt sie mit der Bahn, dann fahren sie mit dem Schiff über den Genfer See bis Ouchy. Auf dem Heimwege bespricht sie mit ihrer Hofdame die weiteren Ausflüge und kommt dabei auch auf eine Einladung bei der Baronin Rothschild in Pregny zu sprechen. Man bietet ihr für diesen Besuch eine Privatjacht an. Elisabeth lehnt jedoch ab, sie will mit dem gewöhnlichen Liniendampfer reisen.

Sie gibt der Gräfin den Auftrag, im Hotel Beau Rivage in Genf Logis für drei Frauen und einen Lakai zu bestellen.

Luigi Lucheni hat seine Eltern nie gekannt. Seine Mutter ist als Achtzehnjährige aus dem Appenin nach Paris geflohen, um dort unbemerkt ihr uneheliches Kind auf die Welt zu bringen. Nach der Geburt schlich sie sich aus dem Krankenhaus und wanderte nach Amerika aus. Das Waisenkind war schon mit neun Jahren als Streckenarbeiter tätig. Jahrelang wandert er durch verschiedene Länder und nimmt Beschäftigungen eines Gelegenheitsarbeiters an. In Italien wird er zum Militär eingezogen und macht 1896 den Feldzug in Abessinien mit. Seine Führung ist ausgezeichnet. Im Dezember 1897 wird er nach vollendeter Dienstzeit entlassen. Sein Schwadronskommandant, der Prinz d'Aragona stellt ihn bei sich als Diener ein. Verfrüht bittet er um eine Lohnaufbesserung, die ihm der Prinz verweigert, worauf Lucheni übereilt kündigt. Schon am nächsten Tag will er wieder eingestellt werden, was der Prinz jedoch ablehnt, weil er für einen Diener ,zu wenig fügsam wäre'. Er beginnt wieder sein unstetes Wanderleben, bleibt aber mit dem Hause d'Aragona in brieflicher Verbindung, besonders mit der Gattin des Offiziers, die vergeblich versucht, bei ihrem Manne für ihn ein gutes Wort einzulegen.

Am 7. September ist die ,große Haarwaschung' der Kaiserin, das bedeutet fast einen Tag Beschäftigung für die Damen. Die Hofda-

302

me redet erneut auf Elisabeth ein, den Rat Berzeviczys zu befolgen und nicht nach Genf zu gehen, oder sie möge wenigstens noch einen Herrn der Reisebegleitung mitnehmen.

Der Kommentar der Kaiserin:

,,Ich sehe schon, daß der stets besorgte Berzeviczy für mein Leben fürchtet, aber was könnte mir denn in Genf zustoßen? Nun gut, ich weiß, daß Berzeviczy auch eine gewisse Verantwortung trägt; sagen Sie ihm also, daß ich ihm zuliebe, aber auch nur ihm zuliebe, Sekretär Komar mit mir nehme, obschon ich nicht weiß, was er mir nützen könnte, wenn er, während ich spazieren gehe, im Hotel ruht.''

Lucheni wandert am 31. März 1898 über den St. Bernhard in die Schweiz. Unterwegs trifft er schon genügend aufrührerische Gesellen und erhält Einblick in anarchistische Zeitungen. Man ruft zur Zerstörung des alten Systems auf:

Nieder mit den Monarchien . . . es lebe die Anarchie. Es fehlt nur der ‚große' Mann, der eine Tat ausführt, die den Stein der Veränderung ins Rollen bringt. Die anarchistischen Kreise, in denen der Italiener in der Schweiz verkehrt, betrachten den ehrgeizigen und sehr eitlen Mann mit Interesse. Man redet ihm ein, ein Fürst, ein König oder ein Kaiser müsse sterben, daß die Welt sieht, daß diese Nichtstuer nichts sind ‚vor dem Willen des Volkes, vor dem Stahl in der Hand eines kühnen Mannes'. Vorerst soll der König Umberto von Italien ermordet werden, und Lucheni leitet die ersten Schritte ein: Er schickt Briefe und anarchistische Zeitungen an einen Regimentskameraden nach Neapel.

Der achte September ist ein Marientag. Elisabeth sendet an Valérie ein Glückwunschtelegramm zu ihrem Namenstag.

Die Baronin Rothschild telefoniert mit der Hofdame und bietet nochmals ihre Yacht an.

Am neunten September um acht Uhr fährt die Kaiserin mit dem Liniendampfer nach Pregny. Ein herrliches Herbstwetter heitert ihre Stimmung auf. Sie denkt sogar an den gestrengen Arzt in Nauheim zurück und meint:

,,Noch eine solche Kur und Sie werden sehen, ich kann mich auf die größten Seereisen begeben, dann wollen wir nach den Kanarischen Inseln und noch einmal das verlassene Achilleion aufsuchen.''

Wie gerne würde sie den Kaiser an ihrer Seite wissen, doch er schrieb ihr ja:

,, . . . Wie glücklich wäre ich, wenn ich, Deinem Wunsche gemäß, einige Zeit in Ruhe alles das genießen und Dich nach so langer Trennung wieder sehen könnte; allein daran kann ich leider jetzt nicht denken, denn außer der so schwierigen inneren politischen Lage ist bereits die ganze zweite Septemberhälfte für Jubiläumsfeste, Kircheneinweihungen und Besichtigungen der Ausstellung in Anspruch genommen . . .''

Punkt zwölf Uhr ist sie in Genf. Mit einem Wagen fährt sie weiter nach Pregny. Auf dem Dach der Villa der Baronin Rothschild weht die Habsburger Flagge. Die Hofdame macht die Gastgeberin auf das Inkognito der Kaiserin aufmerksam, und die Flagge wird wieder eingezogen. Während des Déjeuners spielt ein unsichtbares Orchester italienische Musik. Der Tisch ist mit Alt-Wiener Porzellan gedeckt. Nach dem Déjeuner wird Champagner gereicht und die Menukarte. So wie aus Kissingen Valérie die Karte des Menus vom Klaushof an den Kaiser sandte, bittet die Kaiserin ihre Hofdame, ihre Karte an den Kaiser weiterzuleiten.

Die Einrichtung der Villa beeindruckt die Kaiserin sehr, und auch der Garten erfreut sie. Die Baronin bringt nach der Besichtigung ihr Gästebuch und bittet Elisabeth um einen Eintrag. Sie ergreift die Feder und setzt ihren Namenszug hinein. Hierauf reicht man der Gräfin Sztáray das Buch, sie klappt es auf und ihre Blicke erstarren, die aufgeschlagene Seite trägt den Namenszug des toten Kronprinzen Rudolf . . .

Die Baronin bemerkt die unvermutete Erschütterung der Hofdame und klappt das Buch wieder zu, ohne daß Elisabeth den Grund der unerwarteten Erinnerung bemerkt.

304

Gegen fünf Uhr nachmittags verlassen sie die Villa. Auf dem Nachhauseweg äußert die Kaiserin:

,,Ich bedauere es beinahe, daß ich die Bitte der Baronin, mich photographieren zu lassen, nicht erfüllte. Doch schon seit dreißig Jahren habe ich mich vor keinen Apparat gesetzt und ich halte dafür, daß man, wenn man Prinzipien besitzt, die häufig nur ein Schutzwall für die eigenen Schwächen sind, sie auch zu befolgen hat.''

Die Kaiserin ist sehr heiter an diesem wolkenlosen Tag. Trotzdem bringt sie am Ende des Gespräches das Thema auf den Tod. Sie äußert sich:

,,Ich aber fürchte ihn, obschon ich ihn oft ersehne, doch dieser Übergang, diese Ungewißheit macht mich zittern und besonders der furchtbare Kampf, den man bestehen muß, ehe man dahin gelangt.''

Die Gräfin möchte dieses traurige Thema beenden und folgert:

,,Jenseits ist Friede und Glückseligkeit.''

Und die Kaiserin fragt erstaunt:

,,Woher wissen Sie das? Von dort ist ja noch kein Wanderer zurückgekehrt!''

Lucheni hetzt seine Kameraden in Neapel auf und sendet gleichzeitig Briefe an die d'Aragonas, ihn wieder einzustellen. Der Prinz hat von der Zusendung der Zeitungen erfahren und verweigert ausdrücklich die erneute Einstellung Luchenis. Dieser wird dadurch immer erbitterter, und er begibt sich auf die Suche nach einer Waffe. Er will sich einen Revolver ausleihen, was ihm nicht gelingt. Auf einem Trödlermarkt kauft er sich für ein paar Sous eine rostige Eisenfeile. Ende August berichten die Schweizer Zeitungen von der bevorstehenden Ankunft der Kaiserin von Österreich. Er denkt nur an das große Reich, das diese Frau repräsentiert, und er macht sich auf nach Genf.

Nachdem sie im Hotel ,Beau Rivage' in Genf abgestiegen ist, wandert Elisabeth mit der Gräfin Sztáray durch die Stadt. Sie gehen

Die Kaiserin und Gräfin Sztáray in Territet (1898)

über die Mont-Blanc-Brücke und betrachten das herrliche Panorama der Stadt am See. Vorwurfsvoll sagt sie zu ihrer Hofdame: „Ich verstehe Sie wirklich nicht, Irma, warum Sie diese Stadt nicht mögen; sie ist ja so schön, wie kann sie Ihnen also unsympathisch sein? Ich liebe Genf sehr."

Sie suchen einen Konditor auf, der ihnen die letzten drei Portionen Eis serviert. In einem Antiquitätengeschäft erwirbt sie für Valérie ein Tischchen, das sie ihr zu Weihnachten schenken möchte.

Im Hotel angekommen, schreibt sie noch einen Brief. Das Fenster bietet einen schönen Ausblick auf den See; draußen schmettert ein italienischer Straßensänger seine Lieder durch die Nacht und das Zimmer wird vom Mondlicht und vom Leuchtturm hell erstrahlt.

Am zehnten September um neun Uhr meldet sich die Hofdame bei der Kaiserin, die sich gerade frisieren läßt. Sie gibt Order für die Abreise, und daß sie in einem Musikgeschäft ein Orchestrion hören möchte. Um elf Uhr verlassen die Damen das Hotel und gehen in den Musikladen. Sie hören Aufnahmen aus Aida, Carmen, Rigoletto, Lohengrin und Tannhäuser; während die Musik aus der Wagneroper spielt, sagt sie:

„Ich liebe sie mehr als Lohengrin, es liegt in ihrer Musik etwas Mystisch-Fatalistisches wie im Geschicke ihres Helden."

Sie kauft einen Apparat für ihre Tochter Valérie und die Kinder. Der Ladenbesitzer legt sein Gästebuch vor und die Kaiserin beauftragt ihre Hofdame, in ungarischer Sprache Königin Elisabeth hineinzuschreiben. Ins Hotel zurückgekehrt, bestellt die Kaiserin noch ein Glas Milch und fordert ihre Hofdame auf, dieses herrliche Getränk zu versuchen, doch diese drängt, das Hotel zu verlassen. Vor dem Ausgang verbeugen sich zwei Hotelbedienstete tief. Die beiden Damen schreiten bald am fast menschenleeren Seeufer entlang.

Lucheni befand sich in den letzten Tagen auf der Suche nach der Kaiserin. Er sucht sie in Evian, besorgt sich dort eine Fremdenliste der Tage vom dritten bis fünften September. Am achten ist er in Genf. Er muß wissen, daß sie am nächsten Tag dort ankommt,

denn er treibt sich in der Gegend des ,Beau Rivage' und der Boots-
haltestellen herum. Erst am zehnten steht in den Morgenblättern,
daß die Kaiserin in Genf verweilt und unter dem Inkognito Gräfin
Hohenembs im Hotel ,Beau Rivage' abgestiegen ist. Ab neun Uhr
früh hält er seinen Beobachtungsposten in der Nähe des Hoteleinganges belegt. Als Elisabeth zum ersten Mal das Hotel verläßt, ist er
gerade zum Essen gegangen.

Die Kaiserin weist auf zwei blühende Kastanienbäume am Ufer hin
und sagt zur Gräfin:

,,Sehen Sie, Irma, die Kastanien blühen. Auch in Schönbrunn gibt
es solche zweimal blühenden, und der Kaiser schreibt mir, daß
auch sie in voller Blüte stehen.''

An der Abfahrtsstelle ertönt das Schiffssignal.

Lucheni hat beobachtet, wie der Diener mit dem Gepäck der Kaiserin zum Landesteg lief. Jetzt weiß er, ihr Dampfer fährt um ein
Uhr 40 Minuten. Er sieht die Türe des Hotels aufgehen, zwei Damen treten auf die Straße, sieht die zwei sich tief verbeugenden
Männer.

Die Augenzeugin Gräfin Sztáray berichtet über die nun eintretenden schicksalshaften Ereignisse:

,,In diesem Moment erblicke ich in ziemlicher Entfernung einen
Menschen, der, wie von jemandem gejagt, hinter einem Baume am
Wegrande hervorspringt und zum nächststehenden anderen läuft,
von da zu dem eisernen Geländer am See hinübersetzt, sodann
abermals zu einem Baume und so, kreuz und quer über das Trottoir huschend, sich uns naht. ,,Daß der uns auch noch aufhalten
muß'', denke ich unwillkürlich, ihm mit den Blicken folgend, als
er aufs neue das Geländer erreicht, und von da wegspringend,
schräge auf uns losstürmt.

Unwillkürlich tat ich einen Schritt vorwärts, wodurch ich die Kaiserin vor ihm deckte, allein der Mann stellt sich nun wie einer, der
arg strauchelt, dringt vor und fährt im selben Augenblicke mit der
Faust gegen die Kasierin.

308

Als ob der Blitz sie getroffen hätte, sank die Kaiserin lautlos zurück und ich, meiner Sinne nicht mächtig, beugte mich mit einem einzigem verzweiflungsvollen Aufschrei über sie hin. — Vater im Himmel! Wenn ich dereinst vor Dir stehe, um Dir Rechenschaft zu geben von meiner Seele, dann wirst Du eingedenk sein dieses entsetzlichen Augenblickes. —

Alle Qualen des Todes durchzucken mich und statt meiner gelähmten Lippen schrie meine niedergeschmetterte Seele zum Erlöser um Barmherzigkeit.

Und dann war mir, als tue sich vor mir der Himmel auf. Die Kaiserin schlug die Augen auf und sah um sich. Ihre Blicke verrieten, daß sie bei vollem Bewußtsein war, dann erhob sie sich, von mir gestützt, langsam vom Boden. Ein Kutscher half mir, der Himmel segne ihn dafür!

Wie ein Wunder erschien es mir, als sie jetzt gerade aufgerichtet vor mir stand. Ihre Augen glänzten, ihr Gesicht war gerötet, ihre herrlichen Haarflechten hingen, vom Falle gelockert, wie ein lose gewundener Kranz um ihr Haupt, sie war unaussprechlich schön und hoheitsvoll.

Mit erstickter Stimme, da die Freude den Schrecken überwand, fragte ich sie: ,,Was fühlen Majestät? Ist Ihnen nichts geschehen?"

,,Nein", antwortete sie lächelnd, ,,es ist mir nichts geschehen."

Daß in jener gottverfluchten Hand sich ein Dolch befunden, ahnten in diesem Augenblicke weder sie noch ich.

Inzwischen waren von allen Seiten Leute herbeigeströmt, die sich über den brutalen Angriff entsetzten und mit Teilnahme die Kaiserin fragten, ob sie keinen Schaden genommen.

Und sie, mit der herzlichsten Freundlichkeit, dankte jedem in seiner eigenen Sprache, deutsch, französisch, englisch, für die Teilnahme, bestätigte, daß ihr nichts fehle, und gestattete mit herzlicher Bereitwilligkeit, daß der Kutscher ihr bestaubtes Kleid abbürstete.

Währenddessen war auch der Portier des Beau Rivage zur Stelle gelangt, er hatte vom Tore aus die schreckliche Szene mitangesehen und bat dringendst, ins Hotel zurückzukehren.

,,Warum?'', fragte die Kaiserin, während sie ihr Haar in Ordnung zu bringen versuchte, ,,es ist ja nichts geschehen, eilen wir lieber aufs Schiff.''

Sie setzte unterdessen, obschon es ihr nicht recht gelungen war, ihr Haar in Ordnung zu bringen, den Hut auf, nahm Fächer und Schirm, grüßte freundlich das Publikum und wir gingen.

,,Sagen Sie, was wollte denn eigentlich dieser Mensch?'', fragte sie unterwegs.

,,Welcher Mensch, Majestät, der Portier des Hotels?''

,,Nein, jener andere, jener furchtbare Mensch!''

,,Ich weiß es nicht, Majestät, aber er ist gewiß ein verworfener Bösewicht.''

,,Vielleicht wollte er mir die Uhr wegnehmen'', sagte sie nach einer Weile.

Frisch und elastisch schritt sie neben mir her, ihre Haltung schien ungebrochen und sie lehnte meinen Arm ab. Nach einer Weile wendete sie sich zu mir. ,,Nicht wahr, jetzt bin ich blaß?'' ,,Ein wenig'', antwortete ich, ,,vielleicht vom Schrecken.''

— Mittlerweile kam uns der Portier mit der Neuigkeit nachgeeilt, daß man den Missetäter ergriffen habe.

,,Was sagt er?'', fragte die Kaiserin.

Als ich antwortete und sie ansah, bemerkte ich, daß ihre Züge sich schmerzlich veränderten.

Erschrocken bat ich sie, sie möchte mir die Wahrheit sagen, was sie fühlte und ob sie keine Schmerzen hätte, und während sie scheinbar leicht ihren Weg fortsetzte, hing ich mit tödlicher Besorgnis an jedem ihrer Schritte.

,,Ich glaube, die Brust schmerzt mich ein wenig'', sagte sie, ,,doch bin ich dessen nicht sicher.''

Wir gelangten in den Hafen. Auf der Schiffsbrücke ging sie noch leichten Schrittes vor mir her, doch kaum hatte ich das Schiff betreten, als ihr plötzlich schwindelte.

310

„Jetzt ihren Arm", stammelte sie mit erstickender Stimme. Ich umfing sie, konnte sie aber nicht halten, ihren Kopf an meine Brust pressend, sank ich ins Knie. — „Einen Arzt! Einen Arzt! Wasser!", schrie ich dem zu Hilfe eilenden Lakai entgegen.

Die Kaiserin lag totenbleich mit geschlossenen Augen in meinen Armen.

Der Lakai und andere stürzten mit Wasser herbei.

Als ich ihr Antlitz und Schläfe besprengte, öffneten sich ihre Augenlider und mit Entsetzen erblickte ich hinter ihnen den Tod.

Ich habe ihn schon oft gesehen und jetzt erkannte ich ihn in den verglasten Augen.

Diese furchtbare Last, die mich unter die Erde drücken wollte, ist seine Last; diese Kälte, die mein Herz erstarren macht, sie ist seine Kälte.

Ich dachte an Herzschlag.

Ein Herr machte mich aufmerksam, daß wir uns in der Nähe der Maschine befänden, und es besser wäre, die Dame aufs Deck zu bringen, wo sie rascher zu sich kommen würde.

Mit Hilfe zweier Herren trugen wir sie also aufs Verdeck und legten sie auf eine Bank.

„Einen Arzt! Einen Arzt! Ist kein Arzt auf dem Schiffe?", rief ich den Umstehenden zu, worauf ein Herr hervortrat und mir die Hilfe seiner Gattin anbot, die halb und halb Ärztin sei und sich auf die Krankenpflege verstehe.

Madame Dardelle ließ Wasser und Eau de Cologne bringen und machte sich sogleich an die Wiederbelebung der Kaiserin. Sie ordnete an; ich schnitt ihre Miederschnüre auf, während eine barmherzige Schwester ihre Stirne mit Eau de Cologne rieb.

Inzwischen war das Schiff abgefahren, aber trotz seiner Bewegung nahm ich wahr, wie die Kaiserin bemüht war, sich zu erheben, damit ich das Mieder unter ihr hervorziehen könnte. Dann schob ich ein in Äther getauchtes Stückchen Zucker zwischen ihre Zähne und ein Hoffnungsstrahl durchzuckte mich, als ich hörte, daß sie ein- oder zweimal darauf biß.

Die Mordfeile, aus dem Archiv der Generalprokuratur in Genf

Auf dem in Bewegung befindlichen Schiffe wehte kühle Seeluft und trug dazu bei, daß die unter den peinlichsten Zweifeln unternommenen Belebungsversuche Erfolg hatten.

Die Kaiserin öffnete langsam ihre Augen und lag einige Minuten mit herumirrenden Blicken da, als wollte sie sich orientieren, wo sie sei und was mit ihr geschehen war. Dann erhob sie sich langsam und setzte sich auf. Wir halfen ihr dabei und sie hauchte, gegen die fremde Dame gewendet: ,,Merci''.

Ein ermutigender Lichtstrahl fiel aus der Höhe auf mich herab, allein meine Seele fühlte schon den eisigen Hauch der schwarzen Wogen und ahnte das Nahen der großen unendlichen Nacht. Obgleich die Kaiserin sich aus eigener Kraft sitzend erhielt, sah sie doch sehr gebrochen aus.

Ihre Augen waren verschleiert und unsicher schwankend strich ihr trauriger Blick umher.

Die Passagiere des Schiffes, die uns bisher umstanden hatten, zogen sich zurück und nur wir vier blieben um die Kaiserin:

Madame Dardelle, die Klosterfrau, ich und der treue Lakai, dem ich meine Aufträge ungarisch geben konnte.

Vor der Kaiserin knieend, beobachtete ich mit Spannung ihre Züge und flehte zum Himmel um Barmherzigkeit.

Ihre Blicke suchten den Himmel, dann blieben sie am Dent du Midi haften und, von da langsam herabgleitend, ruhten sie auf mir, um sich für ewig meiner Seele einzuprägen.

,,Was ist denn jetzt mit mir geschehen?''

Das waren ihre letzten Worte, dann sank sie bewußtlos zurück.

Ich wußte, daß sie dem Tode nahe war. —

Rasch schnitt ich die um meinen Hlas hängende Medaille der Marienkongregation ab, legte sie auf ihr Herz und flehte zur heiligen Jungfrau, ihre Seele zur großen Reise vorzubereiten.

Consolatrix afflictorum! — Inzwischen labte Madame Dardelle sie mit Äther.

Die Kaiserin trug ein kleines schwarzes Seidenfigaro, das ich, um ihr auch diese Erleichterung zu verschaffen, über die Brust öffnen

313

wollte. Als ich die Bänder auseinanderriß, bemerkte ich auf dem darunter befindlichen Batisthemde in der Nähe des Herzens einen dunklen Fleck in der Größe eines Silberguldens. Was war das? Im nächsten Augenblicke stand die lähmende Wahrheit klar vor mir. Das Hemd beiseite schiebend, entdeckte ich in der Herzgegend eine kleine, dreieckige Wunde, an der ein Tropfen gestockten Blutes klebte. — —

Lucheni hat die Kaiserin erdolcht.

Und angesichts der grausen Wirklichkeit erhob ich meine Seele zu unserem Herrn Jesus Christus, zu unserem Erlöser, der für uns den Martertod erlitten, und erflehte nichts anderes von ihm, als das eine, daß ich die Kraft haben sollte, mein Kreuz zu tragen.

Ich mußte handeln.

Ich ließ den Schiffskapitän zu mir bitten. „Mein Herr", sagte ich zu ihm, „auf ihrem Schiffe liegt tödlich verwundet die Kaiserin Elisabeth von Österreich, Königin von Ungarn. Man darf sie nicht ohne ärztlichen und kirchlichen Beistand sterben lassen, bitte kehren sie sofort um." Der Kapitän gehorchte stumm und nahm die Richtung gegen Genf.

Jetzt schrieb ich zwei Depeschen an Berzeviczy und an Kromar, diese übernahm Herr Dardelle, um sie, wenn wir das Ufer erreichten, sofort aufzugeben.

Die Kaiserin war in Agonie.

Ich kniete vor die Bank hin, auf der sie lag, und betete.

„Es ist zu Ende", hörte ich von allen Seiten.

Wir fuhren in den Hafen ein, legten die Kaiserin auf ein improvisiertes Tragbrett, welches sechs Männer hoben.

Bevor wir uns in Bewegung setzten, breitete ich ihren großen schwarzen Mantel über sie. Die Agonie war sanft, ohne jedes Zeichen des Kampfes, doch in diesem Augenblicke wandte sie unruhig den Kopf zur Seite.

Wir schritten ihr zu Häupten, auf der einen Seite ich, auf der anderen ein Herr, der den weißen Schirm der Kaiserin ausgebreitet über ihr Haupt hielt.

314

Hinter uns drein und um uns her erregte Menschenmassen, die das Schiff zurückkehren gesehen und Böses ahnend, sich zusammenscharten.

Herzzerreißend war diese traurige Rückkehr dorthin, von wo die Kaiserin vor kaum einer Stunde heiteren Gemütes ausgegangen war.

In ihr Zimmer gelangt, legten wir sie aufs Bett. Doktor Golay war schon zur Stelle, bald darauf kam der zweite Arzt. Außer diesen waren ich, Frau Mayer, die Gattin des Hoteliers und eine im Hotel weilende englische Pflegerin zugegen.

Ich zeigte Doktor Golay die Wunde. Er konnte mit seiner Sonde nicht mehr eindringen, weil die Wundöffnung sich nach der Entfernung des Mieders von ihrer ursprünglichen Stelle verschoben hatte. ,,Es ist gar keine Hoffnung'', sprach der Arzt nach einer Weile.

Ich wußte das ohnedies, aber als ich es jetzt so trocken und sachlich aussprechen hörte, überlief es mich eisig, und mechanisch, mit klappernden Zähnen, sprach ich es nach: ,,Gar keine Hoffnung!''

Und doch bat ich die Ärzte flehentlich, Belebungsversuche zu machen. Es war alles vergebens. Sie lebte noch, doch atmete sie kaum mehr.

Jetzt kam der Priester und gab die Generalabsolution. War da noch Leben in ihr? Oder hatte sich ihre erhabene Seele zum Himmel emporgeschwungen, ohne den Segen abzuwarten, sicher, daß an der Himmelspforte der Segen, dessen sie erwartete, der unser aller Herr ist?

Um zwei Uhr 40 Minuten sprach der Arzt das furchtbare Wort aus. Die schönste, edelste Seele, die am schwersten geprüfte von allen, hatte die Erde verlassen und ihr Entschwinden bezeichnete man mit dem einzigen kurzen Worte: Tot! —''

Ein Sonnenstrahl dringt in den Raum und beleuchtet kurz das Antlitz der toten Kaiserin, leuchtet jedes Fältchen, jeden Leidenszug aus, aber auch einen neuen Ausdruck, den des Friedens, der die ruhelose Kaiserin erreicht hat.

Harry Graf Kessler fand auf Mallorca, beim Anblick des Besitzes des Erzherzogs Ludwig Salvator, Worte der Bewunderung über das Sterben der letzten Habsburger, während die letzten Hohenzollern von ihm ein vernichtendes Urteil erhalten:

,, . . . Überhaupt haben die letzten Habsburger verstanden, in Schönheit zu sterben; Maximilian von Mexico, die Kaiserin Elisabeth, der Erzherzog Rudolf, hier der Erzherzog Ludwig Salvator, sogar das bescheidene Grab des letzten Kaisers in der kleinen Dorfkirche auf Madeira nötigen zu einem ästhetischen Respekt, während die letzten Hohenzollern jeder Ästhetik, ja der menschlichen Achtung mit ihrer Rohheit, Feigheit, Wüstheit und Geschmacklosigkeit geradezu ins Gesicht schlagen; die letzten Habsburger enden wie Gentlemen, die letzten Hohenzollern wie Rollkutscher.''

Der Kaiser hält sich an jenem verhängnisvollen Tag in Schönbrunn auf. Dieser Brief sollte sie nicht mehr erreichen:

,,Schönbrunn den 10. Sept. 1898

Édes szeretett lelkem (meine süße, geliebte Seele),

Da ich heute in Schönbrunn bleibe und daher mehr freie Zeit habe, so will ich doch noch einige Zeilen an Dich richten, um Dir beiliegenden Brief Valéries, den ich gestern erhielt zu senden . . . Sehr erfreut hat mich die bessere Stimmung, die Deinen Brief durchweht und Deine Zufriedenheit mit dem Wetter, der Luft und Deiner Wohnung samt Terrasse, welche einen wunderbaren Ausblick auf Berge und See gewähren muß. Daß Du dennoch eine Art Heimweh nach unserer lieben Villa Hermes gefühlt hast, hat mich gerührt . . . Heute bleibe ich hier und um 1/2 neun Uhr abends reise ich voiture, voiture . . . vom Staatsbahnhofe ab.

Isten veled szeretett angyalom (Adieu, geliebter Engel).

Dich von ganzem Herzen umarmend.

Dein Kl(einer)''

Den Tag verbringt Franz Joseph wie immer an seinem Schreibtisch und später mit den Vorbereitungen für seine Fahrt zu den Manövern.

316

Da meldet sich Graf Paar, er kommt mit einem Telegramm aus der Hofburg. Er bereitet den Kaiser auf eine schlechte Nachricht vor, Franz Joseph springt auf und sagt: ,,Aus Genf? . . .''
Da kommt schon ein Adjutant mit einem zweiten Telegramm.
Beim Öffnen reißt es der Kaiser vor lauter Eile in der Mitte entzwei: ,,Ihre Majestät die Kaiserin soeben verschieden.''
Der Kaiser ist so erschüttert, daß er sich am Schreibtisch festhalten muß, um nicht zusammenzubrechen. Dann läßt er sich schluchzend in seinen Sessel fallen. Den Kopf auf den Schreibtisch gelegt, weint er lange und fassungslos.
Er kann nur noch stammeln:
,,Mir bleibt doch gar nichts erspart auf dieser Welt . . .''
Die Gräfin Sztáray verbringt die letzten Stunden im Sterbezimmer ihrer Herrin. Sie schlingt einen Rosenkranz zwischen ihre Finger. Neben ihr stellt sie auf einem Tisch zwischen vier brennenden Kerzen ein Kruzifix auf. Aus dem Salon bringt sie einen Strauß Herbstastern herein. Dann kommt die Behörde und vernimmt die Hofdame, der Totenbeschauer waltet seines Amtes.
,,Dann mußte ich den vollen Namen und alle Würden der Kaiserin in die Feder diktieren und hierauf bis in die kleinsten Details die Umstände der Ermordung berichten. Das war eine unaussprechliche Kraftprobe für mich. Als sie fertig waren, dankte mir der Präsident für meine traurige Zeugenschaft und ersuchte mich, bei Hofe dringende Schritte wegen der teilweisen Obduktion zu machen, da das Gesetz hierauf Gewicht lege. Daß von einer gänzlichen Obduktion keine Rede sein könne, erklärte ich schon im vorhinein.''
Sie sendet Depeschen an die Kinder der Kaiserin, an die Geschwister und die nächste Verwandtschaft.
Schon wieder erscheint eine Kommission, untersucht den Leichnam und nimmt ein Protokoll auf.
Es erscheint die Geistlichkeit mit dem Bischof von Fribourg an der Spitze, dann Klosterfrauen, um an der Leiche zu beten. Auf die Anfrage der Behörden hin, ob man an der Leiche die gesetzliche Obduktion und Sektion vornehmen dürfe, läßt der Kaiser antwor-

ten, man möge nach den Gesetzen des Landes verfahren. Die Gräfin muß bei diesem traurigen Akt anwesend sein, außerdem sind als Zeugen zugegen der österreichische Gesandte in der Schweiz, Graf Kuefstein und Graf Berzeviczy.

Man schneidet den Brustkorb auf, um die Richtung der Wunde festzustellen. Die vierte Rippe ist durchbrochen, Lunge und Herz durchbohrt.

,,Und ich sah es in der Hand des Arztes, dieses Herz voll Liebe und voll Qual, durch das der Dolch gegangen war, durch und durch, wie wir das Herz der Mater dolorosa im Bilde sehen.''

Und die Gräfin denkt an die Worte der Kaiserin:

,,Ich möchte dieser Welt entschwinden wie der Vogel, der auffliegt und im Äther verschwindet oder wie der aufsteigende Rauch, der hier vor unseren Augen blaut und im nächsten Augenblick nicht mehr ist.''

,,Ich wollte, daß meine Seele in den Himmel entflieht durch eine ganz kleine Öffnung des Herzens'', hatte sie tags zuvor der Baronin Rothschild gesagt . . .

Die Obduktion stellt fest, daß sie sich nach innen verblutete, keine Schmerzen hatte und, ohne den Tod zu ahnen, entschlafen ist.

Die Gräfin ist bei diesen Handlungen oft nahe dem Zusammenbruch und muß auch noch bei der Einbalsamierung bis zum Schluß anwesend sein.

Am nächsten Tag leistet sie der Kaiserin den letzten Dienst.

Sie legt ihr das Kleid aus schwarzer Seide an, das sie am Tage des Attentats getragen. Mit Hilfe des Arztes Dr. Golay legt sie sie in den Sarg.

,,Ihre herrlich schlanke Gestalt erschien noch gewachsen zu sein, ihre alabasterweiße Stirne war mit den aufgesteckten Zöpfen des reichen Haares wie mit einer dunkel schimmernden Krone geschmückt, in den gefalteten Händen lag ein kleines Kruzifix, und auf ihrer Brust ein großer Strauß weißer Orchideen, die das durchstochene Herz der schneeweißen Frau beschatteten.

So waren die weißen Blumen doch zu ihr gekommen!

318

Zeit des Einlaufes: 19. Mai 1897 um 6 Uhr 50 Min. Vorm. Nachm.

Zeit der Abfertigung 20 Mai 1897 um 11 Uhr — Min. Vorm. Nachm.

Tagebuch der Untersuchungen:

Band X. Seite 1759 Nro. 4499

Analytisches Laboratorium
der Ludwigs-Apotheke von Ernst Ihl in Bad Kissingen.

Bericht über eine Harnuntersuchung

für *Ihre Majestät die Kaiserin von Oesterreich.*

I. Allgemeines Verhalten des Urins:

Ausfehen: *Staubig, am Boden des Gefässes ein wenig feiner, rother Harnsand. Menge des Urins: 155 CCm.*

Farbe: *Zwischen Gelb und Rothgelb stehend.*

Reaction: *Stark sauer. — Geruch : Normal*

Specif. Gewicht: *1,023.*

Acidität (als Salzsäure berechnet) *0,1679 %*

Sediment: *In der untersten Spitze des Glases etwas rother Harnsand; darüber eine Wolke gelber, Krystallinischer Ausscheidung von geringem Umfange.*

II. Untersuchung auf aussergewöhnliche Bestandtheile:

Albumin *ist nur in äusserst schwachen, unwägbaren Spuren vorhanden.*

Hemi-Albumose *desgleichen.*

Pepton *fehlt.*

Zucker *fehlt.*

Indicanwerth nach Heilmann *17*

Aceton, Acet-Essigsäure sowie Gallenfarbstoff sind nicht nachweisbar.

=== Wenden Sie gefälligst um! ===

III. Mengenbestimmung einzelner Bestandtheile:

	In 100 Theilen ist enthalten:
Albumin	,
Zucker	,
Harnsäure	,
Harnstoff	,
Phosphorsäure	,
Verhältniss der Harnsäure zum Harnstoff	1 :

Die Mengen-Bestimmungen der Harnsäure und des Harnstoffes mussten unterbleiben, weil die verfügbare Urin-Menge hiezu nicht ausreichte.

IV. Mikroscopische Untersuchung des Sedimentes:

Ergab die nachfolgenden Bestandtheile:

Viele kleinere und grössere Harnsäure-Krystalle in Wetzstein-formen, von welchen letztere bereits bei der Entleerung des Urins vorhanden waren während erstere beim Erkalten des Urines gebildet wurden;

Leukocythen in geringer Zahl, meistens vereinzelt, mitunter auch zu Häuf'chen vereinigt;

Schleim-Gerinnsel in mässiger Menge;

Viel Pflaster-Epithel, insbesondere grosse, unregelmässig polygone, plattenförmige Zellen, sowohl einzeln als auch in zusammenhängenden Partien auftretend;

viele lange, schmale, hyaline, inhaltlose, mitunter gewundene Cylindroide;

Analytisches Laboratorium, 1897 noch Aufgabe der Apotheker

Meran, den 18 – 9 – 189 7

Hoch geehrster Herr Medizinalrath!

Ihre Majestät läßt Sie ersuchen die
Güte zu haben wieder ein Fläschchen
von Ihren Tropfen zu schicken, Sie
werden schon wissen welche, näml-
lich diese welche Sie Ihrer Majestät
zur besseren Verdauung gaben.
Ihrer Majestät geht es so ziemlich
manci mal besser, manch mal weniger,
leider die Beine und Augen sind
immer noch angeschwollen, es will
sich leider nicht gehen trotz Bäder
und Höhen-Aufenthalt. Jetzt sind
wir in Meran und I. M. nimmt eine

Schreiben der Hofdame von Meissl an Dr. Sotier

Empfehlungen des Dr. Sotier für eine Nachkur der Kaiserin in Bad Brückenau

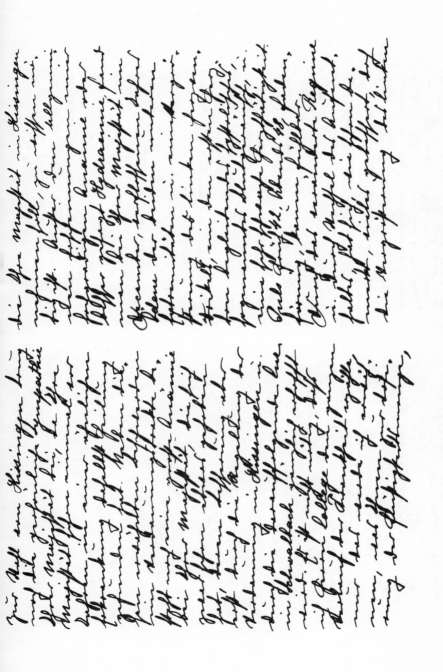

Schreiben des Wiener Hofarztes Dr. Kerzl an Dr. Sotier

Die Kaiserin verlangt auch in Budapest Pillen nach einem Kissinger Rezept

Autopsie-Bericht des Dr. Golay an Dr. Sotier

Jetzt wußte ich auch, was die Orchideen zu ihr gesagt hatten. Und nun, nachdem ich sie so schön ausgestattet, beugte ich mich über sie, in unermeßlichem Schmerze, um sie noch tausendmal zu segnen und sie endlich doch ziehen zu lassen.

Bis hierher habe ich sie geleitet — fürderhin werde ich meine teuere Kaiserin nicht mehr begleiten.

Der Sarg hat sie aus meinen Händen übernommen. Meine traurige Rolle war zu Ende. —"

Als man dem Mörder den Tod seines Opfers mitteilt, äußert er zynisch:

,,Es war auch meine Absicht, sie zu töten, ich habe direkt auf ihr Herz gezielt und bin erfreut über die Nachricht, die Sie mir geben."

Der Generalprokurator Navazza verhört Lucheni. Immer wieder betont er, daß er die Tat ganz allein durchgeführt hat, er will sich den ‚Ruhm' allein zuschreiben . . .

,,Ich habe niemals einer sozialistischen oder anarchistischen Gesellschaft angehört. Ich bin ein ‚individueller' Anarchist und habe nur mit den Gleichgesinnten überall dort verkehrt, wo ich hingekommen bin."

Auf die Frage hin, weshalb er eine Frau getötet, die ihm nie etwas angetan hat, antwortet er:

,,Im Kampf gegen die Großen und Reichen. Ein Lucheni tötet eine Kaiserin, aber niemals eine Wäscherin."

Er stellt an den schweizerischen Bundespräsidenten den Antrag, ihn nach den Gesetzen des Kantons Luzern abzuurteilen, da es dort, im Gegensatz zu Genf, noch die Todesstrafe gibt.

Er unterzeichnet mit ‚Anarchist, der allergefährlichsten einer'.

Und der ‚Anarchist' schreibt an die Gattin seines letzten Arbeitgebers, an die Prinzessin d'Aragona:

,, . . . Als wahrer Kommunist konnte ich solche Ungerechtigkeiten nicht mehr überleben, und als wahrer Menschenfreund habe ich es so zu erkennen gegeben, daß die Stunde nicht weit ist, in der eine neue Sonne allen gleichmäßig leuchten wird . . ."

Man gibt ihm nicht die Glückwunschschreiben zu lesen, die ihm anläßlich seiner Tat aus aller Welt zugesandt werden, aber auch nicht die Briefe des Hasses, die noch zahlreicher sind. So trifft ein Schreiben der Frauen und Mädchen Wiens ein, das 16 000 Unterschriften enthält und den Text:

,,Mörder, Bestie, Ungeheuer, reißendes Tier, die Frauen und Mädchen Wiens seufzen danach, Dein furchtbares Verbrechen, das Du an unserer geliebten Kaiserin begangen hast, zu rächen.

Weißt Du, reißendes Tier, was Du verdienst?!

Höre, Ungeheuer, wir wollen Dich auf einen Tisch legen — wir, die wir ein gutes Herz haben, wir könnten mit Vergnügen zuschauen, wie man Dir die beiden Arme und Füße abschnitte, um Deine Schmerzen zu versüßen, würden wir Deine Wunden mit Essig waschen und sie dann mit Salz trocknen. Wenn Du das überlebst und wieder gesundest, so könnte man etwas Ähnliches von neuem beginnen. Oder wir machen Dir einen anderen Vorschlag: Laß Dir dasselbe Instrument ebenso ins Herz stoßen, wie Du es unserer geliebten Kaiserin getan, nur langsam! Willst Du das nicht einmal versuchen? Sei verflucht während Deines ganzen Lebens, Elender, grausames Ungeheuer. Was Du ißt, bekomme Dir nicht. Dein Körper möge Dir nur Schmerzen bereiten, und Deine Augen geblendet werden. Und Du sollst leben in ewiger Finsternis. Das ist der heißeste Wunsch der Frauen und Mädchen von Wien für einen so verruchten Elenden, wie Du es bist.''

Genau einen Monat nach der Tat wird Lucheni zu lebenslänglichen Kerker verurteilt.

Der Generalprokurator sagt in seinem Schlußplädoyer:

,, . . . Er meint, man müsse alle die vernichten, die keinen festen Beruf haben. Er glaubt, sie seien die Glücklichen in diesem Leben. Und der Unglückliche ahnt nicht, daß dem Lachen und der Freude in allen Klassender Gesellschaft die Tränen auf dem Fuße folgen . . . Sie haben eine aufsehenerregende Tat begangen, als Sie mit Ihrer Feile das Herz einer sechzigjährigen Frau durchbohrten. Sie waren aber auch um so feiger, je leichter es war, sie zu treffen.''

Im Jahre 1910 wird man Lucheni tot in seiner Zelle finden, aufgehängt an seinem Ledergürtel . . .

Elisabeth tritt die letzte Reise in ihre Heimat an. Die Trauer ist nicht nur in Österreich und Ungarn groß. Die Städte sind schwarz umflort, und besonders in Budapest zeigt jedes Haus eine schwarze Fahne.

Das Leichenbegängnis erfolgt im spanischen Hofzeremoniell.

Ihr ganzes Leben lang hatte es die Kaiserin gehaßt, nun kann sie sich nicht mehr dagegen wehren.

Der Sarg langt vor der Kapuzinergruft an. Dreimal pocht der Obersthofmeister an die Tür, ehe aus der Tiefe die Stimme des Guardian ertönt:

,,Wer ist da?''

Und die Antwort heißt:

,,Kaiserin und Königin Elisabeth begehrt Einlaß.''

Hunderttausende ziehen an dem Grabe vorüber, und selbst die Tote wird zum Spielball der Politik. Man nimmt daran Anstoß, daß ,nur' ,Elisabeth, Kaiserin von Österreich' an ihrem Sarge steht, und nicht auch ,Königin von Ungarn'. Als man dies nachholt, erfolgt ein Einspruch des Oberstlandmarschalls von Böhmen, warum nicht die Bezeichnung ,Königin von Böhmen' zu lesen sei.

Gräfin Sztáray tritt ihre Audienz beim Kaiser in Schönbrunn an. Sie überreicht ihm die silberne Uhr Elisabeths samt Anhängsel und die Medaille der heiligen Jungfrau, die sie in ihrer Todesstunde am Herzen getragen. Außerdem einige der weißen Orchideen, die auf ihrem Herzen lagen, als sie in den Sarg gebettet wurde.

Noch achtzehn Jahre sollte der Kaiser seine Gattin überleben. Daß er den Zusammenbruch seines Lebenswerkes nicht mehr zu erleben brauchte, mag wie ein bescheidener Lohn des Schicksals erscheinen für das Übermaß an Aufopferung und Pflichterfüllung, das er für die Erhaltung der Monarchie aufgebracht hatte.

Die Genfer Mordtat erschütterte neben Österreich besonders Bayern, die Heimat der Kaiserin Elisabeth. Kissingen, der Ort ihrer letzten Kuraufenthalte ist besonders tief betroffen. Dr. Sotier trau-

333

ert um seine hohe Patientin; nach der Tat erreicht ihn aus Genf das Schreiben jenes Kollegen, der die Autopsie mit durchgeführt hatte. Eine Genugtuung, die keine mehr sein kann, weil sie von der gräßlichen Tat überschattet ist, erreicht den Kissinger Arzt, von einer Herzerweiterung der Kaiserin kann nicht mehr die Rede sein:

„Docteur Golay   Genève, den 12. September 1898
3. Quai de Montblanc
Geneve
Herrn Dr. Sotier, Bad Kissingen

Sehr geehrter Herr College!

Aus Anlaß des schrecklichen Attentats, dessen Opfer Ihre Majestät die Kaiserin von Österreich geworden, fragen Sie telegraphisch an, welche anatomischen und pathologischen Beschädigungen an der Stelle des Herzens durch die Augenscheinnahme nachgewiesen werden konnten.

Ich muß Ihnen sagen, daß die zu dieser Untersuchung herbeigezogenen Ärzte nicht ermächtigt worden sind, eine vollständige Autopsie vorzunehmen; sie mußten sich darauf beschränken, den Weg nachzuweisen, welchen der Dolch genommen hatte, und in bestimmter Weise Klarheit darüber zu verschaffen, ob die Verletzungen, welche er verursacht hatte, hinreichend waren, den Tod herbeizuführen. Sie werden sehen, daß in dieser Hinsicht nicht der geringste Zweifel besteht, und daß insbesonders die durch den unvermuteten Angriff hervorgerufene Aufregung keinerlei Rolle bei diesem schrecklichen Ereignisse gespielt hat. Das aufgefundene Werkzeug, welches der schändliche Mordbube als dasjenige erkennt, dessen er sich bedient hat, ist eine dreieckige Feile von elf Zentimeter Länge, sehr spitz und auf plumpe Weise in einem Griff von Fichtenholz befestigt nach Art eines Messers wie vorstehende Skizze zeigt.

Der Stoß ist mit außerordentlicher Heftigkeit geführt worden, denn das Werkzeug drang bis zu einer Tiefe von 8,5 Zentimeter in die Brust ein.

334

Am oberen Teile der linken Brust besteht eine kleine dreieckige Wunde, welche kaum drei bis vier Tropfen Blut fließen ließ.

Das Werkzeug hat die vierte Rippe gebrochen und ist sodann durch den vierten Rippen-Zwischenraum in die Brust eingedrungen; es hat den unteren Rand des oberen Lungenflügels (Lungenlappens) durchbohrt (dieser bedeckte das Herz) und traf die vordere Fläche der linken Herzkammer einen Zentimeter weit von dem absteigenden Zweige der Kranzader. Die Herzkammer ist vollständig durchbohrt, denn die hintere Scheidenwand dieser selben linken Herzkammer zeigte eine dreieckige Öffnung von ungefähr vier Millimeter Durchmesser.

Im Herzbeutel großer Erguß geronnenen Blutes.

Was nun Beschädigungen des Herzens betrifft, welche schon vor dem meuchlerischen Überfall bestehen konnten, so können wir darüber nichts sagen, da wir nicht ermächtigt waren, das Herz zu öffnen, um die Beschaffenheit der Klappen und Öffnungen zu constatieren.

Dieses Organ schien seinem äußeren Ansehen nach normal mit Ausnahme einer leichten Verfettung.

(An dieser Stelle wurde durch Dr. Sotier eine Anmerkung niedergeschrieben: ‚Also kann von einer in Nauheim vorgefundenen linken Herzerweiterung nicht die Rede sein, denn in fünf Wochen Kur heilt keine Herzerweiterung, wie Professor Schott, Nauheim, im Berliner Tageblatt behauptet.')

Ich fand diese Erklärung zu lang für ein Telegramm, auch hielt ich es für besser Ihnen zu schreiben mit dem Ausdruck meines tiefsten Abscheus gegenüber dem Verbrechen, welches dem Leben Ihrer hohen Patientin ein so plötzliches Ende bereitet hat.

Empfangen Sie, sehr geehrter Herr College, die Versicherung meiner vollsten Hochachtung,

gez. Dr. Golay"

Die Stadt Bad Kissingen hat der Kaiserin auf dem Altenberg einen Denkstein mit ihrem Brustbild gesetzt. Dort, wo sie so gerne weilte, sollte sie verewigt sein.

335

Bereits im Jahre 1923 gab es Denkmalschänder. Zu jener Zeit wurden zwei Schüsse auf das Relief abgefeuert, die Eindrücke entstellen noch heute das Antlitz der Kaiserin, die so viel litt und in Kissingen stets Erholung fand.

Das Elisabeth-Denkmal auf dem Kissinger Altenberg

Literatur

d'Albon, Eugen Baron, Unsere Kaiserin, Wien 1890, Vom Kaiser, Wien 1909

Bibl, Viktor, Der Zerfall Österreichs, Wien 1922

Böhm, Gottfried von, Ludwig II., König von Bayern, Berlin 1922

Christomanos, Konstantin, Tagebuchblätter, Wien 1899

Conte Corti, Egon Caesar, Elisabeth, die seltsame Frau, Salzburg-Leipzig 1934

Eckardstein, Hermann Freiherr von, Lebenserinnerungen und politische Denkwürdigkeiten, Leipzig 1920

Elmer, Alexander, Aus der Geheimmappe des Kaiser Franz, Wien 1926

Friedmann E. und J. Paves, Kaiserin Elisabeth, Berlin 1898

Grein, Edir, Tagebuchaufzeichnungen von Ludwig II. König von Bayern, Schaan, Liechtenstein 1925

Hohenlohe-Schillingsfürst, Fürst Chlodwig zu, Denkwürdigkeiten, Stuttgart 1905

Kessler, Harry Graf, Tagebücher 1918-1937, Frankfurt/Main 1961

Ketterl, Eugen, Der alte Kaiser, wie nur einer ihn sah, Wien 1929

Kielmannsegg, Mathilde, Baronin, Elisabeth, Wien 1902

Larisch, Marie, My past, London 1913

Mitis, Oskar von, Das Leben des Kronprinzen Rudolf, Leipzig 1928

Nostitz-Rieneck, Georg, Briefe Kaiser Franz Josephs an K. Elisabeth, Mchn.-Wien, 1966

Radowitz, Joseph Maria von, Aufzeichnungen und Erinnerungen, Berlin/Leipzig 1925

Schlagintweit, Felix, Ein verliebtes Leben, München 1945

Szeps, Julius, Kronprinz Rudolf, Politische Briefe an seinen Freund, Wien 1922

Sztáray, Irma Gräfin, Aus den letzten Jahren der Kaiserin, Wien 1909

Tschuppik, Karl, Kaiserin Elisabeth von Österreich, Wien 1930
Wolf, Georg Jacob, König Ludwig II. und seine Welt, München 1926
Zweig, Stefan, Die Welt von gestern, Stockholm 1944

Der Autor dankt der Bayerischen Staatsbibliothek München, der Österreichischen Nationalbibliothek Wien, dem Archiv der ‚Saale-Zeitung' und dem Privatarchiv von Frau Elisabeth Sotier, Bad Kissingen, und Herrn Georg Nachtmann als Revisor für die freundliche Unterstützung.

Pressestimmen zu weiteren Werken von Peter Ziegler, die im Hartdruck, D 8712 Volkach erschienen sind:

Geheimnisvolle Kreuze, verschwundene Burgen, verborgene Kunstschätze und andere Kuriositäten

Ein geschichtlicher Bilderbogen von Bad Kissingen und Umgebung, 168 Seiten, 35 Aufnahmen von Friedrich von Knobelsdorff

,,Ein dramatisch bunter Bilderbogen, Wissenschaft, Sage und Geheimnisse kunterbunt vermischt, was ebenso amüsiert wie fasziniert . . .'' Main-Post, Würzburg

,,Erzählungen über den Aufenthalt des berühmten Malers Adolph von Menzel in Bad Kissingen und ,Bilder aus dem Nachkriegs-Kissingen' runden den Inhalt dieses zum Lesen und Betrachten reizenden ,Heimatkundlichen Bilderbogens' ab.''

Rhönwacht, Fulda

Kurschatten gesucht

136 Seiten, Titelbild: F. v. Knobelsdorff
,,Die turbulente Handlung dreht sich um einen Sektfabrikanten und Lene, einem charmanten Kurschatten und deren Freund. Diese spritzige Dreiecksgeschichte zeigt ausschließlich heitere ,Nebenerscheinungen' einer Kur . . .''

Bad Kissinger Anzeiger, Bad Kissingen

Bismarck in der Badewanne

Als ,eiserner' Kurgast in Bad Kissingen, Baden-Baden und Gastein, 288 Seiten, 44 Abbildungen v. F. v. Knobelsdorff
,Bismarck in der Badewanne' heißt das ungemein lesenswerte Buch, diese historisch ebenso informative wie amüsante Lektüre stellt den ,Eisernen Kanzler' in jenem menschlichen Umriß vor, den nur intime, private Zeugnisse zu zeichnen erlauben.'

Main-Post, Würzburg

341

,,Das Hauptverdienst des Autors ist, daß er mit viel Akribie den umfangreichen Briefwechsel Bismarcks mit Kaisern, Königen und der Familie ausgewählt und so gestaltet hat, daß der ,Fürst in der Badewanne' zeitweise ein Mensch wie du und ich wird, eben mit all seinen Schwächen und Gebrechen."

Saale-Zeitung, Bad Kissingen

,,In einem kleinen Lesebuch sind die Anekdoten und Karikaturen, die Photos und Briefe von und über Bismarck recht unterhaltsam zusammengefaßt."

DIE ZEIT, Hamburg

,,Eingebettet in eine farbige Schilderung des seinerzeitigen Milieus und der Denkweise der damaligen Generation gewinnt Bismarck als Mensch, selbst für Geschichtskenner, ganz neue Konturen. Zieglers Buch mag demjenigen, dem an der Geschichte seines Volkes gelegen ist, ein höchst interessantes Bild des Staatsmannes, eher aber noch des Menschen Bismarck zu vermitteln, was sicherlich zu einer besseren Urteilsfähigkeit beiträgt.

Josef Kuhn-Burgwallbach"

Rhön- und Saalepost, Bad Neustadt/Saale

Abseits der breiten Wege

Briefe über die Rhön, 348 Seiten, 50 Aufnahmen v. F. v. Knobelsdorff

,,Wenn der Schriftsteller Peter Ziegler seinem schönen Buch große Sorgfalt angedeihen ließ, dann mit Recht, denn dieses Mittelgebirge verdient eine eingehende Darstellung."

Schweizerisches Kaufmännisches Zentralblatt, Zürich

,,Ziegler verwob meisterlich Geographie, Geschichte, Sagenhaftes, und kleine Histörchen. Originell zudem die Anordnung des Textes in Briefform, Briefe an seinen Schwager, eben dem Fotografen F. v. Knobelsdorff. ,Abseits der breiten Wege' hebt sich vom einschlägigen Angebot deutlich ab."

Frankfurter Rundschau

342

,,Ein besonderes Kapitel beschäftigt sich mit Blumen, Blüten und Beeren in der Rhön und mit den landschaftlich einmaligen Hochmooren. Hervorragend illustriert wurde dieses Buch von dem Fotografen F. v. Knobelsdorff. Und die Texte von Peter Ziegler stimmen richtig ein zu einem kurzen — vielleicht Weekendurlaub — aber auch zu längeren Ferien und Kuren.''
Hessischer Rundfunk, III.

,,Z. bietet eine Fülle von wenig bekannten Details, nicht nur zu Sagen und Brauchtum, sondern auch zu Kirchen- und Wirtschaftsgeschichte. Dabei führt er uns mit Vorliebe in die Seitentäler und beschreibt die kleinen Dörfer ,abseits der breiten Wege'. Umfangreiche Auszüge aus alten Reisebeschreibungen bereichern den Text ebenso wie die eigenwilligen Aufnahmen. Ein Buch, das durch seinen exemplarischen Charakter über die Region hinaus Aufmerksamkeit verdient.''

DIE NEUE BÜCHEREI, München